职业教育会计专业岗位实操系列

企业会计岗位实务

主　编　李桂兰　肖英姿　陈笑英

U0845657

中国物资出版社

图书在版编目（CIP）数据

企业会计岗位实务/李桂兰，肖英姿，陈笑英主编．—北京：中国物资出版社，2010.6
（2013.7 重印）
（职业教育会计专业岗位实操系列）
ISBN 978-7-5047-3421-1

Ⅰ.①企… Ⅱ.①李…②肖…③陈… Ⅲ.①企业管理—会计 Ⅳ.①F275.2

中国版本图书馆 CIP 数据核字（2010）第 086186 号

策划编辑　寇俊玲
责任编辑　涂　晟
责任印制　何崇杭
责任校对　孙会香　梁　凡

中国物资出版社出版发行
网址：http://www.cfpress.com.cn
社址：北京市西城区月坛北街 25 号
电话：（010）68589540　邮政编码：100834
全国新华书店经销
中国农业出版社印刷厂印刷

开本：787mm×1092mm　1/16　印张：17.25　字数：332 千字
2010 年 6 月第 1 版　2013 年 7 月第 3 次印刷
书号：ISBN 978-7-5047-3421-1/F·1353
印数：5001—7000 册
定价：28.00 元
（图书出现印装质量问题，本社负责调换）

内容提要

本书依据现行的企业会计准则以及有关的会计、税法规定，按照企业会计岗位设置及岗位职责的要求，以会计职业活动为导向，系统地介绍了出纳、往来款项核算、存货核算等会计岗位的相关知识和技能，将会计基本理论知识与会计岗位实务内容相互融合，重实务，重操作。

本书语言简洁易懂、内容丰富、主辅分明、案例翔实、图表丰富，具有较强的实用性和可操作性。既可作为中职学校会计专业学生的专业学习教材使用，也可作为企业会计新手学习会计的基本理论知识、掌握企业会计实操技能的理想参考书。

本教材还配有电子教学参考资料，包括电子教案、教学指南、练习题答案，能够为老师授课和学生学习提供诸多便利，可登录 http：//www.clph.cn 进行下载。

内容提要

[illegible]

[illegible]

[illegible]

出版说明

财会行业一直是传统行业里的常青树。随着我国经济环境的发展变化，会计行业有了新的发展趋势和职业亮点。国家经济发展与企业发展的需求，催生了对大量新生力量以及优质的专业教材的需求。在此背景下，我们组织人员，编写本套职业教育会计专业岗位实操系统丛书。

本套丛书具有如下特点。

1. 体现了最新的职业教育理念。根据新企业会计准则编写，内容紧贴财会专业的教学、就业实际，按照“工学结合”人才培养模式的要求，采用“基于工作过程导向”的设计方法，以工作过程为导向，以项目和工作任务为载体进行应知应会内容的整合，符合教学规律。

2. 定位准确。突出了新旧企业会计准则的变化，充分考虑职业院校学员认知特点，语言简练、配有卡通式对话框，使得整体风格活泼、吸引人，符合现代教学授受规律。

3. 配有电子教学辅导资料包。包括课程设置建议、教学建议、电子教学模板，为老师教学提供完整服务支持。

本套丛书在编写过程中，得到了众多编写老师、企业人员的大力支持和帮助，他们对教、学、研一体化教学进行了艰苦和有益的探索，对本套丛书的完成奉献了大量的精力和宝贵时间，在此表示衷心感谢。并恳请各位专家、同行对本套丛书存在的不足之处给予批评和指正。

前　言

会计是企业的一个重要岗位。在规模较大的企业，会计机构通常根据会计核算的基本内容确定会计岗位，如出纳岗位、往来款项核算岗位、职工薪酬核算岗位、存货核算岗位、固定资产及其他资产核算岗位、资金核算岗位、收入费用和利润核算岗位以及总账报表岗位等。会计岗位的设置，可一人一岗，也可一岗多人，或一人多岗，企业应根据业务繁简和人员多少等情况而确定，并实行定期轮换制。

以往的企业财务会计教材都是以会计要素为主线来介绍会计的基本理论和基本方法。本书试图从一个新的角度，即以企业会计岗位为主线、以会计职业活动为导向，系统地介绍企业会计各个岗位的相关知识和技能，将会计理论知识与会计岗位实务内容相互融合，从应知、应会和够用出发，循序渐进、重实务、重操作，突出企业会计职业能力的训练和培养。

为了便于教师组织教学和帮助学生巩固知识、增强动手能力，本书每个项目编有配套的思考和实训题，最后一个项目作为综合实训。另外，为了拓展学生的知识面、增强学生分析问题和解决问题的能力，每个项目还编有案例分析。

本书由广州市商贸职业学校李桂兰、肖英姿、陈笑英三位老师共同编写。其中，李桂兰老师执笔项目二、三、六、七、八，肖英姿老师执笔项目四、五、九，陈笑英老师执笔项目一，最后由李桂兰老师对全书进行了统稿。

在本书编写过程中，尽管我们力争做到结构严谨、适用法律法规准确、业务处理完整，但由于水平有限，难免存在不足，恳请各位同仁和读者批评指正。

本书的出版，得到了中国物资出版社的大力支持和协助，在此深表谢意。

编　者

2010年3月

目 录

项目一　出纳岗位实务

任务引入

宏利公司需要招一名出纳，小张去应聘，招聘负责人问她对出纳岗位了解多少，小张说出纳工作很简单，不就是收钱付钱吗？这一回答，负责人非常不满，于是小张失去了这次工作机会。出纳岗位到底是做什么的？是否就是收钱、付钱这么简单呢？

通过本章的学习，你将会找到相应的答案。

学习目标

1. 熟悉出纳的日常工作内容及其岗位职责
2. 熟悉现金收付管理的有关规定及常用的银行结算方式
3. 能够对企业货币资金进行正确的账务处理
4. 学会编制银行存款余额调节表
5. 能够按照正确的方法填制和保管票据
6. 掌握点钞技能及识别假币和虚假票据的方法

模块一　出纳岗位的基本知识

学习任务（一）　认识出纳岗位

问题一　什么是出纳？

“出”即“支出”，“纳”即“收人”，出纳最初的意思就是负责货币资金的收入和支出。世界经济发展到今天，出纳是指按照国家有关现金管理制度和银行结算办法，办理现金收支、银行结算及相关账务，保管库存现金、有价证券、财务印鉴及有关票据等工作的总称。出纳既是会计学中的一个专业名词，也是会计核算中的一个专业岗位名称。

问题二　出纳的日常工作内容有哪些？

（1）办理现金收付工作，如报销各种费用，发放职工工资及各项津贴、补贴，收回代垫款项等。

(2) 办理银行结算业务工作，如进账、转账、汇款等。

(3) 填制和审核有关原始凭证，如填写支票、发票，审核报销凭证等。

(4) 登记现金和银行存款日记账，进行账实核对、账账核对。

(5) 保管库存现金和各种有价证券。

(6) 保管有关印章、空白收据和空白重要凭证，如支票、汇款单等。

问题三　出纳岗位有哪些职责？

(1) 严格按照国家现金管理制度和银行结算制度的规定，办理现金收支和银行结算业务。出纳人员应严格遵守现金开支范围，非现金结算范围不得用现金收付；遵守库存现金限额，超限额的现金按规定及时送存银行。现金管理要做到日清日结。

(2) 根据会计制度的规定，必须根据负责人批准的审核无误的原始凭证办理现金和银行存款收付业务，再据以编制收付款凭证，做到付款有授权，收款有依据，避免错收错付。

(3) 根据收付款凭证，逐笔登记现金和银行存款日记账。现金日记账余额要与库存现金逐日核对，如有差错，应立即报告会计主管人员，及时查找原因。银行存款日记账余额要定期与银行对账单核对，对于未达账项应通过编制“银行存款余额调节表”予以调整，如有不符，要及时查明原因。

(4) 随时掌握银行存款余额，不得签发空头支票，不得出租、出借银行账户为其他单位办理结算。

(5) 保管库存现金和各种有价证券（如国库券、债券、股票等），确保账实相符，不得以白条顶库。

(6) 保管有关印章、空白收据和空白支票。通常，单位财务公章和出纳人员签名章要实行分管，交由出纳人员保管的出纳印章要严格按规定用途使用，各种票据要办理领用和注销手续。

小知识

保险柜使用的有关注意事项

企业库存现金、各种有价证券、银行票据、印章及其他出纳票据等的保管，应配备专用保险柜，保险柜一般由出纳人员负责管理使用。使用保险柜应注意以下几点。

(1) 保险柜钥匙的配备。保险柜要配备两把钥匙，一把由出纳人员保管，供出纳人员日常工作开启使用；另一把交由保卫部门封好，或由单位财务负责人负责保管，以备特殊情况下经有关领导批准后开启使用。出纳人员不得将保险柜的钥匙交由他人代为保管。

(2) 保险柜密码。出纳人员对自己使用的保险柜密码应严格保密，不得向他人泄露，以防他人盗用。出纳人员调动工作岗位，新出纳人员应更换新的密码。

(3) 财物的保管。每日终了，出纳人员应将其使用的空白支票、收据、印章等放入保险柜。保险柜内存放的除现金以外的其他有价证券、存折、票据等应按种类造册登记。按规定，保险柜内不得存放私人物品。

学习任务（二） 熟悉现金管理的有关规定

问题一 哪些情形下企业可以收取现金？

根据国家有关制度的规定，一般只可在下列范围内收取现金，其余款项原则上都必须通过银行转账结算。

(1) 部门或职工交回差旅费余款、赔偿款、备用金退回款。

(2) 收取职工的房租、代垫职工的水电费或其他费用。

(3) 收取单位或个人的不能转账的销售收入。

(4) 不足转账起点（1000 元）的小额收入等。

小贴士

单位收入的现金不得以私人名义储蓄，即“公款私存”；不得保留账外公款，不得私设“小金库”。

小知识

现金收入时应注意的问题

办理现金收入的程序可以归纳为清点、开单、入库三个环节，注意事项有：

(1) 现金的清点必须是当面点清，确定是否与对方所交数额相吻合。

(2) 根据所收的金额开具单据，如销售收入需开具销售发票，其他的则开具国家规定的收款收据（不能使用两联收据，因为两联收据是不符合国家规定的收款单据，会导致收款没有记账凭据）。

(3) 收到的现金必须立即放到安全的地方，不能随手放在桌面上。

问题二 哪些情形下企业可以用现金支付？

根据国家《现金管理暂行条例》的有关规定，现金可以在下列范围内使用。

(1) 职工工资、津贴及补贴。

(2) 个人劳务报酬。

(3) 根据国家规定颁发给个人的各种奖金。

(4) 各种劳保、福利费用以及国家规定的对个人的其他支出。

(5) 向个人收购农副产品和其他物资的价款。

(6) 出差人员必须随身携带的差旅费。

(7) 转账结算起点（1000 元）以下的零星支出。

(8) 中国人民银行确定需要支付现金的其他支出。

小知识

现金支出的有关程序

办理现金支出的程序可以归纳为查证、签收、付款三个环节，注意事项有：

(1) 检查原始凭证是否有误，各有关人员的签名是否有缺漏，是否超出授权的范围。

(2) 若发放补贴等，必须是本人签收；代人领取的，必须签上代领人的名字，即谁拿钱谁签名。

(3) 付款必须根据应付的数额支付，必须要领款人当面点清。已付款的原始凭证要加盖“现金付讫”章。

模块二 出纳岗位基本操作

学习任务（一） 掌握现金结算业务的核算

问题一 现金结算业务应如何核算？

(一) 设置“库存现金”科目

为了概括地反映企业库存现金的收入、支出和结存情况，企业应当设置“库存现金”科目，借方登记现金的增加，贷方登记现金的减少，期末余额在借方，反映企业实际持有的库存现金的金额。

【例 1－1】 宏利公司 2010 年 1 月 1 日现金日记账余额为 15 020 元，1 月 4 日（1～3 日放假）发生下列现金收付业务，编制会计分录如下：

(1) 业务员李清出差，到财务科预支差旅费 3 000 元，以现金付讫。

借：其他应收款——李清　　　　　　　　3 000

　贷：库存现金　　　　　　　　　　　　3 000

(2) 第10办公室王红手持一张普通发票，报销其个人垫支的办公用品费180元，以现金付讫。

借：管理费用——办公费　　　　　　　　180

　贷：库存现金　　　　　　　　　　　　180

(3) 零售货物一批，含税售价为702元，增值税税率为17%，收到现金702元。

借：库存现金　　　　　　　　　　　　702

　贷：主营业务收入　　　　　　　　　　600 [702÷(1+17%)]

　　　应交税费——应交增值税（销项税额）　102

(4) 王海出差回来报销2 000元差旅费（原预支2 500元），交回现金500元。

借：管理费用——差旅费　　　　　　　2 000

　　库存现金　　　　　　　　　　　　500

　贷：其他应收款——王海　　　　　　　2 500

(二) 设置并登记现金日记账

出纳人员应根据收付款凭证，按照业务发生顺序逐笔登记现金日记帐。每日终了，应当在现金日记账上计算出当日的现金收入额、现金支出额和现金结余额，并将现金日记账的账面结余额与实际库存现金金额相核对，保证账款相符。月度终了，应将现金日记账的余额与现金总账的余额核对，做到账账相符。

根据【例1-1】资料设置并登记现金日记账，如表1-1所示。

表1-1　　　　　　　　现金日记账

日　期	凭证字号	摘　要	借　方	贷　方	余　额
2010.01.01		期初结存			15 020
2010.01.04	1	李清出差借支		3 000	12 020
2010.01.04	2	现报销办公用品费		180	11 840
2010.01.04	3	收到销货款	702		12 542
2010.01.04	4	王海交回出差剩余款	500		13 042
2010.01.04		本日合计	1 202	3 180	13 042
		……	…	…	…
2010.01.31		本月合计	38 500	41 200	12 320

问题二　现金清查结果如何处理？

企业应当采用实地盘点法对库存现金进行定期和不定期的清查，并对清查结果编制现金盘点报告单。如果账款不符，发现有待查明原因的现金短缺或溢余，应先通过“待处理财产损溢”科目进行核算，待按管理权限报经批准后，再分别按下列情况进行处理：

（1）如为现金短缺，属于应由责任人赔偿或保险公司赔偿的，计入“其他应收款”；属于无法查明原因的，计入“管理费用”。

（2）如为现金溢余，属于应支付给有关人员或单位的，计入“其他应付款”；属于无法查明原因的，计入“营业外收入”。

学习任务（二）　掌握银行结算业务的核算

在我国，企业日常大量的与其他企业或个人的经济业务往来，都是通过银行转账结算的，即通过银行将款项从付款单位（或个人）的银行账户直接划转到收款单位（或个人）的银行账户。

问题一　开立银行账户的条件及程序有哪些？

（一）开立银行账户的基本条件

银行账户是各单位为办理结算和申请贷款在银行开立的账户。银行账户分为基本存款账户、一般存款账户、临时存款账户和专用存款账户。企业申请开立基本存款账户应具备下列条件：

（1）当地工商行政管理部门核发的《企业法人执照》或《营业执照》正本。

（2）当地税务部门核发的《税务登记证》。

（3）当地质量技术监督部门核发的《法人代码证》。

（4）经公安部门批准刻制的与营业执照名称完全相同的公章与财务章，同时还要具备企业法人名章、财务主管人员签名章以及办理银行业务的财务人员（出纳）名章。

（二）银行账户开立的程序

银行账户开立程序有以下几个步骤：

第一步：企业提出开户申请。企业办理日常转账结算和现金存取业务，如工资、奖金等现金的支取，只能通过基本存款账户办理。因此，企业设立之初须持上述有关证件向银行申请开户，填写开户申请书（或申请表）。

第二步：领取《开户许可证》。如银行经审核后同意企业开立基本存款账户，则会向企业核发《开户许可证》。

第三步：企业持《开户许可证》到银行立户，并按银行要求在备查印鉴卡上预留印鉴。

第四步：向开户银行购买一定数量的支票。

第五步：按银行要求，在开立的账户上转入或存入一定数量的资金，以备使用。

问题二　银行结算方式主要有哪些?

按照银行结算办法的规定，企业目前可以选择使用的银行结算方式主要包括支票、银行本票、银行汇票、商业汇票、汇兑、信用卡、委托收款和托收承付等。

(一) 支票

支票是出票人签发的，委托办理支票存款业务的银行或其他金融机构在见票时，无条件支付确定的金额给收款人或持票人的票据。支票有现金支票、转账支票和普通支票三种。普通支票可以用于支取现金，也可用于转账。支票一页两面，正面分为存根联和支票联两联，背面则是背书部分。在普通支票的支票联的左上角划两条平行线的为划线支票，只能用于转账，不得支取现金。

单位和个人在同城或同一票据交换区域内的各种款项的结算，均可使用支票。

支票的付款期为10天，自出票之日起计算。超过付款期的，持票人开户银行不予受理，付款人不予付款。

(二) 银行本票

银行本票是出票人签发的，承诺自己在见票时无条件支付确定的金额给收款人或者持票人的票据。银行本票是申请人将款项交存银行，由银行签发给其凭以办理同一票据交换区域内转账或支取现金的票据。目前在一些经济比较发达的城市和小商品市场比较发达的地区使用比较多。

银行本票一律记名，不定额本票的面额起点为100元，定额本票的面额分别为1 000元、5 000元、10 000元和50 000元，付款期为一个月。

(三) 银行汇票

银行汇票是出票银行签发的，由其在见票时按照实际结算金额支付给收款人或者持票人的票据。银行汇票的出票银行为银行汇票的付款人。汇款人首先将款项交存当地银行，由银行签发汇票给汇款人持往异地办理转账结算和支取现金。

银行汇票一律记名，票面金额起点为500元，付款期为一个月。

(四) 商业汇票

商业汇票是由出票人签发的，并委托付款人在指定日期无条件支付确定的金额给收款人或者持票人的票据。

按照承兑人的不同，商业汇票分为商业承兑汇票和银行承兑汇票。由银行承兑的汇票为银行承兑汇票，由银行以外的企事业单位等承兑的汇票为商业承兑汇票。商业汇票适用于同城或异地在银行开立账户的法人之间，根据购销合同进行的企业双方约定延期付款(最长期限不超过6个月)的商品交易。目前流通中的商业汇票大多是银行承兑汇票，商业承兑汇票使用较少。

(五) 汇兑

汇兑是汇款人委托银行将款项汇往异地收款人的一种结算方式，分为信汇和电汇两种。采用信汇，银行手续费低，但资金到账时间较长；采用电汇，汇款人要承担的银行手续费较高，但资金到账时间较短。

汇兑结算适用范围广，单位、个体经济户和个人的各种款项的异地结算均可适用，且手续简便易行，灵活方便，因而是目前应用最为广泛的一种结算方式。

（六）信用卡

信用卡是商业银行向信誉较好的单位和个人发行的，能在指定的银行提取现金，或凭其在指定的商店、饭店、宾馆等购物和享受劳务时进行记账结算的特制载体卡片。上面印有发行银行的名称、有效期、号码、持卡人姓名等内容。我国目前发行的信用卡主要有牡丹卡、长城卡、金穗卡等。按使用对象可分为单位卡和个人卡。单位卡使用的有关规定如下：

（1）凡申领单位卡的单位，必须在中国境内金融机构开立基本存款账户。

（2）要交存一定金额的备用金。

（3）其账户的资金一律从其基本存款账户转账存入，不得交存现金，不得将销货收入的款项存入该账户。

（4）不得用于100 000元以上的商品交易或劳务供应款项的结算。

（5）一律不得支取现金。

（6）单位卡可以申领若干张。

在实际工作中，单位卡主要用于日常公务支出和财务报销业务。其直接作用是将传统现金支付结算改为用信用卡支付结算。信用卡属贷记卡，无须预先存款，先消费，后还款。持卡人在日常公务支出时，使用信用卡刷卡消费并取得交易凭证和发票，据此到本单位财务部门报销。到期还款时，由单位财务部门将款项直接支付给发卡银行。

（七）委托收款

委托收款是收款人向银行提供收款依据，委托银行向付款人收取款项的一种结算方式。根据划款方式不同，分为邮寄和电报划回两种，收款人可根据需要选用。委托收款既适用于单位和个体经济户的各种款项的结算，也适用于邮电通信费、水电费等劳务款项的结算。这种方式便于单位主动收款，它不受同城或异地以及金额起点的限制。

（八）托收承付

托收承付是根据购销合同，由销货单位发货后委托银行向异地购货单位收取款项，由购货单位向银行承认付款的支付结算工具。目前，主要在一些产供销关系较为密切和固定的国有大中型企业之间使用托收承付方式。托收承付结算的金额起点为10 000元。

小思考

假设宏利公司2010年1月发生下列经济业务：

（1）销售一批商品给异地某公司（已签购销合同），应收价税款合计为585 000元。

（2）支付本地供电公司1月份电费金额为36 900元。

（3）到外地采购原材料一批，应付价税款为117 000元。

请思考：上述款项结算中，宏利公司可采用的银行结算方式有哪些？为什么？

问题三　银行结算业务应如何核算？

（一）应设置的主要会计科目

1.“银行存款”科目

为了总括地反映企业银行存款的收入、支出和结存情况，企业应当设置“银行存款”科目，借方登记银行存款的增加，贷方登记银行存款的减少，期末余额在借方，反映企业银行存款的账面金额。

2.“其他货币资金”科目

其他货币资金是指企业除库存现金、银行存款以外的各种货币资金，包括银行汇票存款、银行本票存款、信用卡存款、存出投资款、信用证保证金存款和外埠存款等。

为了反映和监督其他货币资金的收支和结存情况，企业应当设置“其他货币资金”科目，借方登记其他货币资金的增加，贷方登记其他货币资金的减少，期末余额在借方，反映企业实际持有的其他货币资金。本科目应按其他货币资金的种类设置明细科目。

（二）银行结算业务的核算

1. 银行存款的核算

（1）银行存款增加。企业因销售商品、收回旧欠等原因增加银行存款时，借记“银行存款”科目，贷记“主营业务收入”、“应交税费”、“库存现金”等科目。

【例1－2】　宏利公司2010年1月发生下列银行存款增加业务，编制会计分录如下：

1日，销售产品一批，价款200 000元，增值税34 000元，款项已存入银行。

借：银行存款　　　　　　　　　　　　　　234 000
　贷：主营业务收入　　　　　　　　　　　　　200 000
　　　应交税费——应交增值税（销项税额）　　　34 000

3日，将超过库存现金限额的现金5 000元存入银行。

借：银行存款　　　　　　　　　　　　　　　5 000
　贷：库存现金　　　　　　　　　　　　　　　　5 000

13日，销售一批产品给异地A公司，价款300 000元，增值税额51 000元，采用托收承付的方式结算，公司发货后已向银行办妥委托收款手续。

借：应收账款——A公司　　　　　　　　　　351 000
　贷：主营业务收入　　　　　　　　　　　　　300 000
　　　应交税费——应交增值税（销项税额）　　　51 000

30日，收到银行转来收账通知，A公司上述价税款351 000元已划入公司账户。

借：银行存款　　　　　　　　　　　　　　351 000
　贷：应收账款——A公司　　　　　　　　　　351 000

（2）银行存款减少。企业因购买财产物资、清偿债务、支付水电费、业务招待费等各项费用而减少银行存款时，借记“原材料”、“库存商品”、“固定资产”、“应交税费——应交增值税”、“应付账款”、“管理费用”等科目，贷记“银行存款”科目。

【例 1-3】 宏利公司 2010 年 1 月发生下列银行存款减少业务，编制会计分录如下：

10 日，签发转账支票一张，支付产品广告费 56 000 元。

借：销售费用——广告费　　56 000

　贷：银行存款　　56 000

15 日，采用电汇方式偿还上月向异地某供货商购进材料的价税款 18 000 元。

借：应付账款——某供货商　　18 000

　贷：银行存款　　18 000

2. 其他货币资金的核算

企业因业务需要填写“银行汇票申请书”、“银行本票申请书”、“信用证申请书”，将款项交存银行时，借记“其他货币资金”科目，贷记“银行存款”科目；企业持银行汇票（银行本票）购货，收到有关发票账单时，借记“材料采购”、“应交税费——应交增值税”等科目，贷记“其他货币资金”科目；采购完毕收回剩余款项时，借记“银行存款”科目，贷记“其他货币资金”科目。

【例 1-4】 宏利公司 2010 年 1 月发生下列其他货币资金业务，编制会计分录如下：

16 日，以支票向证券公司划出资金 800 000 元，准备进行股票、债券投资。

借：其他货币资金——存出投资款　　800 000

　贷：银行存款　　800 000

17 日，向开户银行申请签发“银行汇票”一份，金额 100 000 元，交采购员持往异地采购货物。

借：其他货币资金——银行汇票存款　　100 000

　贷：银行存款　　100 000

28 日，上述采购员持购买甲材料的发票到财务报账，材料价款 80 000 元，增值税进项税额 13 600 元，该材料已验收入库。

借：原材料——甲材料　　80 000

　　应交税费——应交增值税（进项税额）　　13 600

　贷：其他货币资金——银行汇票存款　　93 600

29 日，收到银行划回上述银行汇票剩余款 6 400 元。

借：银行存款　　6 400

　贷：其他货币资金——银行汇票存款　　6 400

（三）银行存款日记账的设置与登记

企业可按开户银行、存款种类等设置“银行存款”日记账。日记账一般采用订本式账簿，账页格式主要采用“三栏式”（见表 1-2），根据收、付款凭证，按照业务发生的先后顺序逐笔登记。每日终了，应结出余额。

【例 1-5】 宏利公司 2010 年 1 月 1 日银行存款日记账余额为 1 280 000 元，根据

【例1-2】～【例1-4】的会计分录，登记“银行存款日记账”如表1-2所示。

表1-2 银行存款日记账

日期	凭证字号	摘要	借方	贷方	余额
2010.01.01		期初结存			1 280 000
2010.01.01	1	存入销货款	234 000		1 514 000
2010.01.03	2	存入现金	5 000		1 519 000
2010.01.10	3	支付广告费		56 000	1 463 000
2010.01.15	4	支付前欠货款		18 000	1 445 000
2010.01.16	5	向证券公司划拨资金		800 000	645 000
2010.01.17	6	交存银行汇票款		100 000	545 000
2010.01.29	8	收到银行汇票剩余款	6 400		551 400
2010.01.30	9	收到A公司货款	351 000		902 400
		本月合计	596 400	974 000	902 400

问题四 如何编制“银行存款余额调节表”？

（一）将“银行存款日记账”与“银行对账单”进行核对

“银行存款日记账”应定期与“银行对账单”进行核对，至少每月核对一次。其具体操作方法是：

（1）对账时要逐行逐笔勾对，既要核对借贷方向及其金额，也要核对时间和结算凭证种类及号码，对上的（即企业与银行双方均已记账），应在金额的右上方用笔打上“√”记号，以示核对。如果以前月份尚有未达账项，则应将以前月份的未达账一并进行勾对。

（2）将金额后没打“√”的未达账项，逐笔过入“银行存款余额调节表”中，如没有记账错误，调节后的双方余额应相等。

（3）对于每笔未达账项都要清楚其来龙去脉，若不清楚，立即查明原因。

（二）对核对结果进行处理

“银行存款日记账”与“银行对账单”每月核对时，常常会出现企业银行存款账面余额与银行对账单余额之间不一致的情况，其原因有二：一是出现了记账错误；二是存在未达账项。

小贴士

银行存款日记账由出纳人员登记，但银行存款的核对及编制“银行存款余额调节表”是由会计人员负责的，这样做可起到相互牵制的作用。

（1）记账错误的处理

如因企业和银行双方或单方出现记账错误（如记错方向、记错金额等）而导致“银行存款余额调节表”的双方余额不相符，则应遵照谁错谁纠正的原则，先将错账更正后，再编制“银行存款余额调节表”。

（2）未达账项的处理

未达账项，是指企业与银行之间因结算凭证传递或入账时间的不同步，出现的一方已经入账，而另一方尚未入账的账项。未达账项有下列四种情形：一是企业已收妥入账，银行尚未收款入账；二是企业已付款入账，银行尚未付款入账；三是银行已收妥入账，企业尚未收款入账；四是银行已付款入账，企业尚未付款入账。

企业对于未达账项应当逐笔过入“银行存款余额调节表”进行调整，并及时查明其未达的原因。

【例 1-6】 宏利公司 2009 年 12 月 31 日银行存款日记账的余额为 3 800 000 元，银行转来对账单的余额为 4 200 000 元。经逐笔核对，发现下列未达账项：

（1）企业送存转账支票 80 000 元，并已登记银行存款增加，但银行尚未记账。

（2）企业开出转账支票 200 000 元，但持票单位尚未到银行办理进账手续，银行尚未记账。

（3）企业委托银行代收某公司货款 350 000 元，银行已收妥入账，但公司因未收到银行收账通知，尚未记账。

（4）企业 12 月电费 70 000 元已由银行划转到供电公司账户，但公司因未收到银行付款通知，尚未记账。

根据上述资料，编制银行存款余额调节表，如表 1-3 所示。

表 1-3　银行存款余额调节表

项　目	金　额	项　目	金　额
企业银行存款日记账余额	3 800 000	银行对账单余额	4 200 000
加：银行已收，企业未收	350 000	加：企业已收，银行未收	80 000
减：银行已付，企业未付	70 000	减：企业已付，银行未付	200 000
调节后的存款余额	4 080 000	调节后的存款余额	4 080 000

调节后的存款余额是企业可以实际使用的存款金额。对于银行已经入账而企业尚未入账的各项经济业务，不能根据上述调节表进行记账，而应收到有关原始凭证后，再编制记账凭证，记入“银行存款”等有关账户。

相关链接

货币资金的管理

企业的货币资金由库存现金、银行存款和其他货币资金三部分组成。货币资金的流动性最强，并且是唯一能够直接转化为其他任何资产形态的流动性资产，也是最能代表企业现实购买力水平的资产。企业应当建立货币资金的内部控制制度，加强货币资金的管理，防止货币资金被侵占、挪用、贪污，以确保货币资金的安全及生产经营活动的正常资金需求。

货币资金内部管理制度，一般应包括以下几个方面的内容。

(1) 实行内部牵制。货币资金收支业务的全过程应分工完成，各负其责，互不相容的职务应安排不同的人员担任，实行“钱账分管”，即出纳管钱，会计管账。出纳不得兼任会计档案和收入、支出、费用、债权、债务账目的登记工作。

(2) 明确货币资金收支业务的的审批权限及其程序。

(3) 货币资金收支业务的内部稽核检查制度化。不得坐支，不得设置小金库，定期盘点，发现问题及时处理。

学习任务（三）　正确填写和妥善保管各种票据

问题一　票据的填写有哪些基本要求？

各种结算凭证、发票和收款收据，既是明确经济责任的书面证明，也是办理转账结算和现金收付的重要依据。因此，出纳员及其他有关人员必须按照规定认真填写各种票据，具体做到以下几点。

(一) 认真、完整填写票据内容

填写票据时，对于票据上所列的收付款单位名称、日期、开户银行及其账号、大小写金额、用途等应逐项认真填写，不得省简或遗漏。

(二) 规范、正确填写票据金额

填写各种票据时，除了必须做到要素齐全、内容真实以外，还必须做到数字准确、字迹清楚、严禁涂改。

相关链接

支票填写时应注意什么

(1) 出票日期应大写。为了防止出票日期的更改，支票的出票日期必须是大写，如

2009年10月10日，填写支票日期时要写成贰零零玖年零壹拾月零壹拾日。凡日期为1～9日、10日、20日、30日者，填写时其前面均应加“零”；月份为1月、2月及10月者填写时其前面也应加“零”；另外，10的大写数字要写成“壹拾”，11～19如此类推，不管是日期还是金额，这一点都要注意。比如100 000元，就要写成壹拾万元。

(2) 收款人及大写金额要顶格写，不能留有空位。

(3) 大小写金额一定要相符。小写金额前要加“¥”来限位，最好是先把“¥”定好，这样就不容易错位。

(4) 须加盖银行预留印鉴。一般是先写好支票才盖印鉴，盖在支票上的印鉴必须清楚，如支票上所盖的印鉴模糊不清，银行将不予受理。

(5) 收款人（俗称抬头）一定要按照账户的全称来填写，不能略写。如广州市宏大股份有限公司就不能写成广州宏大公司，否则，银行会以户名不符而退票。

(6) 支票填写时必须用碳素墨水或签字笔书写，如出现文字、数字错误，一律不得涂改，不得撕毁。填写错误的支票，应在支票的空白处加盖“作废”字样后妥善保管。

问题二　空白票据如何保管?

(1) 重要的空白票据（如支票、发票等）要安排专人保管。

(2) 支票（发票）的领用需设置支票（发票）领用登记备查簿，登记内容主要有日期、支票（发票）号码、金额等。

(3) 作废的支票也要保管好，不能随意撕毁。

学习任务（四）　掌握点钞技能及假币与虚假票据的识别方法

问题一　点钞有哪些基本方法?

作为出纳，点钞技能是必不可少的。点钞分为手工点钞和机器点钞两大类。

（一）手工点钞

1. 单指单张点钞

单指单张点钞，是指用一只手指一次点一张钞票。清点时由于能看到的钞票面积较大，所以容易挑选残损钞票，还有利于识别假钞。

(1) 手按式单指单张（见图1-1和图1-2）。手按式单指单张又称台案式单指单张，其具体做法是：把钞票放在桌面，一手按钞，另一手点钞。按钞位置不能超过票面的1/3，左手无名指与小指微弯，按住钞票的左上角；右手大拇指托起右下角部分钞票，右手食指捻动钞票，每捻动一张，左手拇指即往上推送到食指、中指之间夹住，依此连续操作。

图 1-1　压钞

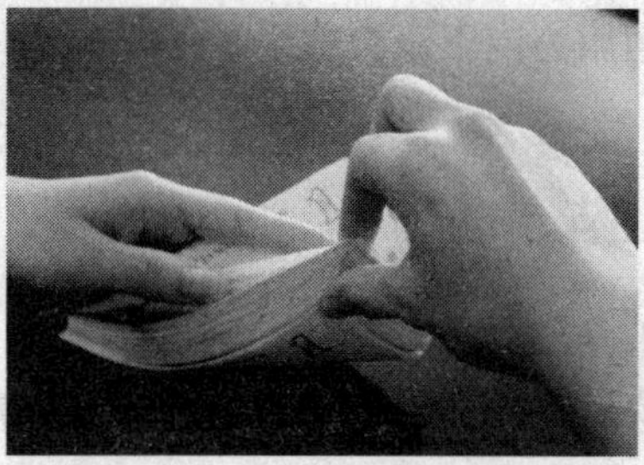

图 1-2　单指点钞

动作要点：右手手臂不需抬高；食指往拇指方向拉；钞票要抬起，成一个弧度；按钞时不需太刻意，不要用死力。

(2) 手持式单指单张。其具体做法包括两个环节：

第一，持把，即用左手中指、无名指夹住钞票的左端的中央，拇指在上面，其余自然弯曲；右手拇指在钞票下侧右下角，食指在钞票上侧的左上角，两指把钞票往上推再往外推，形成一个扇面；左手拇指捏住钞票左侧边缘，食指与拇指配合夹紧钞票。

第二，清点，即用钞票正面斜对自己，右手拇指与食指一上一下放在扇面的右上角，用右手拇指尖，逐张向下捻动，无名指将捻起的钞票往里弹。

动作要点：扇面要开得好；捻的幅度要小；注意用无名指弹钞。

2. 多指多张点钞

在实际工作中多使用手按式三指三张（见图 1-3），该方法适用于对钞票的清点和复点，计数简单省力，效率高；缺点是不易发现残损钞和假钞。所以，可以说“单指看真假，多指来复数”。出纳收付款，如果没有机器验钞，一般应用单指单张点两次（底、面各一次），再用三指三张点一次。操作方法与单指单张有点相似，按钞与托钞都一样，不同之处在于右手无名指捻起第一张钞票，随即中指顺势插入捻起第二张，食指再顺势插入捻起第三张，捻起的三张钞票用左手拇指推送到食指、中指间夹住。

图 1-3　多指点钞

动作要点：右手手臂不需抬高；用手指的侧腹捻钞，手指方向与钞票的方向一致；动作要连贯流畅，上一次三指三张的结束就是下一次的开始；要有一定的弧度，所以右手大拇指要稍用力向下压；右手手心向外。

小贴士

手工点钞的基本要领：肌肉要放松（两手各部位的肌肉要放松）；钞票要蹾齐（清点的钞票要清理整齐、平直）；开扇要均匀；动作要连贯；点和数要协调。

（二）机器点钞

1. 机器点钞的优点

机器点钞是指使用点钞机整点钞票，用机器代替手工整点。机器点钞速度快、效率高，可以减轻劳动强度，适用于现金流量较大、现金收付较频繁的单位，而且适宜清点整齐的大票。

2. 机器点钞的操作要点

（1）把同面额的钞票叠整齐。

（2）钞票要有一定的扇面。钞票有一定的扇面才可以放在托钞板上进行点钞。若要拆把，也可用右手食指将钞票中心向外推，拇指与另三个手指将钞票捏成半弧形，左手将纱纸抽走，右手拇指在钞票的正上侧，另四个手指在钞票的背面，夹紧钞票，手指微用力，这样也可形成微扇面。

（3）点钞时一定要注意假币及残钞，还要注意是不是同面额的钞票。因为有些验钞机只会辨认真假币及点数，对于不同面额的钞票却不能区分，如果百元券里夹了张十元券，金额就会少了九十元，所以一定要注意。

问题二　识别假币有哪些方法?

识别人民币纸币真伪，通常采用“一看、二摸、三听、四测”的方法，具体方法如下：

看：看钞票的水印是否清晰，有无层次感和立体效果；看钞票有无安全线，第五套人民币纸币在各券别票面正面中间偏左，均有一条安全线；看整张票面图案是否单一或偏色，假币一般色彩没有层次感，色彩比较暗淡。

摸：摸人像、盲文点、中国人民银行行名等处是否有凹凸感，假币大部分感觉平滑、无凹凸感；摸纸币是否薄厚适中，挺括度好，假币的纸质光滑、薄削。

听：人民币的纸张，具有挺括、耐折、不易撕裂的特点，手持钞票用力抖动、手指轻弹或两手一张一弛轻轻对称拉动，能听到清脆响亮的声音。假币纸质发软，声音沉闷。

测：用放大镜观察票面线条清晰度，胶、凹印缩微文字等；用紫外灯光照射票面观察钞票纸张和油墨的荧光反映；用磁性检测仪检测磁性印记。

问题三　如何识别虚假票据?

学会识别虚假票据，是出纳员做好工作的一项重要技能。下面介绍实际工作中可能出现的几种虚假票据及其识别方法：

（一）“大头小尾”票据

“大头小尾”票据是指购物者在购物时与商家串通，要求商家在发票上不写品名，大写位不封顶，小写位也不写“¥”符号的发票，购物者在取得上述发票后自行在“百、千、万”位上再自填数额。此类票据，从正面看有时可以以假乱真。对此的鉴别方法是反过来看笔迹、笔画重轻、数字排列是否整齐，从这些方面总是能看出破绽的。

（二）连号票据

连号票据可从日期和票号上看，一般连号票据的编号与日期相矛盾，有的日期在前而编号在后或日期在后而编号在前，自相矛盾。

（三）过期票据

过期票据一般从年号、格式、纸质上可鉴别真伪，容易在一个单位或一个部门出现，一般连号的比较多，纸质较黄。

（四）直接撕下后自填票据

直接撕下后自填票据的字体生硬做作，笔画细而不畅，品名、单位、数量及大小写金额错位较多，票据背面没有复写痕迹。

小结

库存现金、银行存款、其他货币资金是企业在生产经营过程中处于货币形态的资产，具有流动性强的特点。出纳人员应当熟悉国家现金管理和银行结算办法的有关规定，并严格按照国家现金管理制度和银行结算办法的规定办理各项货币资金收支业务。工作时务必做到认真、仔细、规范，不但要具备一定的会计知识（如会计凭证的填制与审核、货币资金收支业务的账务处理、日记账的设置与登记、银行存款余额调节表的编制等），还要具备一定的实操技能（如点钞技能、假币和真假票据的辨别等）。

思考与实训

一、问答题

1. 企业在什么情况下可以使用现金进行支付结算？

2. 填写票据有哪些基本要求？

3. 银行存款日记账账面余额与银行对账单余额之间出现不一致的原因主要有哪些？应如何处理？

4. 你认为做好出纳工作，应具备哪些方面的知识和技能？

二、判断题

1. 企业的销货款可以存入本单位的信用卡账户内。（　　）

2. 企业购入货物无论金额大小，均可以现金支付。（　　）

3. 出纳人员可以兼管会计稽核工作。（　　）

4. 填写发票、支票如出现大小写金额不符的错误，可以更改。（　　）

5. 现金日记账必须日清月结。（　　）

6. 单位有关印鉴、空白收据和空白支票，通常都由出纳人员保管。（　　）

7. 划线支票可以用来提取现金。（　　）

8. 银行存款日记账的余额是企业可以实际使用的存款金额。（　　）

9. 空白支票要保管好，但作废的支票可以随意撕毁。（　　）

10. 汇兑结算方式适用于同城和异地各种款项的结算。（　　）

三、单项选择题

1. 支票的提示付款期是（　　）。

A. 10 天　　B. 15 天　　C. 20 天　　D. 30 天

2.（　　）元以下的零星支出可以使用现金。

A. 500　　B. 1 000　　C. 5 000　　D. 10 000

3. 某企业 2009 年 9 月 10 日因支付货款，需开一张转账支票，以下支票的出票日期大写正确的是（　　）。

A. 贰零零玖年玖月零壹拾日　　B. 贰零零玖年零玖月拾日

C. 贰零零玖年零玖月零拾日　　D. 贰零零玖年零玖月零壹拾日

4. 托收承付是根据（　　），由销货单位发货后委托银行向异地购货单位收取款项，由购货单位向银行承认付款的支付结算工具。

A. 运输合同　　B. 购货发票　　C. 销货发票　　D. 购销合同

5. 收到转账支票送交银行时要填（　　）。

A. 收款单　　B. 缴款单　　C. 收费单　　D. 进账单

6. 手持式单指单张中，用（　　）来弹钞。

A. 食指　　B. 中指　　C. 无名指　　D. 小指

四、多项选择题

1. 银行结算方式主要有（　　）。

A. 支票　　B. 汇票　　C. 本票　　D. 委托收款

2. 企业的货币资金包括（　　）。

A. 库存现金　　B. 银行存款　　C. 其他货币资金　　D. 应收账款

3. 下列结算方式中既适用于同城也适用于异地的有（　　）。

A. 商业汇票　　B. 支票　　C. 委托收款　　D. 信用卡

4. 识别人民币纸币真伪，通常采用（　　）方法。

A. 听　　B. 看　　C. 测　　D. 摸

5. 出纳人员可以兼管（　　）工作。

A. 会计稽核　　B. 固定资产账登记　　C. 会计档案保管　　D. 统计工作

6. 银行账户有（　　）。

A. 基本存款账户　　B. 一般存款账户

C. 临时存款账户　　D. 专用存款账户

五、业务核算题

(一) A公司2010年1月发生以下经济业务:

1.8日，从银行提取现金10 000元备用。

2.9日，银行转来“收账通知”，收到喜洋洋商场上月购货款11 700元。

3.10日，以银行存款发放上月职工工资50 000元。

4.10日，业务员李海出差，预借差旅费5 000元，以现金支付。

5.14日，购进原材料一批，金额23 000元，税额3 910元，材料已验收入库，款项已开出支票支付。

6.15日，李海出差回来报销差旅费共4 387元（其中：住宿费1 200元，往返交通费2 887元，出差补助费300元），余额退回现金。

7.25日，销售服装一批，金额11 300元，税额1 921元，收到转账支票一张，已将该票送银行进账。

要求：

(1) 根据第1、4、6、7笔经济业务内容，分别填写“支票”、“借支单”、“差旅费报销单”、“进账单”各一份。

(2) 根据经济业务编制会计分录。

(3) 根据会计分录登记银行存款日记账（假设企业银行存款日记账1月1日的余额为802 000元）并结出期末余额。

(4) 假设1月30日A公司开户银行转来“银行对账单”如表1-4所示。

表1-4　银行对账单

日期	凭证种类	摘要	借方发生额	贷方发生额	借或贷	余额
2010.01.01		承上月余额			贷	802 000
2010.01.08	现支	提现	10 000		贷	792 000
2010.01.09	送款单	存款		11 700	贷	803 700
2010.01.10	现支	提现	50 000		贷	753 700
2010.01.25	进账单	货款		13 221	贷	766 921
2010.01.29	委收	划电费	23 600		贷	743 321
2010.01.30	委收	货款		4 510	贷	747 831
2010.01.30	委收	划水费	19 600		贷	728 231

请将A公司1月份银行存款日记账与“银行对账单”账核对，并编制A公司10月份的“银行存款余额调节表”。

（二）B公司2010年1月发生下列经济业务

(1) 1月4日，B公司委托开户银行汇款60 000元到外地开立临时采购账户。

(2) 1月6日，B公司向银行申请签发银行汇票150 000元，交采购员持往外地A公司采购甲材料。

(3) 1月20日，采购员持购入甲材料的发票账单到财务报账，内列：价款150 000元，增值税25 500元，材料已验收入库，不足款尚未补付。

(4) 1月28日，委托银行汇款25 500元，用于补付外地A公司货款。

要求：

根据经济业务，编制会计分录。

案例分析

海天公司是一家中型生产企业，因经营状况不是很理想，2009年3月，企业决定裁员，财务由原来的三人减为两人，万某任会计主管，李某除担任出纳外还要兼任管理费用、销售费用、应收账款和应付账款的记账工作，负责银行存款的核对及“银行存款余额调节表”的编制，公司的所有印鉴也都交给李某一人保管。为了减少去银行存取款的时间，李某经常用销售取得的现金支付企业的一些日常费用甚至部分货款。

请分析该公司在会计人员工作分工及货币资金管理中存在的问题。

项目二　往来款项核算岗位实务

任务引入

现代经济社会，依托商业信用的情况，企业与企业之间由于赊销、赊购等原因而产生债权债务关系十分普遍，同时企业与其他单位和个人之间的业务往来日益密切，企业的往来款项所占比重越来越大。因此，加强企业往来款项的核算与管理，对减少企业资金占压，创造良好的企业内部经营管理环境具有十分重要的意义。

学习目标

1. 了解企业往来账款的主要内容及其基本分类
2. 掌握应收账款、坏账准备、应收票据、预付账款的核算
3. 掌握应付账款、应付票据、预收账款、应交税费的核算
4. 了解其他应收款、其他应付款的内容及其核算方法
5. 了解企业往来账款管理的方法和措施

> 企业往来款项主要包括应收账款、应收票据、预付账款、其他应收款、应付账款、应付票据、预收账款、应交税费、其他应付款等，按其基本性质可分为两大类，即应收及预付款类和应付及预收款类。

模块一　应收及预付账款核算实务

学习任务（一）　掌握应收账款的核算

问题一　什么是应收账款？

应收账款是指企业因销售商品、产品或提供劳务等原因，应向购货客户或接受劳务的客户收取的款项，包括买价、增值税款及代购货单位垫付的运杂费等。

问题二　应收账款如何核算?

（一）设置“应收账款”科目

企业因销售商品、产品或提供劳务等经营活动应收取的款项，应设置“应收账款”科目核算。企业发生应收账款时，按应收金额，借记“应收账款”科目，贷记“主营业务收入”、“应交税费”等科目；收回应收账款时，借记“银行存款”科目，贷记“应收账款”科目；期末借方余额，反映企业尚未收回的应收账款。期末如为贷方余额，反映企业预收的账款。

（二）没有折扣条件下应收账款的核算

企业发生的应收账款，在没有折扣的情况下，按应收的全部金额入账。

【例 2-1】　宏利公司销售货物一批，价值 100 000 元，适用的增值税率为 17%，以现金代垫应由购货单位负担的运杂费 800 元。产品已发出，款项通过委托收款方式结算。

(1) 向银行办妥托收手续时：

会计分录	借方	贷方
借：应收账款——××购货单位	117 800	
贷：主营业务收入		100 000
应交税费——应交增值税（销项税额）		17 000
库存现金		800

(2) 实际收到货款时：

会计分录	借方	贷方
借：银行存款	117 800	
贷：应收账款——××购货单位		117 800

（三）折扣情况下应收账款的核算

1. 商业折扣

商业折扣是企业为了扩大销售，根据顾客购买商品或产品数量的多少而给予的价格折让，通常用百分数表示，如 5%、10%，是一种“薄利多销”的促销手段。在商业折扣情况下，企业应收账款入账金额应按扣除商业折扣以后的实际售价加以确认。

【例 2-2】　宏利公司销售货物 500 套，价目单中规定的单价为 180 元，因购买商一次购入数量较多，公司决定给予购买商 10%的商业折扣，适用增值税率为 17%，款项暂未收到。

会计分录	借方	贷方
借：应收账款——××购货单位	94 770	
贷：主营业务收入		81 000
应交税费——应交增值税（销项税额）		13 770

本例中，应收账款入账金额＝500×180×（1－10%）×（1＋17%）＝94 770（元）

2. 现金折扣

现金折扣是企业为了鼓励客户在一定时期内早日支付货款而给予的一种折扣优待。

现金折扣通常发生在以赊销方式销售商品或提供劳务的交易中。现金折扣一般用“折扣/付款期限”表示，如 2/10、1/20、*n*/30。

在现金折扣的情况下，应收账款入账金额的确认有两种处理方法可供选择，一种是总价法，另一种是净价法。

（1）总价法。总价法是将未减去现金折扣前的金额作为实际售价，计入应收账款，现金折扣只有客户在折扣期内支付货款时，才予以确认。销售方给予客户的现金折扣，从融资角度出发，属于一种理财费用，会计上应当作为财务费用处理。

【例2-3】 宏利公司销售一批货物给A公司，价值50 000元，规定的现金折扣条件为：2/10、1/20、n/30，适用的增值税率为17%，产品已交付并办妥委托收款手续。

（1）交付产品并办妥委托收款手续时：

借：应收账款——A公司　　58 500
　贷：主营业务收入　　50 000
　　　应交税费——应交增值税（销项税额）　　8 500

（2）如果上述款项在10天内收到：

借：银行存款　　57 330［58 500×（1－2%）］
　　财务费用　　1 170
　贷：应收账款——A公司　　58 500

（3）如果上述款项在10天以后20天以内收到：

借：银行存款　　57 915［58 500×（1－1%）］
　　财务费用　　585
　贷：应收账款——A公司　　58 500

（4）如果超过了现金折扣的最后期限收到货款：

借：银行存款　　58 500
　贷：应收账款——A公司　　58 500

（2）净价法。净价法是将扣减现金折扣后的金额作为实际售价，记入应收账款。这种方法把客户取得折扣视为正常现象，认为客户一般都会提前付款，并将客户超过折扣期付款而多收入的金额，视为提供信贷获得的收入，于收到账款时作冲减财务费用的处理。

【例2-4】 沿用【例2-3】资料，如采用净价法核算，其会计处理如下：

（1）交付产品并办妥委托收款手续时：

借：应收账款——A公司　　57 330
　贷：主营业务收入　　49 000［50 000×（1－2%）］
　　　应交税费——应交增值税（销项税额）　　8 330

（2）如果上述款项在10天内收到：

借：银行存款　　57 330
　贷：应收账款——A公司　　57 330

（3）如果上述款项在10天以后20天以内收到：

借：银行存款　　57 915［50 000×（1－1%）×（1+17%）］
　贷：应收账款——A公司　　57 330
　　　财务费用　　585

(4) 如果超过了现金折扣的最后期限收到货款：

借：银行存款　　58 500

　贷：应收账款——A公司　　57 330

　　　财务费用　　1 170

我国目前的会计实务中，一般采用的是总价法。

问题三　发生坏账应如何处理？

(一) 什么是坏账

坏账是指企业无法收回的应收账款，由于发生坏账而产生的损失称为坏账损失。

相关链接

坏账的确认

当企业的应收账款被证实很可能无法收回且金额能够合理估计时，应确认为坏账。具体来说，企业的应收账款符合下列条件之一的，应确认为坏账：

(1) 因债务人死亡或破产，以其遗产或破产财产清偿后，确实不能收回的应收账款。

(2) 因债务单位撤销、资不抵债，确实不能收回的应收账款。

(3) 因发生严重的自然灾害等导致债务单位停产而在短时间内无法偿付债务，确实无法收回的应收账款。

(4) 因债务人逾期未履行偿债义务3年，有确凿证据表明不能收回的应收账款。

但是，对已确认为坏账的应收账款，并不意味着企业放弃了其追索权，一旦重新收回，应及时入账。

(二) 坏账的核算方法

我国现行企业会计制度规定，企业应当采用“备抵法”核算坏账。

1. 备抵法的含义

备抵法是根据收入和费用配比的原则，按期估计坏账损失，列为坏账费用，形成坏账准备，在实际发生坏账时，冲销坏账准备的方法。

2. 坏账准备的核算

(1) 设置“坏账准备”科目

该科目是应收账款的抵减调整科目。按期估计坏账损失或已作坏账处理又重新收回时，贷记本科目；实际发生坏账时，借记本科目；该科目贷方余额，反映企业已计提但尚未转销的坏账准备数额。

(2) 账务处理要点

坏账准备的核算应掌握以下4个要点：

1) 通过一定方法计算当期应计提的坏账准备，借记“资产减值损失”科目，贷记

“坏账准备”科目。

2）冲销多余的坏账准备数额（当期估计的坏账损失小于调整前“坏账准备”科目余额的差额），借记“坏账准备”科目，贷记“资产减值损失”科目。

3）确实无法收回的应收账款，按管理权限报经批准后作为坏账处理的，借记“坏账准备”科目，贷记“应收账款”科目。

4）已确认坏帐并转销的应收账款以后又收回的，应按实际收回金额，借记“应收账款”科目，贷记“坏账准备”科目；同时，借记“银行存款”科目，贷记“应收账款”科目。

3. 如何估计坏账损失

采用备抵法核算企业的坏账，必须采用一定的方法合理估计各会计期间的坏账损失，按期估计坏账损失的方法主要有三种，即“应收账款余额百分比法”、“账龄分析法”和“赊销百分比法”。

（1）应收账款余额百分比法

应收账款余额百分比法是按会计期末应收账款余额的一定比率估计坏账损失的一种方法。采用这种方法时，每期估计的坏账损失，应根据坏账损失占应收账款的经验比率和该期应收账款余额确定。当期末坏账准备与应收账款账面余额的比率高于或低于确定计提比率时，应对已经计提的坏账准备进行调整，冲回多提或补提少提的坏账准备，使得“坏账准备”账户的余额等于应收账款余额乘以确定的坏账估计比率。

当期应计提或调整的坏账准备金额可按下列公式计算：

当期应计提或调整的坏账准备＝当期按应收账款余额计算的应提坏账准备－计提前“坏账准备”科目贷方余额（或＋计提前“坏账准备”科目借方余额）

【例2-5】　宏利公司自2005年1月1日起采用备抵法核算企业的坏账，企业确定的坏账准备提取率为0.5％。2005年末应收账款余额为1 000 000元；2006年没有发生坏账，2006年末应收账款余额为800 000元；2007年10月实际发生坏账4 800元，2007年末应收账款余额为1 200 000元；2008年3月收回2007年确认坏账中的800元，2008年末应收账款余额为1 100 000元。

（1）2005年末首次计提坏账准备：

当期应计提坏账准备＝1 000 000×0.5％＝5 000（元）

借：资产减值损失——计提的坏账准备　　5 000

　贷：坏账准备　　5 000

（2）2006年年末，计算应调整的坏账准备：

当期应计提坏账准备＝800 000×0.5％－5 000＝－1 000元

本例中，该公司2006年年末未调整前“坏账准备”账户为贷方余额5 000元，高出当年应计提坏账准备1 000（4 000－5 000）元，所以，2006年年末该公司应作冲减坏账准备1 000元的会计分录：

借：坏账准备　　　　　　　　　　　　　　　　1 000

　贷：资产减值损失——计提的坏账准备　　　　　　1 000

(3) 2007 年 10 月发生坏账时：

借：坏账准备　　　　　　　　　　　　　　　　4 800

　贷：应收账款——××公司　　　　　　　　　　　4 800

(4) 2007 年年末，计算应调整的坏账准备：

当期应计提坏账准备：1 200 000×0.5%＋（4 800－4 000）＝6 800 元

借：资产减值损失——计提的坏账准备　　　　　6 800

　贷：坏账准备　　　　　　　　　　　　　　　　6 800

(5) 2008 年 3 月收回已经确认的坏账时：

借：应收账款——××公司　　　　　　　　　　800

　贷：坏账准备　　　　　　　　　　　　　　　　800

同时：

借：银行存款　　　　　　　　　　　　　　　　800

　贷：应收账款——××公司　　　　　　　　　　800

(6) 2008 年年末，计算应调整的坏账准备：

当期应计提坏账准备：1 100 000×0.5%－（6 000＋800）＝－1 300 元

借：坏账准备　　　　　　　　　　　　　　　　1 300

　贷：资产减值损失——计提的坏账准备　　　　　　1 300

根据上述会计分录登记“坏账准备”总分类账户，如表 2-1 所示。

表 2-1　　　　**“坏账准备”总分类账户**　　　　单位：元

日　期	凭证字号	摘　要	借　方	贷　方	借或贷	余　额
2005.12.31		计提坏账准备		5 000	贷	5 000
2006.12.31		冲销坏账准备	1 000		贷	4 000
2007.10.31		实际发生坏账	4 800		借	800
2007.12.31		计提坏账准备		6 800	贷	6 000
2008.03.31		收回坏账		800	贷	6 800
2008.12.31		冲销坏账准备	1 300		贷	5 500

(2) 账龄分析法

账龄分析法是按应收账款账龄的长短，根据以往的经验确定坏账损失比率，并据以估计坏账损失的方法。虽然应收账款能否收回或收回多少，不一定完全取决于时间的长短，但一般来说，账款拖欠的时间越长，发生坏账的可能性就越大。

【例 2-6】 某企业 2008 年 12 月 31 日应收账款账龄分组及估计损失率如表 2-2 所示。

表 2-2　　应收账款账龄分组及估计损失表

账　龄	期末应收账款余额（元）	估计损失百分比	估计损失金额（元）
未过期	50 000	1%	500
过期 3 个月以下	300 000	2%	6 000
过期 3～6 个月	100 000	3%	3 000
过期 6～12 个月	80 000	4%	3 200
过期 1 年以上	500 000	5%	25 000
破产或追诉中	120 000	50%	60 000
合　计	1 150 000	—	97 700

如表 2-2 所示，该企业 2008 年 12 月 31 日"坏账准备"科目的账面余额应为 97 700 元，企业需要根据前期"坏账准备"科目的账面金额，计算本期应入账的金额，编制调整分录，予以入账，做法与【例 2-5】基本相同。

（3）赊销百分比法

赊销百分比法是根据赊销金额的一定百分比估计坏账损失的方法。百分比一般根据以往的经验，按赊销金额中平均发生坏账损失的比率加以计算确定。各期按当期赊销金额的一定比率估计坏账损失，是因为应收账款的坏账，只与赊销有关，而与现销无关。赊销业务越多，赊销金额越大，发生坏账的可能性也就越大。因此，企业可以根据历史经验估计发生坏账占赊销金额的比率，并按此比率估计各期赊销金额中可能发生的坏账。例如，根据过去 3 年的资料，某企业每 100 000 元的赊销金额中，有 200 元的坏账损失，则：

$$估计坏账的百分比=\frac{200}{100\ 000}\times 100\%=0.2\%$$

如果该企业 2008 年实际赊销金额为 2 000 000 元，则：

$$2008\ 年估计的坏账损失=2\ 000\ 000\times 0.2\%=4\ 000\ 元$$

学习任务（二）　掌握应收票据的核算

问题一　什么是应收票据？

应收票据是指企业采用商业汇票结算方式销售商品、提供劳务等而收到的商业汇票。

根据我国现行法律的有关规定，商业汇票的期限不得超过 6 个月，因而我国的应收票据是一项流动资产。在会计实务中，企业的应收票据是指收到的经承兑的商业汇票。

相关链接

商业汇票的分类

(1) 按照票据是否带息，商业汇票分为带息票据和不带息票据两种。带息票据指商业汇票到期时，承兑人除向收款人或被背书人支付票面金额外，还应按票面金额和票据规定的利息率支付自票据生效日起至票据到期日止的利息的商业汇票。不带息票据是指商业汇票到期时，承兑人只按票面金额向收款人或被背书人支付票面金额的票据。

(2) 按票据承兑人的不同，商业汇票分为银行承兑汇票和商业承兑汇票两种。承兑是汇票付款人承诺汇票到期日支付汇票金额的票据行为。商业汇票必须经承兑后方可生效。银行承兑汇票的承兑人是承兑申请人的开户银行（企业申请使用银行承兑汇票时，应向其承兑银行按票面金额的万分之五交纳手续费），商业承兑汇票的承兑人是付款人。

(3) 按票据是否带追索权，商业汇票分为带追索权的商业汇票和不带追索权的商业汇票两种。追索权是指企业转让应收账款的情况下，接收应收款项转让方在应收款项遭拒付或逾期时，向该应收款项出让方索取应收金额的权利。在我国，商业票据可背书转让，持票人可以对背书人、出票人以及票据的其他债务人行使追索权。

问题二　应收票据应如何核算？

(一) 设置“应收票据”科目

为了反映和监督应收票据取得、收回等经济业务，企业应当设置“应收票据”科目。该科目借方登记取得应收票据的面值，贷方登记到期收回票款或到期前向银行贴现的应收票据的票面金额；期末借方金额，反映企业持有的商业汇票的票面金额。

该科目按照开出、承兑商业汇票的单位进行明细核算，并设置“应收票据备查簿”，逐笔登记商业汇票的种类、号数和出票日、到期日、票面金额、交易合同号和付款人、承兑人、背书人的姓名或单位名称、背书转让日、贴现日、退票情况等资料，商业汇票到期结清票款或退票后，在备查簿中应予注销。

(二) 取得应收票据的会计核算

企业收到承兑的商业汇票时，应按票面金额借记“应收票据”科目，并根据不同的业务内容分别贷记“主营业务收入”、“应交税费”、“应收账款”等科目。

【例2-7】 宏利公司向B公司销售货物一批，价款60 000元，增值税10 200元，收到由B公司承兑的商业承兑汇票一张，金额共计70 200元。

借：应收票据——B公司　　70 200

　贷：主营业务收入　　60 000

　　应交税费——应交增值税（销项税额）　　10 200

【例2-8】 宏利公司原销售给A公司货物的应收款项58 500元，经双方协商，采用商业汇票方式结算，并收到银行承兑汇票一张，应作如下会计处理：

借：应收票据——A公司　　58 500

　贷：应收账款——A公司　　58 500

（三）转让应收票据的核算

根据《银行支付结算办法》的有关规定，企业可以将持有的应收票据进行背书转让，用以购买所需物资或偿还债务。背书是指在票据背面或者粘单上记载有关事项并签章的票据行为。背书转让的背书人应当承担票据责任。企业将持有的商业汇票背书转让以取得所需物资时，按应计入取得物资成本的金额，借记“材料采购”等科目，按专用发票上注明的可抵扣的增值税额，借记“应交税费——应交增值税（进项税额）”科目，贷记“应收票据”科目，按补付或收到的差额贷记或借记“银行存款”科目。

【例2-9】　宏利公司向A公司采购材料一批，价款10 000元，增值税额1 700元，将票据金额为12 000元的不带息商业承兑汇票背书转让，以支付该批材料的价税款，同时收到差额款300元存入银行。

借：材料采购　　10 000

　　应交税费——应交增值税（进项税额）　　1 700

　　银行存款　　300

　贷：应收票据——B公司　　12 000

（四）应收票据贴现的核算

1. 票据贴现的含义

票据贴现是指企业以未到期票据向银行融通资金，银行按票据的应收金额扣除一定期间的利息后的余额付给企业的融资行为。

2. 贴现款的计算

$$贴现款=票据到期值-贴现息$$

$$票据到期值=票据面值\times(1+票面利率\times票据期限)$$

$$=票据面值+票据到期利息$$

$$贴现息=票据到期值\times贴现率\times\frac{贴现天数}{360}（贴现期限）$$

公式中，贴现率由银行统一规定，贴现期按银行规定计算，通常是指从贴现日起至票据到期前一日止的实际天数。在贴现日和票据到期日这两天中，只计算其中的一天，即人们通常说的“算头不算尾”或“算尾不算头”。例如，2月10日将1月31日（当年2月份为28天）签发承兑的期限为30天、60天、90天，到期日分别为3月2日、4月1日、5月1日的商业汇票贴现，其贴现天数分别20天、50天和80天，无论商业汇票的到期日按日表示还是按月表示，贴现期一律按实际贴现天数计算。

小知识

应收票据到期日的确定

商业汇票的持票人在票据到期日可向承兑人收取票据款。商业汇票自承兑日起生效，其到期日是由票据有效期限的长短来决定的。在实务中，票据的期限一般有按月表示和按日表示两种。其中，定日付款的汇票付款期限自出票日起按日计算，定月付款的汇票付款期限自出票日起按月计算。

票据期限按月表示时，票据的期限不考虑各月份实际天数多少，统一按月对日为整月计算。如3月2日签发承兑的期限为6个月的商业汇票，其到期日为9月2日；1月31日签发承兑的期限为1个月、2个月的商业汇票，其到期日分别为2月28日（当年2月为28天）、3月31日。

票据到期日按日表示时，票据的期限不考虑月数，统一按票据的实际天数计算，在票据签发日和票据到期日这两天中，只计算其中的一天，如3月2日签发承兑的期限为180天的商业汇票，其到期日为8月29日。

3. 票据贴现的核算

在会计上，企业应根据贴现的商业汇票是否带有追索权分别采用不同的方法进行核算，本书只涉及不带追索权应收票据贴现的核算。

企业将不带追索权的商业汇票贴现时，应按实际收到的贴现款，借记“银行存款”科目，按贴现票据的面值，贷记“应收票据”科目，按支付给贴现银行的贴现息，借记“财务费用”科目。如票据为带息票据，则应将支付给银行的票据贴现息与票据到期利息的差额借记或贷记“财务费用”科目。

【例2-10】 2008年2月10日（当年2月份为28天），宏利公司将一张签发日为1月31日、期限为90天、面值为100 000元、年利率为9.6%、到期日为5月1日的银行承兑汇票到银行申请贴现，银行规定的月贴现率为0.6%。

$$票据到期利息=100\ 000\times9.6\%\times\frac{90}{360}=2\ 400\ (元)$$

$$票据到期值=100\ 000+2\ 400=102\ 400\ (元)$$

贴现天数=80天（其中：2月19天，3月31天，4月30天）

$$贴现息=102\ 400\times0.6\%\times\frac{80}{30}=1\ 638.4\ (元)$$

$$贴现款=102\ 400-1\ 638.4=100\ 761.6\ (元)$$

借：银行存款　　　　100 761.60

　贷：应收票据——某公司　　　　100 000.00

财务费用——利息　　761.60（2400－1638.40）

（五）应收票据到期的核算

商业汇票到期之后，应及时要求对方付款。应按实际收到的金额，借记“银行存款”科目，按商业汇票的票面金额贷记“应收票据”科目，将利息收入贷记“财务费用”科目（带息票据）。

【例2-11】　2008年9月10日，宏利公司持有的一张面值为46 800元，到期利息为840元的商业承兑汇票到期，企业共收到47 640元，款项已存入银行。

借：银行存款　　47 640

　贷：应收票据——某购货商　　46 800

　　财务费用——利息　　840

商业承兑汇票到期，如果因付款人无力支付票款，而收到由银行退回的票据时，应将应收票据的面值转入“应收账款”科目，并将应收票据到期时尚未计提的利息借记“应收利息”科目，贷记“财务费用”科目。

【例2-12】　沿用【例2-11】资料，如付款人账户资金不足，票据由银行退回，则应编制如下2笔会计分录：

（1）借：应收账款——某购货商　　46 800

　　贷：应收票据——某购货商　　46 800

（2）借：应收利息　　840

　　贷：财务费用——利息　　840

学习任务（三）　掌握预付账款的核算

问题一　什么是预付账款？

预付账款是指企业按照合同规定预付的款项。

问题二　发生预付款业务如何核算？

对于预付账款业务，企业应设置“预付账款”科目进行核算。企业因购货预付款项时，借记“预付账款”科目，贷记“银行存款”科目；收到所购货物时，按应计入物资采购成本的金额，借记“材料采购”科目或“原材料”等科目，按专用发票注明的增值税，借记“应交税费”科目，按发票账单注明的应付金额，贷记“预付账款”科目；补付款项时，借记“预付账款”科目，贷记“银行存款”科目；收到退回的多付款项时，借记“银行存款”科目，贷记“预付账款”科目。该科目应按供应单位设置明细科目进行明细分类核算。

小贴士

企业发生的数额较大需在一年内分期摊销的费用，也在“预付账款”科目核算。

【例 2-13】 宏利公司向C公司购入材料一批，价款100 000元，增值税额17 000元。

(1) 按合同约定，预付50%的货款时：

借：预付账款——C公司　　50 000

　贷：银行存款　　50 000

(2) 收到C公司发来的材料，验收无误后，宏利公司以银行存款补付差额款时：

借：预付账款——C公司　　67 000

　贷：银行存款　　67 000

借：原材料　　100 000

　应交税费——应交增值税（进项税额）　　17 000

　贷：预付账款——C公司　　117 000

在会计实务中，预付账款业务不多时，可以通过“应付账款”科目核算预付账款业务；企业的应付账款业务不多时，也可以通过“预付账款”科目核算应付账款业务。需要指出的是，为了便于明确企业对客户的债权债务关系，对同一客户发生的购货往来业务，应选择只通过“应付账款”或只通过“预付账款”科目进行核算。

学习任务（四） 了解其他应收款的核算

问题一 其他应收款包含哪些内容？

其他应收款是指企业除应收账款、应收票据、预付账款以外的其他各种应收及暂付款，其主要内容包括：

(1) 应收的各种赔款、罚款，如因企业财产等遭受意外损失而应向保险公司收取的赔款等。

(2) 应收的出租包装物租金。

(3) 应向职工收取的各种垫付款项，如为职工垫付的水电费、应由职工负担的医药费、房租费等。

(4) 存出保证金，如租入包装物支付的押金。

(5) 其他各种应收、暂付款项。

问题二 其他应收款应如何核算？

为了反映和监督其他应收款的增减变动及其余额情况，企业应当设置“其他应收款”

科目进行核算。该科目的借方登记其他应收款的增加，贷方登记其他应收款的收回，期末余额在借方，反映企业尚未收回的其他应收款项。

【例2-14】　宏利公司以银行存款垫付应由职工王某负担的医疗费3 500元，拟下月从该职工的工资中扣回。

借：其他应收款——王某　　3 500

　贷：银行存款　　3 500

【例2-15】　宏利公司租入包装物一批，以银行存款向出租方支付押金10 000元。

借：其他应收款——存出保证金　　10 000

　贷：银行存款　　10 000

向出租方退还包装物，收到出租方退回押金时：

借：银行存款　　10 000

　贷：其他应收款——存出保证金　　10 000

模块二　应付及预收账款核算实务

学习任务（一）　掌握应付账款的核算

问题一　什么是应付账款？

应付账款是指企业因购进货物或接受劳务供应等经营活动应支付的款项。

问题二　应付账款的入账时间如何确定？

从理论上讲，应付账款的入账时间应为结算凭证取得的时间。因为在赊购情况下，企业取得结算凭证的同时可以取得货物，也意味着取得了该项货物的产权，应在确认资产的同时确认负债。在实际工作中，由于应付账款的偿付期较短，往往在月内能够付款，为了简化核算工作，一般在取得结算凭证时不作账务处理，而在实际支付货款时作为资产入账，但是结算凭证已到而月末仍未支付货款，则应确认资产和负债。

如果购进的货物已验收入库，而结算凭证在月末仍未到达，企业应对其进行估价，同时确认为资产和负债。但为了规范实际支付货款时的核算方法，应在下月1日编制红字会计凭证予以冲销。上述应付账款的核算举例见本书“项目四　存货核算岗位实务”。

问题三　怎样确定应付账款的入账价格？

应付账款一般按照业务发生时的金额即未来应付的金额入账。企业确认应付账款时，应借记有关科目，贷记“应付账款”科目；偿还应付账款时，应借记“应付账款”科目，贷记“银行存款”等科目。

如果应付账款中含有现金折扣，应按照扣除现金折扣前的应付款总额入账（总价法）。因在折扣期内付款而取得的现金折扣，应在偿付应付账款时冲减财务费用。

【例 2-16】 2008 年 9 月 3 日，宏利公司赊购材料一批，发票上注明的总价 30 000 元，增值税额 5 100 元，共计 35 100 元，材料已验收入库，付款条件为 2/10、1/20、*n*/30。9 月 13 日实际支付价税款 34 398 元［35 100×（1－2%）］，取得现金折扣 702 元。

（1）9 月 3 日购入材料时：

借：原材料　　30 000

　　应交税费——应交增值税（进项税额）　　5 100

　贷：应付账款——某供应商　　35 100

（2）9 月 13 日支付价款时：

借：应付账款——某供应商　　35 100

　贷：银行存款　　34 398

　　　财务费用　　702

学习任务（二）　掌握应付票据的核算

问题一　什么是应付票据？

应付票据是指企业采用商业汇票结算方式延期付款购入货物应付的票据款。在我国，商业汇票的付款期限最长为 6 个月。因此，会计上应付票据应作为流动负债管理和核算。

问题二　应付票据应如何核算？

1. 设置“应付票据”科目

企业因购买材料、商品或接受劳务供应而开出承兑商业汇票时，应按支付的价款和增值税进项税额之和，借记“原材料”、“应交税费”等科目，按应付票据的票面金额，贷记“应付票据”科目，票据到期支付票款或因故转销票款时，借记“应付票据”科目，贷记“银行存款”、“应付账款”等科目。

2. 开出承兑商业汇票时的会计处理

【例 2-17】 宏利公司购入材料一批，增值税专用发票上注明的价款 400 000 元，增值税额 68 000 元，材料已验收入库，根据协议，宏利公司开出一张期限为 3 个月、金额为 468 000 元的商业承兑汇票。

借：原材料　　400 000

　　应交税费——应交增值税（进项税额）　　68 000

　贷：应付票据——某供应商　　468 000

如企业开出的商业汇票申请银行承兑（即为银行承兑汇票），则企业支付给承兑银行的手续费应当计入财务费用。

【例2-18】　承【例2-17】，假设宏利公司申请其开户银行承兑该商业汇票，支付承兑手续费234元。

借：财务费用　　　　　　　　　　234

　贷：银行存款　　　　　　　　　　　234

3. 票据到期支付票款的会计处理

【例2-19】　承【例2-17】，3个月后宏利公司开出的商业承兑汇票到期，宏利公司如期通知其开户银行支付票款。

借：应付票据——某供应商　　　　　468 000

　贷：银行存款　　　　　　　　　　　468 000

4. 应付票据转销的会计处理

应付票据到期时，如企业由于资金安排不当或出现资金周转困难而无法支付票款时，应将应付票据的账面余额转出。

(1) 如果是商业承兑汇票，其转出的会计分录为：

借：应付票据——某供应商

　贷：应付账款——某供应商

(2) 如果是银行承兑汇票，其转出的会计分录为：

借：应付票据——某供应商

　贷：短期借款

小贴士

银行承兑汇票的一个最大特点就是当经银行承兑的商业汇票到期而企业无款支付时，承兑银行将企业到期的票据款先行支付给持票人（收款方），并将已支付的票据款作为承兑申请人的逾期贷款处理。

学习任务（三）　掌握预收账款的核算

问题一　什么是预收账款?

预收账款是指企业按照合同规定向购买单位预收的款项。

问题二　预收账款如何进行会计处理?

企业发生的预收账款业务，一般可以通过“预收账款”科目核算。收到预收账款时，应借记“银行存款”科目，贷记“预收账款”科目；销售货物或提供劳务时，应借记“预收账款”科目，贷记“主营业务收入”、“应交税费——应交增值税”等科目；收到购买方补付的货款时，应借记“银行存款”科目，贷记“预收账款”科目；向购货单位退回其多付的款项时，借记“预收账款”科目，贷记“银行存款”科目。

在企业预收账款业务不多的情况下，为了简化核算工作，也可以不设“预收账款”科目，而将预收的账款记入“应收账款”科目的贷方。采用这种方式，“应收账款”科目所属的明细科目可能会有贷方余额。月末，“应收账款”科目所属明细科目的贷方余额，在资产负债表上，应列入“预收账款”项目。

【例 2－20】 宏利公司 2008 年 9 月发生下列预收账款业务：

(1) 9 月 1 日预收 D 公司货款 50 000 元，存入银行。

借：银行存款	50 000	
贷：预收账款——D 公司		50 000

(2) 9 月 15 日向 D 公司发出货物一批，价款 70 000 元，增值税 11 900 元，另用现金垫付运杂费 560 元，尚未收到 D 公司的补付款。

借：预收账款——D 公司	82 460	
贷：主营业务收入		70 000
应交税费——应交增值税（销项税额）		11 900
库存现金		560

(3) 9 月 28 日，收到 D 公司补付的货款 32 460 元。

借：银行存款	32 460	
贷：预收账款——D 公司		32 460

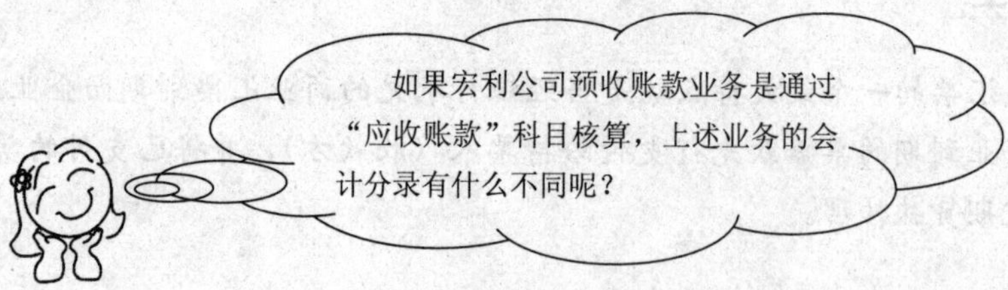

学习任务（四） 掌握应交税费的核算

问题一 企业应向国家缴纳的税费主要有哪些？

企业应向国家缴纳的税费主要包括增值税、消费税、营业税、城市维护建设税、企业所得税、房产税、车船使用税、土地使用税、印花税、教育费附加等。

本学习任务主要介绍应交增值税、消费税、营业税、城市维护建设税以及教育费附加的核算，应交企业所得税、房产税、车船使用税、印花税将在本书项目七中介绍。

问题二　应交税费业务应如何核算？

企业应通过“应交税费”科目，总括反映各种税费的交纳情况，并按照应交税费项目进行明细核算。该科目的贷方登记应缴纳的各种税费，借方登记实际缴纳的税费；期末余额一般在贷方，反映企业尚未缴纳的税费，期末余额如在借方，反映企业多缴或尚未抵扣的税费。

小贴士

企业缴纳的印花税、耕地占用税、车辆购置税、契税等不需要预计应交数的税金，不通过“应交税费”科目核算。

（一）应交增值税

1. 增值税纳税义务人

增值税是以商品生产、流通以及工业性加工、修理修配各个环节的增值额为征税对象的一种流转税。在我国境内销售货物或者提供加工、修理修配劳务以及进口货物的单位和个人为增值税纳税义务人。增值税纳税人按照其经营规模及会计核算的健全程度，分为一般纳税人和小规模纳税人。一般纳税人应纳增值税额，按照当期销项税额减去当期进项税额计算确定；小规模纳税人应纳增值税额，按照销售额和规定的征收率计算确定。

2. 一般纳税企业的核算

（1）设置“应交税费——应交增值税”、“应交税费——未交增值税”明细科目。

1）“应交税费——应交增值税”明细科目。为了核算一般纳税企业应交增值税的发生、抵扣、缴纳、退税及转出等情况，应在“应交税费”科目下设置“应交增值税”明细科目，并在“应交增值税”明细账的借方设置“进项税额”、“已交税金”等专栏；贷方设置“销项税额”、“进项税额转出”、“出口退税”等专栏，其明细账格式如表2-3所示。

表2-3　应交税费——应交增值税

年		摘要	月初余额	借方				贷方				借或贷	余额
月	日			进项税额	已交税金	转出未交增值税	出口抵减内销产品应纳税额	销项税额	进项税额转出	转出多交增值税	出口退税		
……													
合计													

“应交税费——应交增值税”各栏目核算内容如下：

“进项税额”专栏，记录企业购入货物或接受应税劳务而支付的、准予从销项税额中抵扣的增值税额。企业购入货物或接受应税劳务支付的进项税额，用蓝字登记；退回所购货物应冲销的进项税额，用红字登记。

“已交税金”专栏，记录企业纳税期限小于一个月、本期预缴的增值税额；如果企业以一个月为纳税期限，则此项目无发生额。

“出口抵减内销产品应纳税额”专栏，记录企业按规定的退税率计算的出口货物的进项税额抵减内销产品的应纳税额。

“减免税额”专栏，记录企业按规定直接减免的增值税款。

“转出未交增值税额”专栏，记录企业转出的应缴而未缴的增值税额。如果企业以一个月为纳税期限，此栏目记录企业纳税期限内应缴的增值税额；如果企业以小于一个月为纳税期限，此栏目记录企业应补交的增值税额。

“销项税额”专栏，记录企业销售货物或提供应税劳务应收取的增值税额。企业销售货物或提供应税劳务应收取的销项税额，用蓝字登记；退回销售货物应冲销的销项税额，用红字登记。

“进项税额转出”专栏，记录企业的购进货物、在产品、产成品等发生不应从销项税额中抵扣的情况，按规定需转出的进项税额。

“转出多交增值税”专栏，记录企业转出多缴的增值税额。此栏目只有当企业以小于一个月为纳税期限，预缴税款大于应缴税款时，出现发生额。当企业以一个月为纳税期限时，此项目无发生额。

“出口退税”专栏，记录企业出口适用零税率的货物，向海关办理报关出口手续后，凭出口报关单等有关凭证，向税务机关申报办理出口退税而收到的退回的税款。出口货物退回的增值税额，用蓝字登记；出口货物办理退税后发生退货或者退关而补缴已退的税款，用红字登记。

2）“应交税费——未交增值税”明细科目。该明细科目用以反映企业税款缴纳的状况。如果纳税人以一个月为纳税期限，则贷方反映企业纳税期限终了应交的增值税额，借方反映在纳税申报表已交的上期增值税额。纳税申报期限终了（15 日后），如果出现贷方余额，为欠税额。“应交税费——未交增值税”明细科目的具体核算内容见表 2-4。

表 2-4　　应交税费——未交增值税

借　方	贷　方
1. 期初数反映企业上期多缴纳税款 2. 本期发生额反映纳税申报期企业实际缴纳增值税税款的金额	1. 期初数反映企业上期应纳税款，即纳税申报缴纳税款的金额 2. 本期发生额反映企业多缴税款的返还金额

3）“应交税费——未交增值税”账户与“应交税费——应交增值税”之间的关系。

【例 2-21】　假设 A 企业以一个月为纳税期限，2009 年 12 月 31 日“应交税费——

应交增值税”期末合计数情况如表 2-5 所示。

表 2-5　　应交税费——应交增值税　　单位：万元

年		摘要	月初余额	借方				贷方				借或贷	余额
月	日			进项税额	已交税金	转出未交增值税	出口抵减内销产品应纳税额	销项税额	进项税额转出	转出多交增值税	出口退税		
……													
合计				100		50		150					0

上述数据反映企业当期应纳增值税＝150－100＝50（万元）

形成“转出未交增值税”，反映纳税人纳税申报期应缴纳增值税金额为 500 000 元。

2009 年 12 月 31 日，转出未交增值税时：

借：应交税费——应交增值税（转出未交增值税） 500 000

　贷：应交税费——未交增值税　　500 000

2010 年 1 月 10 日缴纳增值税时：

借：应交税费——未交增值税　　500 000

　贷：银行存款　　500 000

（2）进项税额的核算

企业购进的一般货物、生产经营用固定资产（不包括房屋、建筑物等不动资产）及接受的应税劳务，取得增值税扣税凭证（包括增值税专用发票、海关进口增值税专用缴款书、农产品收购发票和农产品销售发票以及运输费用结算单据）的，其进项税额允许从销项税额中抵扣，不计入购进货物或应税劳务的成本。

相关链接

进项税额的一些特殊规定

（1）企业购进的货物如为免税的农业产品或废旧物资，无法取得增值税专用发票的，按照我国税法规定，企业可以按照免税农产品买价的 13%以及废旧物资收购价的 10%作为进项税额抵扣。

（2）企业购进货物支付的款项中如果含有销货单位代垫的运费（即运输部门开具的运费发票），则企业可以凭运费发票抵扣联按照运费（不包括其他杂费）的 7%作为进项税额抵扣。

（3）不得抵扣的进项税额。按照我国税法规定，下列项目的进项税额不得从销项税额中抵扣：用于非应税项目的购进货物或者应税劳务；用于免税项目的购进货物或者应税劳务；用于集体福利或者个人消费的购进货物或者应税劳务；非正常损失的购进货物；非正常损失的在产品、产成品所耗用的购进货物或者应税劳务；购入非生产经营用机器设备等固定资产的进项税额。

【例 2-22】 宏利公司为增值税一般纳税人，9 月份发生下列经济业务：

(1) 购入生产用设备（不需安装）一台，买价 100 000 元，增值税 17 000 元，运杂费 500 元，共计 117 500 元，款项以银行存款支付。

借：固定资产 100 500

　　应交税费——应交增值税（进项税额） 17 000

　贷：银行存款 117 500

(2) 购入原材料一批，买价 200 000 元，增值税 34 000 元，运费 1 000 元，共计 235 000元，结算凭证已到，原材料入库，款项暂未支付。

原材料成本＝200 000＋1 000×（1－7%）＝200 930（元）

进项税额＝34 000＋1 000×7%＝34 070（元）

借：原材料 200 930

　　应交税费——应交增值税（进项税额） 34 070

　贷：应付账款 235 000

(3) 向某废旧回收公司收购废旧物资一批，作为原材料入库，收购价 50 000 元，规定的扣除率为 10%，贷款以银行存款支付。

借：原材料 45 000

　　应交税费——应交增值税（进项税额） 5 000

　贷：银行存款 50 000

本例中，材料进价成本＝50 000×（1－10%）＝45 000（元）

(4) 生产车间委托外单位修理设备，对方开来的专用发票上注明修理费用 10 000 元，增值税额 1 700 元，款项以银行存款支付。

借：制造费用 10 000

　　应交税费——应交增值税（进项税额） 1 700

　贷：银行存款 11 700

(3) 进项税额转出的核算

企业购进的货物发生非常损失，以及将购进的货物改变用途，其进项税额应通从过“应交税费——应交增值税（进项税额转出）”科目转入有关科目，借记“待处理财产损溢”、“在建工程”、“应付职工薪酬”科目，贷记“应交税费——应交增值税（进项税额转出）”科目。属于转作待处理财产损失的进项税额，应与遭受非常损失的购进货物、在产品或库存商品的成本一并处理。

购进货物改变用途通常是指购进的货物在没有经过任何加工的情况下，对内改变用途的行为，如在建工程领用原材料、企业所属医务室等福利部门领用原材料等。

【例 2-23】　宏利公司 9 月份发生下列有关进项税额转出业务：

(1) 自建厂房领用原材料一批，实际成本 50 000 元，购进该批原材料时支付的进项税额 8 500 元。

借：在建工程　　58 500

　贷：原材料　　50 000

　　应交税费——应交增值税（进项税额转出）　　8 500

(2) 由于自然灾害，毁损产成品一批，实际成本 40 000 元，所耗购进货物的进项税额为 6 800 元。

借：待处理财产损溢　　46 800

　贷：库存商品　　40 000

　　应交税费——应交增值税（进项税额转出）　　6 800

(3) 毁损库存材料一批，其实际成本 10 000 元，增值税额 1 700 元，原因未明。

借：待处理财产损溢——待处理流动资产损溢　　11 700

　贷：原材料　　10 000

　　应交税费——应交增值税（进项税额转出）　　1 700

(4) 销项税额的核算

增值税销项税额是指一般纳税人销售货物或提供应税劳务收取价款中所含的增值税额。

企业销售货物或提供应税劳务以后，应根据全部价款，借记"银行存款"等科目；根据销项税额，贷记"应交税费——应交增值税（销项税额）科目"，根据其价款和价外费用，贷记"主营业务收入"等科目。

【例 2-24】　宏利公司 9 月份发生下列有关销项税额业务：

(1) 销售甲产品 100 件，不含税的价款为 500 000 元，增值税率 17%，增值税销项税额 85 000 元，共计 585 000 元，提货单和增值税专用发票已交给买方，款项尚未收到。

借：应收账款——某购货商　　585 000

　贷：主营业务收入　　500 000

　　应交税费——应交增值税（销项税额）　　85 000

(2) 为外单位代加工电脑台 600 个，每个收取加工费 90 元，适用的增值税率 17%，加工已完成，款项已收到并存入银行。

借：银行存款　　63 180

　贷：主营业务收入　　54 000

　　应交税费——应交增值税（销项税额）　　9 180

(5) 视同销售行为

视同销售行为是指企业在会计核算中未作销售处理而税法中要求按照销售行为缴纳增值税的行为。主要包括：将自产或委托加工的货物用于非应税项目、集体福利或个人消费；将自产、委托加工或购买的货物用于投资、分配给股东或投资者以及无偿赠送他人等。

在会计核算中，上述视同销售行为的货物一般按成本转账，不计入销售收入，会计账面中不反映销售额。

【例 2-25】 宏利公司 9 月份发生下列视同销售业务：

(1) 将上月生产的甲产品 10 件用于在建工程，成本共计 35 000 元，增值税按当月甲产品的销售价格 50 000 元和增值税率 17%计算。

借：在建工程　　43 500

　贷：库存商品——甲产品　　35 000

　　　应交税费——应交增值税（销项税额）　　8 500

本例中，在建工程领用产品的销项税额＝50 000×17%＝8 500（元）

(2) 用自产产品一批对外捐赠，该产品的生产成本为 85 000 元，市场销售价格（不含税）为 100 000 元，增值税按市场销售价格的 17%计算。

借：营业外支出　　117 000

　贷：库存商品——乙产品　　100 000

　　　应交税费——应交增值税（销项税额）　　17 000

(6) 出口退税

企业出口产品按规定退税的，按应收的出口退税额，借记"其他应收款"科目，贷记"应交税费——应交增值税（出口退税）"科目。

(7) 缴纳增值税

企业实际应纳增值税时，应区分以下两种情况进行账务处理：

1) 纳税人以小于 1 个月为纳税期的，平时预交增值税时，应借记"应交税费——应交增值税（已交税金）"科目，贷记"银行存款"科目。

2) 纳税人以 1 个月为纳税期的，在纳税申报期申报并缴纳增值税时，应借记"应交税费——未交增值税"科目，贷记"银行存款"科目。

【例 2-26】 宏利公司以银行存款缴纳上月（8 月）未交增值税 78 000 元。

借：应交税费——未交增值税　　78 000

　贷：银行存款　　78 000

做中学

根据【例 2-22】～【2-25】资料，登记"应交税费——应交增值税"明细账，并观察该账户是否有余额，如果有余额应怎样处理？（假设该企业以一个月为纳税期限）

3. 小规模纳税企业的核算

(1) 小规模纳税企业的核定标准

小规模纳税企业通常是指年应征增值税销售额在 500 000 元以下的工业企业；或年应征增值税销售额在 800 000 元以下的商业企业。

(2) 小规模纳税企业增值税的核算

现行税法规定：小规模纳税企业购进货物或接受应税劳务支付的增值税进项税额，一律不予抵扣，均计入购进货物和接受应税劳务的成本；销售货物或提供应税劳务时，只能开具普通发票，不能开具增值税专用发票，并按应征增值税销售额的3%计算应交增值税。因此，小规模纳税企业只需在“应交税费”科目下设置“应交增值税”明细科目，不需要在“应交增值税”明细科目下设置专栏，“应交税费——应交增值税”科目贷方登记应缴纳的增值税，借方登记已缴纳的增值税；期末贷方余额为尚未缴纳的增值税，借方余额为多缴纳的增值税。

小规模纳税人在销售货物或提供应税劳务时，应按全部价款借记“银行存款”等科目，按不含税的销售额贷记“主营业务收入”等科目，按应征增值税额贷记“应交税费——应交增值税”科目。

【例2-27】 某企业为小规模纳税人，某月根据发生的购销业务，编制会计分录如下：

(1) 购进原材料一批，价款10 000元，增值税1 700元，共计11 700元，款项以银行存款支付。

借：原材料　　11 700

　贷：银行存款　　11 700

(2) 销售产品一批，全部价款为30 900元，款项收到，存入银行。

借：银行存款　　30 900

　贷：主营业务收入　　30 000

　　　应交税费——应交增值税　　900

不含税销售额＝含税销售额÷（1＋征收率）＝30 900÷（1＋3%）＝30 000（元）

应纳增值税＝不含税销售额×征收率＝30 000×3%＝900（元）

(3) 月末，该企业以银行存款缴纳增值税900元。

借：应交税费——应交增值税　　900

　贷：银行存款　　900

(二) 应交消费税

1. 消费税纳税义务人

在我国境内生产、委托加工和进口应征消费税的消费品的单位和个人为消费税的纳税义务人。

相关链接

消费税税目及税率（税额）

目前，我国对卷烟、酒及酒精、化妆品、贵重首饰和珠宝玉石、成品油（汽油、柴油等）、汽车轮胎、摩托车、小汽车、高尔夫球及球具、高档手表、游艇、木制一次性筷子、实木地板和鞭炮焰火共十四个项目征收消费税。实行从价定率征收的比例税率分为10档，最高税率为45%，最低税率为3%；实行从量定额征收的定额税率分为8档。

2. 消费税的计算方法

消费税与增值税不同，一般来说，属于价内税，即产品销售收入中包含消费税，也就是说，消费税应由产品销售收入来补偿。消费税实行从价定率或者从量定额的方法计算应纳税额，计算公式如下：

实行从价定率方法计算的应纳税额＝销售额×税率

实行从量定额方法计算的应纳税额＝销售数量×单位税额

上列公式中的销售额，与计征增值税的销售额口径相同，是指销售应税消费品向购买方收取的不含增值税的全部价款和价外费用。

3. 应交消费税的核算

(1) 销售应税消费品

企业销售应税消费品应交的消费税，借记“营业税金及附加——消费税”科目，贷记“应交税费——应交消费税”科目。

小贴士

“营业税金及附加”科目，是一个损益类科目，用以反映企业经营业务应负担的营业税、消费税、资源税、城市维护建设税及教育费附加等。企业按规定计算确定的与经营活动相关的税费记借方，月末结转“本年利润”科目时记贷方，结转后无余款。

【例 2-28】 宏利公司根据发生的有关消费税业务，编制会计分录如下：

(1) 销售应税化妆品一批，不含增值税的价款为 50 000 元，增值税销项税额为 8 500 元，共计 58 500 元，款项收到，存入银行。

借：银行存款　　58 500

　贷：主营业务收入　　50 000

　　　应交税费——应交增值税　　8 500

(2) 销售该产品的消费税率为 10%，结转应交消费税 5 000 元。

借：营业税金及附加　　5 000

　贷：应交税费——应交消费税　　5 000

(2) 自产自用应税消费品

企业将自产的应税消费品用于本企业的在建工程、集体福利时，应视同销售计算缴纳消费税。

【例 2-29】 宏利公司基建工程领用自产的应税消费品产品 1 件，实际成本为 5 000 元，同类产品的销售价格为 10 000 元，增值税税率为 17%，消费税税率为 20%。

应交消费税＝10 000×20%＝2 000（元）

借：在建工程　　8 700

　贷：库存商品　　5 000

应交税费——应交增值税（销项税额）　　　1 700

　　应交税费——应交消费税　　　2 000

（3）委托加工应税消费品

企业委托外单位加工应税消费品，按税法规定，应由受托方在向委托方交货时代扣代缴消费税，其会计处理方法详见本书“项目四存货核算岗位实务中委托加工物资的核算”。

（三）应交营业税

1. 营业税纳税义务人

在我国境内提供交通运输、建筑、金融保险、邮电通信、文化体育、娱乐、服务等应税劳务，转让无形资产的所有权或使用权，销售不动产的单位和个人，为营业税的纳税义务人。

营业税以营业额为计税基础。营业额是指纳税人提供应税劳务、转让无形资产和销售不动产而向对方收取的全部价款和价外费用，税率从3%～20%不等。营业税应纳税额的计算公式为：

应纳税额＝营业额×税率

2. 应交营业税的核算

企业应在“应交税费”科目下设置“应交营业税”明细科目核算应交营业税的发生、缴纳情况。企业按规定计算应交的营业税，借记“营业税金及附加”“其他业务成本”、“固定资产清理”等科目，贷记“应交税费——应交营业税”科目；实际缴纳营业税时，借记“应交税费——应交营业税”科目，贷记“银行存款”科目。

【例2-30】　宏利公司对外提供运输劳务，取得运输收入50 000元，款已存入银行，营业税率3%。

（1）取得运输收入时：

借：银行存款　　　50 000

　　贷：其他业务收入　　　50 000

（2）结转应交营业税时：

借：营业税金及附加　　　1 500

　　贷：应交税费——应交营业税　　　1 500

本例中，宏利公司是一家生产企业，对外提供的运输劳务是该公司的一种附带业务，所以，取得的运输劳务收入计入其他业务收入，应缴纳的营业税计入营业税金及附加。

（四）应交城市维护建设税和教育费附加

城市维护建设税和教育费附加是一种附加税。按照现行税法规定，城市维护建设税和教育费附加应根据应交增值税、消费税和营业税之和的一定比例计算缴纳。计提应交城市维护建设税和教育费附加时，应借记“营业税金及附加”“固定资产清理”等科目，贷记“应交税费——应交城市维护建设税（应交教育费附加）”科目；实际缴纳城市维护建设税和教育费附加时，应借记“应交税费——应交城市维护建设税（应交教育费附加）”科目，贷记“银行存款”科目。

【例 2-31】 宏利公司根据 2008 年 9 月取得的各项收入形成的应交增值税、消费税和营业税计算应交城市维护建设税和教育费附加如表 2-6 所示。

表 2-6　　应交城市维护建设税和教育费附加计算表　　单位：元

计税项目	计税金额	应计提城建税（7%）	应计提教育费附加（3%）	合　计
销售产品应交增值税	100 000	7 000	3 000	10 000
销售产品应交消费税	50 000	3 500	1 500	5 000
运输收入应交营业税	20 000	1 400	600	2 000
销售不动产应交营业税	10 000	700	300	1 000
合　计	180 000	12 600	5 400	18 000

借：营业税金及附加　　17 000
　　固定资产清理　　1 000
　贷：应交税费——应交城市维护建设税　　12 600
　　　　　　——应交教育费附加　　5 400

相关链接

企业纳税申报方式

目前，我国纳税申报采用的最普遍的形式主要有以下几种：

(1) 直接申报。直接申报是指纳税人自行到税务机关办理纳税申报。这是一种最传统的申报方式。

(2) 数据电文申报。数据电文是指经税务机关确定的电话语音、电子数据交换和网络传输等电子方式办理纳税审报。例如目前纳税人的网上申报，就是数据电文申报的一种形式。纳税人采用电子方式办理纳税申报的，应当按照税务机关规定的期限和要求保存有关资料，并定期书面报送主管税务机关。

(3) 邮寄申报。邮寄申报是指经税务机关批准的纳税人使用统一规定的纳税申报特快专递专用信封，通过邮政部门办理交寄手续，并向邮政部门索取收据作为申报凭据的方式。例如目前年薪超过 12 万的纳税人自行缴纳个人所得税时，即可采用该种方式。

(4) 其他方式申报（如代理申报）。代理申报是指纳税人、扣缴义务人委托经国家税务总局批准的税务师事务所代理申报的方式。

学习任务（五）　了解其他应付款的核算

问题一　其他应付款包含哪些内容？

其他应付款是指企业除应付账款、应付票据、预收账款、应付利息、应交税费等以外的其他应付、暂收款项，包括：出租出借包装物收取的押金、存入保证金、经营性租入固定资产的租金以及企业经营活动以外的其他各项应付、暂存的款项。

问题二　其他应付款如何核算？

企业应通过“其他应付款”科目核算其他应付款的增减变动及其余额情况，并应按其他应付款的项目及债权人进行明细核算。该科目的贷方登记发生的各种应付、暂收款项，借方登记偿还或转销的各种应付、暂收款项，期末余额一般在贷方，反映企业应付而未付的其他应付款项。

【例 2－32】　宏利公司发生下列有关业务：

(1) 10 月 1 日，收到某单位交来租用包装物的押金 1 800 元，已存入银行。

借：银行存款　　1 800

　贷：其他应付款——某单位　　1 800

(2) 10 月 3 日，以经营租赁方式租入管理用办公设备一批，每月租金 5 000 元，按季支付。

1) 10、11 月末计提应付租入设备租金时：

借：管理费用　　5 000

　贷：其他应付款　　5 000

2) 12 月末，开出转账支票支付设备租金时：

借：管理费用　　5 000

　　其他应付款——某单位　　10 000

　贷：银行存款　　15 000

相关链接

往来款项的管理

往来款项涉及企业日常经营及管理活动的各个方面，企业应通过建立和完善内部控制制度，采取适当的措施和方法，加强往来款项的管理，以达到加速资金周转、提高经济效益、防止资产流失的目的。

加强往来款项的管理，可采用的方法和措施主要有：

(1) 定期与相关往来单位或个人核对账目

企业财务部门应定期与相关往来单位或个人核对账目，特别是对那些金额大、时间长的债权债务单位要通过信函（即函证）、电话等方式核实账目，发现问题及时处理，保证往来账目的准确性。

(2) 及时清理

对那些名存实亡的往来款项，如确已无法收回的应收款项要及时报批后作坏账转销，不需支付的债务及时报批作营业外收入处理。

(3) 推迟应付款的支付

企业在不影响自己信誉的前提下，尽可能地推迟应付款的支付期，充分运用供货方的信用优惠。

(4) 加速收款

应收账款可以扩大销售规模，增加销售收入，但如何既利用应收账款吸引顾客，又缩短收款的时间，需要在两者之间找到适当的平衡点，并实施妥善的收账策略。企业对各种不同过期账款应有不同的催收方式，比如，对过期较短的顾客，不要过多地打扰，以免失去这一市场；对过期稍长的顾客，可措辞委婉地写信催收；对过期较长的顾客，频繁地信件催款并电话催询；对过期很长的顾客，可在催款时措辞严厉，必要时提请有关部门仲裁或提请诉讼。

小结

应收账款是指企业因销售商品、提供劳务等经营活动应收取的款项，包括发票全额和代购货单位垫付的运杂费。存在现金折扣的情况下，应收账款的核算通常采用总价法。

应收票据是指企业因销售商品、提供劳务等收到的商业汇票。票据的到期值不一定等于面值，因为，带息商业汇票的到期值等于票据面值与票据到期利息之和，企业收到的票据利息应冲减财务费用。应收票据贴现是指企业以未到期票据向银行融通资金的行为。票据贴现净额是指票据到期值扣除贴现利息后的差额，其中贴现利息的计算涉及票据到期值、贴现期和贴现利率三个因素。

预付账款是指企业按照合同规定预付给供货企业的货款。企业应当设置“预付账款”科目，核算预付账款的增减变动及其余额情况。预付账款不多的企业，可以不设置“预付账款”科目，而直接通过“应付账款”科目核算。

坏账是指企业无法收回的各种应收款项。我国会计准则规定企业应采用“备抵法”核算坏账损失，其基本原理是：运用一定的方法（应收账款余额百分比法、账龄分析法、赊销百分比法）按期估计坏账损失，形成坏账准备，当某一应收款项全部或部分被确认为坏账时，应根据其金额冲减坏账准备，并转销相应的应收账款金额。

应付账款是指企业因购进商品和接受劳务供应等经营活动应付给供应单位的款项。在实际工作中，由于应付账款的偿付期较短，往往在月内能够付款，为了简化核算工作，一般在取得结算凭证时不作账务处理，而在实际支付货款时作为资产入账，但是结算凭证已到而月末仍未支付货款，则应确认资产和负债。

应付票据是指企业购买商品或接受劳务供应等开出承兑的商业汇票。企业应设置“应付票据”科目，核算应付票据的增减变动及其余额情况，支付银行承兑汇票的手续费和带息票据的利息，计入“财务费用”科目。

预收账款是指企业在销售货物或提供劳务之前，按照合同规定向购货企业预收的账款。企业应当设置“预收账款”科目，核算预收账款的增减变动及其余额情况。预收账款不多的企业，可以不设置“预收账款”科目，而直接通过“应收账款”科目核算。

应交税费是指企业在生产经营过程中产生的应向国家缴纳的各种税费，主要包括增值税、消费税、营业税、城市维护建设税、教育费附加和所得税等。增值税的核算应区分一般纳税人和小规模纳税人。一般纳税人应在“应交税费”科目下设置“应交增值税”二级科目，借方登记“进项税额”、“已交税金”等内容，贷方登记“销项税额”、“进项税额转出”、“出口退税”等内容。

加强对往来款项的管理是往来款项核算岗位的一项重要工作内容。企业应通过定期核对账目、及时处理坏账、加速收款、充分利用商业信用等措施，提高资金的利用效率。

思考与实训

一、问答题

1. 采用备抵法核算坏账的账务处理要点有哪些？
2. 什么是票据贴现？贴现款应如何计算？
3. 一般纳税企业和小规模纳税企业在应交增值税方面的核算有什么不同？
4. 一般纳税人的哪些业务应视同销售业务？
5. 进项税额转出业务与视同销售业务有何区别？

二、判断题

1. 应收账款是企业应向客户收取的款项，包括代垫的运杂费。（　）
2. 商业汇票的到期值就是面值。（　）
3. 预收账款是指企业按照合同的规定支付给供货方的预付款项。（　）
4. 企业因未及早付款而丧失的现金折扣，会计上应作为管理费用处理。（　）
5. 冲销多提的坏账准备，应借记“资产减值损失”科目，贷记“坏账准备”科目。（　）
6. 企业应向职工收取的各种垫付款项，应通过“应收账款”科目核算。（　）
7. 经常函证应收账款，是促使企业应收账款及时收回的一项措施。（　）
8. 对已确认为坏账的应收账款，意味着企业放弃了追索权。（　）
9. “应交税金——应交增值税”明细账户的期末余额一定在贷方。（　）
10. 无形资产的转让收入应缴纳营业税。（　）
11. 购入生产用设备的进项税额允许从销项税额中抵扣。（　）

三、单项选择题

1. 企业于2009年5月10日将一张4月10日签发、90天期限、票面价值为100 000元、票面利率为6%的带息商业汇票向银行贴现，年贴现率为7.5%，贴现款为（　）元。

A. 100 000　　B. 101 500　　C. 101 231.75　　D. 100 231.25

2. “应收账款”科目不核算（　）。

A. 企业销售商品而应收取的款项　　B. 代购货方垫付的运杂费

C. 企业提供劳务而应收取的款项　　D. 应向职工收取的赔款

3. 关于应收票据贴现，下列计算公式中不正确的是（　）。

A. 贴现额＝票据到期值－贴现息

B. 贴现息＝票据到期值×贴现利率×贴现期限

C. 票据到期利息＝票据面值×票面利率×票据期限

D. 票据到期利息＝票据到期值×票面利率×票据期限

4. 某企业2009年年末“应收账款”余额为6 000 000元，“坏账准备”借方余额为8 000元，坏账准备计提比例为0.5%，则年末应计提坏账准备（　）元。

A. 8 000　　B. 30 000　　C. 38 000　　D. 22 000

5. 企业采用备抵法核算坏账，实际发生坏账时应借记（　）科目。

A. “资产减值损失”　　B. “银行存款”

C. “坏账准备”　　D. “应收账款”

6. 企业以银行存款代职工垫付应由其个人负担的住院医药费，应（　）科目。

A. 借记“其他应收款”　　B. 贷记“其他应收款”

C. 借记“应收账款”　　D. 贷记“应收账款”

7. 下列项目中，应在“其他应付款”科目核算的是（　）。

A. 出租包装物收取的押金　　B. 租入包装物支付的押金

C. 应付购进货物的款项　　D. 收到购货方的预付货款

8. 关于商业汇票，下列说法中正确的是（　）。

A. 付款期限最长为3个月

B. 承兑人为承兑银行

C. 可以背书转让

D. 付款人无力支付到期票款时，付款方的开户银行将代为支付票据款。

9. 关于增值税一般纳税企业，下列说法正确的是（　）。

A. 销售商品时一般开具专用发票　　B. 购入货物的进项税额均可抵扣

C. 增值税率为3%　　D. 购入货物的进项税额计入货物成本

10. 下列行为中，不属于视同销售行为的是（　）。

A. 在建工程领用生产用原材料　　B. 将企业自制的产品作为福利发给职工

C. 将企业自制的产品对外投资　　D. 将企业自制的产品捐赠给慈善机构

四、多项选择题

1. 已经确认坏账的应收账款重新收回时，正确的会计处理是（　　）。

A. 借：应收账款，贷：坏账准备　　B. 借：坏账准备，贷：应收账款

C. 借：应收账款，贷：银行存款　　D. 借：银行存款，贷：应收账款

2. "预付账款"科目的借方登记（　　）。

A. 预付的款项　　B. 补付的款项

C. 收到采购货物时冲销的预付款项　　D. 预收的账款

3. "其他应收款"科目核算的内容包括（　　）。

A. 应收的各种赔款　　B. 应收的各种罚款

C. 存出保证金　　D. 备用金

4. 关于增值税小规模纳税企业，下列说法正确的是（　　）。

A. 销售商品时一般开具普通发票　　B. 购入货物的进项税均可抵扣

C. 征收率为3%　　D. 购入货物的进项税额计入货物成本

5. 关于营业税，下列说法正确的是（　　）。

A. 营业税是一种价内税

B. 销售不动产应交纳的营业税应借记"固定资产清理"科目

C. 出租无形资产应交纳的营业税应借记"其他业务成本"科目

D. 对外提供运输劳务应交纳的营业税应借记"营业税金及附加"科目

6. 下列（　　）属于视同销售行为。

A. 将自产的货物用于在建工程　　B. 将购买的货物分配给股东

C. 将自产的货物用于职工福利　　D. 将外购的材料用于在建工程

五、业务核算题

（一）新世纪公司2009年9月发生下列经济业务：

1. 9月1日销售商品一批，价款10 000元，增值税1 700元，收到购货方签发的一张面值为11 700元、期限为3个月、不带息的商业承兑汇票。

要求：

分别按下列三种情况编制相应的会计分录：

（1）收到商业承兑汇票。

（2）假设3个月后上述票据到期，付款方按时兑付票款。

（3）假设票据到期付款方无力支付票款，银行退回票据。

2. 2009年9月3日将持有的一张不带息银行承兑汇票到银行贴现，票据面值为117 000元、期限为90天、贴现率为10%，该汇票的签发日为2009年8月15日。

（1）计算贴现息、贴现款，并编制贴现时的会计分录。

（2）假设票据到期付款方无款支付，请编制相应会计分录。

（二）2009年9月10日，A公司销售产品20 000件给B公司（A公司已收到款项，B公司收到货物后由材料仓库验收入库），单价10元，增值税税率为17%，按照价目表规定

可以给予购货方的商业折扣为9折，现金折扣条件是：2/10、1/20、n/30。

要求：

分别以A、B公司会计的身份，编制下列三种情形的会计分录：

(1) 销售（购进）货物时（购销双方均用总价法核算）。

(2) 假设9月18日收到（支付）全部货款。

(3) 假设9月28日收到（支付）全部货款。

(三) 昌隆公司采用备抵法核算坏账。2009年1月1日，公司“坏账准备”账户的贷方余额为32 000元；公司在2009年6月5日，有一笔上年已经注销的坏账重新收回，金额为3 000元；2009年年末应收账款余额为10 000 000元，公司按应收账款余额的0.5%计提坏账准备。

要求：

(1) 计算确定2009年年末应计提的坏账准备金额。

(2) 为该企业编制坏账收回以及年末计提坏账准备的会计分录。

(四) 2009年11月30日，A公司与B企业签订购销合同，A公司销售产品一批给B企业，价款100 000元，增值税17 000元。合同规定：自合同签订之日起7天内，B企业应向A公司预付货款60 000元，剩余款在交货后付清。

(1) 12月6日，B企业以银行存款预付货款60 000元，A公司于12月8日收到该款。

(2) 12月18日，A公司按合同规定发货，并于次日收到B企业通过银行划入的剩余款57 000元。

(3) 假设A公司12月18日只能向B企业供货40 000元，按17%计算的增值税为6 800元，则A公司应向B企业退回预收款13 200元。

要求：

分别以A公司、B企业会计的身份，编制上述经济业务的会计分录。

(五) A公司为增值税一般纳税企业，以一个月为纳税期限，适用的增值税率为17%，原材料采用实际成本核算。该企业2009年12月发生下列经济业务：

(1) 购进生产用设备一台，增值税专用发票所列买价为380 000元，进项税额为64 600元。设备已交付使用，货款签发商业承兑汇票结算。

(2) 购入原材料一批，增值税专用发票注明的原材料价款为400 000元，进项税额为68 000元，取得原材料运费1 000元的抵扣联（进项税额按7%的扣除率计算），款项通过银行汇款支付，材料尚未验收入库。

(3) 企业向外地某单位销售商品一批，售价金额为12 000元，销项税额为2 040元，商品已发出并已向银行办妥托收承付手续。

(4) 将一批原材料用于基建工程项目，材料成本为20 000元。

(5) 用原材料对外投资，该批原材料的成本为500 000元，双方协议价格为600 000元。

(6) 销售产品一批，销售价格为468 000元（含增值税），实际成本360 000元，提货单和增值税发票已交购货方，货款暂未收到。

(7) 在建工程领用产品一批，实际成本 40 000 元，计税价格为 50 000 元。

(8) 用银行存款缴纳上月未交增值税 80 000 元。

(9) 销售不动产收入 30 000 元，款项已存入银行，营业税率为 5%。

(10) 假设该公司 12 月应交增值税、消费税、营业税分别为 78 000 元、23 600 元和 8 600元，(均为销售不动产的营业税) 月末按规定计算应交城市维护建设税（提取率 7%）和教育费附加（提取率 3%）。

(11) 12 月末，转出本月应交未交增值税。

要求：

根据上述经济业务，编制会计分录，并登记“应交税费——应交增值税”明细账。

(六) A 企业是小规模纳税企业，增值税征收率为 3%，原材料按进价金额核算，2009 年 12 月发生下列经济业务：

(1) 购入办公设备一套，价款 11 700 元，以银行存款支付，设备已验收并交付使用。

(2) 购进原材料一批，价税款 58 500 元暂未支付，材料已验收入库。

(3) 销售商品一批，开出普通发票一张，含税售价 20 600 元，收到购货方交来银行承兑汇票一张（到期日为 2010 年 3 月 1 日）。

(4) 以银行存款缴纳上月应交增值税 890 元。

要求：

根据上述经济业务编制会计分录。

(七) A 公司 2009 年 12 月发生下列经济业务：

(1) 4 日，库存材料因雪灾毁损 50 000 元，应转出的进项税额为 8 500 元，按保险合同规定，其中 30 000 元应由保险公司赔偿，其余部分元由公司自行承担。

(2) 6 日，以银行存款支付租入包装物的押金 10 000 元。

(3) 10 日，收到 B 企业保证金 23 000 元，款项已存入银行。

(4) 12 日，总务科领取备用金 8 000 元，以现金支付。

(5) 20 日，6 日租入包装物如数退还，收到出租方退回的押金 10 000 元。

(6) 31 日，计提应付租入管理用办公设备的租金 3 000 元。

要求：

根据上述经济业务编制会计分录。

案例分析

A 公司为了扩大产品销售，对销售人员采用按销售额实施奖励的激励政策，出现了销售收入快速增长的势头。然而，伴随着销售收入的增长，公司应收账款的金额也急速增加，销售货款不能及时收回，使得公司资金周转出现困难。

假如你是 A 公司的财务人员，你认为应采取哪些措施来扭转上述局面呢？

项目三　职工薪酬核算岗位实务

任务引入

职工是企业的主人，担当着为企业提供生产和管理等服务的职责；企业作为获得职工服务的一方，具有给予或支付职工薪酬的义务。企业职工薪酬核算任务，一方面是要按国家有关的政策规定正确计算职工应得薪酬并按时足额发放；另一方面是要对职工薪酬进行正确的确认和计量，正确核算企业在生产经营过程中的人工成本。

学习目标

1. 熟记职工薪酬的具体内容
2. 学会计算职工工资及编制工资结算表
3. 掌握工资发放和分配的核算
4. 掌握社会保险费和住房公积金的核算
5. 掌握职工福利费、工会经费和职工教育经费的核算

模块一　职工薪酬的基本知识

学习任务（一）　熟记职工薪酬的范围

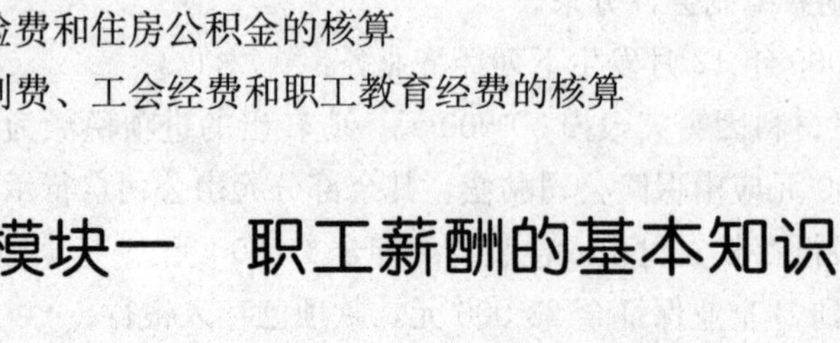

问题一　企业的职工是如何界定的？

按照国家的有关规定，企业的职工应包括下列人员：

(1) 与企业签订劳动合同的所有人员，包括全职、兼职和临时职工。

(2) 未与企业签订劳动合同、但由企业正式任命的人员，如董事会成员、监事会成员等。

(3) 在企业的计划和控制下，虽未与企业订立劳动合同或未由企业正式任命，但为企业提供与职工类似服务的人员。

问题二　职工薪酬包括哪些内容？

职工薪酬是企业为获得职工提供的服务而给予职工的各种形式的报酬和相关支出，是企业必须付出的人力成本。具体而言，职工薪酬主要包括以下几方面的内容：

(一) 职工工资、奖金、津贴和补贴

职工工资、奖金、津贴和补贴，是指按照国家统计局《关于职工工资总额组成的规定》，构成工资总额的计时工资、计件工资、支付给职工的超额劳动报酬和增收节支的劳动报酬、为了补偿职工特殊或额外的劳动消耗和因其他特殊原因支付给职工的津贴以及为了保证职工工资水平不受物价影响而支付给职工的物价补贴等。

企业按规定支付给职工的加班加点工资，以及根据国家法律、法规和政策规定，企业在职工因病、工伤、产假、计划生育假、婚丧假、事假、探亲假、定期休假、停工学习、执行国家或社会义务等特殊情况下，按照计时工资或计件工资标准的一定比例支付的工资，也属于职工工资范畴。

相关链接

工资总额的组成内容

工资总额是指各单位在一定时期内直接支付给本单位全部职工的劳动报酬总额，不论其计入成本费用还是不计入成本费用；不论其是否列入奖金税项目；也不论其以货币形式发放还是以实物形式发放。工资总额的组成内容包括：计时工资、计件工资、奖金、津贴和补贴、加班工资以及特殊情况下支付的工资。

下列支出不属于工资总额：

(1) 有关劳动保险和职工福利方面的各项费用。

(2) 有关离退休、退职人员的各项支出。

(3) 劳动保护费支出。

(4) 职工教育经费、工会经费和住房公积金。

(5) 支付给参加企业劳动在校学生的补贴。

(6) 出差伙食补助、午餐补助、计划生育补贴等。

(二) 职工福利费

职工福利费是指企业为职工提供的福利，如补助职工食堂、发放职工生活困难补助以及其他职工福利支出。

（三）社会保险费

社会保险费是指企业按照国家规定的基准和比例计算，向社会保险经办机构缴纳的基本养老保险费、失业保险费、工伤保险费、生育保险费和医疗保险费，以及根据《企业年金试行办法》、《企业年金基金管理试行办法》等相关规定，向有关单位（企业年金账户管理人）缴纳的补充养老保险费。此外，以商业保险形式提供给职工的各种保险待遇也属于企业提供的职工薪酬。

（四）住房公积金

住房公积金是指企业按照国务院《住房公积金管理条例》规定的基准和比例计算，向住房公积金管理机构缴存的住房公积金。

（五）工会经费和职工教育经费

工会经费和职工教育经费是指企业为了改善职工文化生活、提高职工业务素质，用于开展工会活动和职工教育及职业技能培训等的相关支出。

（六）非货币性福利

非货币性福利是指企业以自己的产品或其他有形资产发放给职工作为福利。企业可以提供自己拥有的资产供职工无偿使用或租赁资产供职工无偿使用，比如提供给企业高级管理人员的住房、免费为职工提供诸如医疗保健的服务等，或向职工提供企业支付了一定补贴的商品或服务等，比如以低于成本的价格向职工出售住房等。

（七）辞退福利

辞退福利是指因企业在职工劳动合同到期之前解除与职工的劳动关系，或者为鼓励职工自愿接受裁减而提出补偿建议的计划中给予职工的经济补偿。

总之，从薪酬的涵盖时间和支付形式来看，职工薪酬包括职工在职期间和离职后给予的所有货币性薪酬和非货币性福利；从薪酬的支付对象来看，职工薪酬包括提供给职工本人和其配偶、子女或其他被赡养人的福利，比如支付给因公伤亡职工的配偶、子女或其他被赡养人的抚恤金。

问题三　如何理解职工薪酬的性质?

从性质上讲，凡是企业为获得职工提供的服务而给予或付出的各种形式（货币形式、实物形式等）的代价（耗费），都构成职工薪酬，都应作为一种耗费，与这些经济业务产生的经济利益相匹配。与此同时，企业与职工之间因职工提供服务而形成的关系，大多数构成企业的现时义务，将导致企业未来经济利益的流出，从而形成企业的一项负债。

学习任务（二）　学会计算职工工资及编制工资结算表

问题一　企业应依据什么计算职工工资?

工资的计算比较复杂而且政策性强，企业在计算职工工资时，要遵守国家法律、法规和政策的有关规定。实行计时工资制的企业，应按照职工的计时工资标准和工作时间计算应付给职工的工资；实行计件工资制的企业，应按照计件工资标准和职工完成工作的数量计算职工工资。考勤记录和产量记录是计算工资的主要依据。

问题二　怎样计算职工工资？

实际工作中，职工工资的计算包括应付工资的计算和实发工资的计算两项内容。

基本工资是指实行计时工资制的企业，按照职工工资标准、工资等级等确定的职工月标准工资。

（一）应付工资的计算

实行月薪制的企业，一般采用以下公式计算应付工资，即：

应付工资＝基本工资＋加班工资＋各种津贴、补贴＋奖金－应扣病事假工资

其中：

（1）加班工资＝加班天数×日工资×工资发放比例

（2）应扣病假工资＝病假天数×日工资×扣发工资比例

（3）应扣事假工资＝事假天数×日工资

（二）实发工资的计算

实发工资＝应付工资－各种代扣款项

小知识

职工节假日加班工资及病事假工资的计算

1. 节假日加班工资的计算

按照国家有关规定，企业安排劳动者在法定标准工作时间以外工作的，应当按照下列规定支付加班工资：

（1）在日法定标准工作时间外延长工作时间的，按照不低于小时工资基数的150%支付加班工资。

（2）在休息日安排工作的，应当安排同等时间的补休，不能安排补休的，按照不低于日或小时工资基数的200%支付加班工资。

（3）在法定节假日安排工作的，应当按照不低于日或小时工资基数的300%支付加班工资。

其中：职工日工资和小时工资分别按下列公式计算：

日工资＝月基本工资÷月平均法定工作日

小时工资＝日平均工资÷8

目前，我国每月法定工作日为20.83天｛［365天－52×2（52个星期，每星期休息2天）－11天（法定节假日）］÷12｝，每日工作8小时。

2. 病假工资不低于最低工资标准的80%

劳动者因工负伤或患职业病的，企业应当按照《工伤保险条例》的规定，支付劳动者停工留薪期间的工资；劳动者患病或非因工负伤，在国家规定的医疗期内的，企业应当按照国家和省有关规定支付病假工资或者疾病救济费，并不得低于当地最低工资标准的80%。

3. 劳动者请事假的，企业可以不支付事假期间的工资。

小资料

6个月以内病假期间工资待遇的有关规定

职工工龄	不满2年	2～4年	4～6年	6～8年	8年以上
应发病假工资为本人基础工资的百分比	60	70	80	90	100
应扣病假工资为本人基础工资的百分比	40	30	20	10	0

（三）工资计算举例

宏利公司实行计时工资制度，王红是该公司的合同工，月基本工资1 600元，岗位津贴110元，每周工作5天。2009年8月，王红除按正常时间上班21天外，还加班1天（当日为星期六，公司安排其在9月份补休1天）。经考核，王红8月份可获得全勤奖100元、月度奖120元，当月应由其个人缴纳的基本养老保险等社会保险费205元，另有代扣的水电费38元、住房公积金112元。根据上述资料和国家的有关规定，王红2009年8月的应付工资和实发工资计算如下：

（1）应付工资＝1 600＋110＋100＋120＝1 930（元）

注：王红8月加班1天，因公司安排其在9月补休而不计发加班工资。

（2）实发工资＝1 930－205－38－112＝1 575（元）

问题三　如何编制“工资结算表”和“工资结算汇总表”？

在实际工作中，职工的工资一般按月计算。企业计算职工月工资额时，应当根据每一职工的考勤记录、工时记录、产量记录、工资标准、工资等级、计件工资单价以及其他有关资料，计算出应付给每一职工的工资数，在此基础上，再根据有关代扣款凭证，计算实际应发给每一职工的金额，并编制“工资结算表”，一式三份，一份交由劳资部门存查；一份发放工资时由职工签字后，作为编制记账凭证的依据；一份连同工资发给每一职工进行核对。企业可根据本单位的实际需要设计该表的格式与内容。宏利公司“工资结算表”如表3-1所示。

表 3-1 **工资结算表**

所属部门：第一车间　　2009 年 9 月 3 日　　单位：元

姓名	基本工资	加班工资	津贴和补贴	奖金	应扣工资		应付工资	代扣款项				实发工资	签收
					病假	事假		保险费	水电费	住房公积金	个税		
王红	1 600		110	220			1 930	205	38	112		1 575	
张华	1 800	120	110	300			2 330	235		126		1 969	
赵明	2 500		105	280		111	2 774	278		175	18	2 303	
李军	1 700	180	110	226			2 216	223	20	119		1 854	
肖伟	2 100		105	250	60		2 395	250		147		1 998	
合计	9 700	300	540	1 276	60	111	11 645	1 191	58	679	18	9 699	

为了总括反映整个企业对职工工资的结算情况，便于进行总分类核算，会计部门应根据车间、部门编制的工资结算表，汇总编制“工资结算汇总表”，其常见格式如表 3-2 所示。

表 3-2 **工资结算汇总表**

2009 年 9 月　　单位：元

部门名称		应付工资							代扣款项					实发工资
		基本工资	加班工资	津贴和补贴	奖金	扣病假工资	扣事假工资	合计	保险费	水电费	住房公积金	个税	合计	
第一车间	生产人员	7 200	300	435	996	60		8 871	913	58	504		1 475	7 396
	管理人员	2 500		105	280		111	2 774	278		175	18	471	2 303
第二车间	生产人员	8 100	380	536	1 180	80	120	9 996	1 090	120	768		1 978	8 018
	管理人员	2 800	120	230	350			3 500	300		206	79	585	2 915
企业管理人员		8 000	260	330	1 380			9 970	1 080		615	256	1 951	8 019
销售人员		5 600	330	220	780			6 930	560		392		952	5 978
合计		34 200	1 390	1 856	4 966	140	231	42 041	4 221	178	2 660	353	7 412	34 629

会计主管：刘丹东　　复核：陈红美　　制表：杨扬

模块二　职工薪酬核算岗位实务

学习任务（一）　掌握工资发放和分配的核算

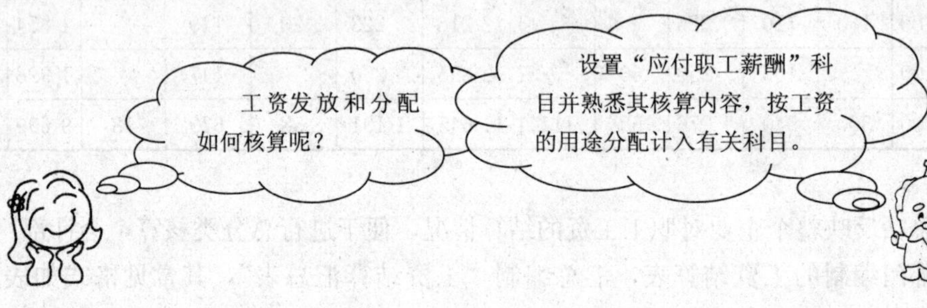

问题一　工资发放和分配核算涉及哪些主要科目？

（一）“应付职工薪酬”科目

为了反映应付职工薪酬的提取、结算和使用等情况，企业应设置“应付职工薪酬”科目，该科目属负债类科目，贷方登记分配计入有关成本费用科目的职工薪酬数额，借方登记实际发放职工薪酬的数额，该科目期末贷方余额，反映企业应付而未付的职工薪酬。

企业应当按照“工资”、“职工福利”、“社会保险费”、“住房公积金”、“工会经费”、“职工教育经费”、“非货币性福利”等应付职工薪酬项目设置明细科目进行明细核算。

（二）“生产成本”、“制造费用”、“管理费用”、“销售费用”等科目

企业每月发放的工资，于月末按照用途分别记入有关成本费用科目，即生产人员的工资记入“生产成本”科目，车间管理人员的工资记入“制造费用”科目，销售人员的工资记入“销售费用”科目，在建工程人员的工资记入“在建工程”科目，企业管理人员的工资记入“管理费用”科目。

问题二　工资发放和分配应如何核算？

（一）发放工资的核算

企业在发放工资前，应按照实发工资合计数提取现金，借记“库存现金”科目，贷记“银行存款”科目；实际发放工资时借记“应付职工薪酬——工资”科目，贷记“库存现金”科目。如果企业将应发给职工的工资通过银行转账方式直接转入职工的银行存款账户，则不提取现金，应按照实发工资数额，借记“应付职工薪酬——工资”科目，贷记“银行存款”科目。结转代扣款项时，借记“应付职工薪酬——工资”科目，贷记“其他

应付款”、“应交税费”等科目。

【例3-1】　宏利公司2009年9月“工资结算汇总表”如表3-2所示，企业通过银行转账方式发放当月工资。

(1) 按实发工资额开出现金支票，实际发放工资时：

借：应付职工薪酬——工资　　34 629

　贷：银行存款　　34 629

(2) 结转各种代扣款项时：

借：应付职工薪酬——工资　　7 412

　贷：其他应付款——代扣住房公积金　　2 660

　　应交税费——代扣个人所得税　　353

　　其他应付款——代扣职工保险费　　4 221

　　管理费用——水电费　　178

如果职工个人应负担的各种保险费是由企业先垫付，然后再从职工工资中扣回的话，则上述分录中的“其他应付款——代扣职工保险费”应改为“其他应收款——代垫职工保险费”。

(二) 工资分配的核算

工资分配是指将企业发放的工资，于月末按照用途进行分配。企业进行工资分配时，应按照工资的用途分别记入有关成本费用科目，并根据应付职工工资总额贷记“应付职工薪酬——工资”科目。

【例3-2】　宏利公司2009年9月“工资分配汇总表”如表3-3所示。

表3-3　**工资分配汇总表**

2009年9月30日　单位：元

应借科目	生产人员	车间管理人员	销售人员	企业管理人员	合 计
生产成本 一车间	8 871				8 871
二车间	9 996				9 996
制造费用 一车间		2 774			2 774
二车间		3 500			3 500
销售费用			6 930		6 930
管理费用				9 970	9 970
合 计	18 867	6 274	6 930	9 970	42 041

会计主管：刘丹东　　复核：陈红美　　制表：杨扬

根据上述工资分配汇总表，编制会计分录如下：

借：生产成本——一车间（直接人工）　　8 871

　　　　　　——二车间（直接人工）　　9 996

　　制造费用——一车间（管理人员工资）　　2 774

　　　　　　——二车间（管理人员工资）　　3 500

　　销售费用——销售人员工资　　6 930

　　管理费用——管理人员工资　　9 970

　贷：应付职工薪酬——工资　　42 041

学习任务（二）　掌握职工福利费的核算

问题一　职工福利费包括哪些内容？

在我国，企业职工从事生产经营活动除了领取劳动报酬外，还享受一定的福利补助，具体包括以下几个方面：

（1）职工困难补助费。

（2）职工及供养的直系亲属的医药费，本单位医疗部门的全体医务工作人员工资和医务经费，职工因工负伤就医路费等。

（3）本单位职工食堂、浴室工作人员的工资和食堂炊事用具的购买、修理费用。

（4）本单位托儿所、幼儿园工作人员的工资、费用，以及托儿所、幼儿园设备的购置和修理等费用。

（5）职工个人福利补贴，如职工探亲路费、职工上下班交通补贴、职工冬季宿舍取暖补贴等。

（6）企业为职工向商业机构购买的补充养老保险、补充医疗保险、人身意外伤害保险等。

（7）外商投资企业按规定从税后利润中提取的职工奖金及福利基金。

（8）按照国家规定的职工福利费开支的其他支出，如独生子女保健费、职工洗理费、职工死亡丧葬费及抚恤费等。

问题二　职工福利费应如何核算？

（一）职工福利费的支出

企业实际发生各种福利费支出时，借记“应付职工薪酬——职工福利”科目，贷记“银行存款”、“库存现金”等科目。

【例3-3】　2009年9月，宏利公司以现金支付职工王某生活困难补助费800元、李某医疗费120元、张某探亲路费300元。

借：应付职工薪酬——职工福利费　　1 220

贷：库存现金　　　　　　　　　　　　　　　　　1 220

（二）职工福利费的分配

月末，企业按照用途对发生的职工福利费进行分配。分配职工福利费时，应借记“生产成本”、“制造费用”、“销售费用”、“在建工程”等科目，贷记“应付职工薪酬——职工福利”科目。

【例 3-4】　2009 年 9 月 30 日，宏利公司会计杨扬根据 9 月份职工福利费实际开支情况，编制“职工福利费分配表”如表 3-4 所示。

表 3-4　　　　　　　　　**职工福利费分配表**

2009 年 9 月 30 日　　　　　　　　　　单位：元

借方科目	报销医药费	探亲路费	独生子女保健	洗理费	合　计
生产成本 一车间	680	290	500	900	2 370
二车间	370		100	600	1 070
制造费用 一车间	80		20	90	190
二车间	120		10	60	190
销售费用	300		25	150	475
管理费用	5 000	330	800	1 200	7 330
在建工程			5	30	35
合　计	6 550	620	1 460	3 030	11 660

会计主管：刘丹东　　　　　　复核：陈红美　　　　　　制表：杨扬

上述福利费分配表经会计主管审核无误后，编制会计分录如下：

借：生产成本——一车间（直接人工）　　　　　2 370
　　生产成本——二车间（直接人工）　　　　　1 070
　　制造费用——一车间（职工福利费）　　　　190
　　制造费用 ——二车间（职工福利费）　　　　190
　　销售费用——职工福利费　　　　　　　　　475
　　管理费用——职工福利费　　　　　　　　　7 330
　　在建工程——职工福利费　　　　　　　　　35
　贷：应付职工薪酬——职工福利费　　　　　　　11 660

自2008年1月1日起，企业职工福利费可以不用计提，而按实际发生额列支，但年终进行所得税汇算清缴时，当年福利费支出不能超过企业当年工资薪金总额的14%，否则超出部分要计算缴纳企业所得税。

学习任务（三） 掌握社会保险费和住房公积金的核算

问题一 社会保险费和住房公积金有什么特点？

国家依法建立社会保险制度，使劳动者在年老、失业、疾病、工伤、生育时获得帮助和经济补偿，保障他们的基本生活和基本医疗。社会保险是国家对劳动者履行的社会责任，它具有强制性、保障性、福利性和普遍性等特点，对于保障广大劳动者的合法利益，维护社会安定，促进社会经济发展具有重要作用。住房公积金是按照国家规定由企业和职工共同负担用于解决职工住房问题的专项资金，也具有保障性、福利性和普遍性的特点。

问题二 社会保险费和住房公积金如何计提？

企业应当按照当地政府规定的缴费工资基数和缴费比例，计提每月应当缴纳的各种社会保险费和缴存的住房公积金，其中：基本养老保险费、失业保险费、医疗保险费和住房公积金是由企业和职工个人共同负担的费用，其计算公式为：

单位某月应缴纳社会保险费＝该单位月缴费工资基数×单位缴费比例

职工个人某月应缴纳社会保险费＝各职工月缴费工资基数×个人缴费比例

企业某月住房公积金提存金额＝该单位上年度月平均纳税工资总额×单位提存比例

职工个人某月住房公积金提存金额＝该职工上年度月平均纳税工资额×个人提存比例

宏利公司2009年9月份按规定计提各种社会保险费、住房公积金如表3－5所示。

表3－5 社会保险费、住房公积金计提表

2009年9月 单位：元

项目		单位负担		职工负担		合计
		比例%	金额	比例%	金额	
社会保险费	1. 基本养老保险费	20.00	7 600	8.00	3 040	10 640
	2. 失业保险费	0.20	1 222	0.10	611	1 833
	3. 基本医疗保险费	7.50	2 850	1.50	570	3 420
	4. 工伤保险费	0.40	300			300
	5. 生育保险费	0.85	250			250
小计		——	12 222		4 221	16 443
住房公积金		7.00	2 660	7.00	2 660	5 320
合计		——	14 882	——	6 881	21 763

问题三　社会保险费和住房公积金应如何核算?

(一) 社会保险费和住房公积金缴纳的核算

企业缴纳社会保险费和住房公积金时，应根据职工负担部分，借记“其他应付款”(适应于先扣后付的情况)或“其他应收款”(适应于先垫后收的情况)科目；根据企业负担部分，借记“应付职工薪酬——社会保险费”和“应付职工薪酬——住房公积金”科目，根据缴纳的全部社会保险费和住房公积金，贷记“银行存款”科目。

【例 3-5】　宏利公司 2009 年 9 月计提及缴纳的各种社会保险费和缴存的住房公积金如表 3-5 所示，根据“银行划款通知”和“社会保险费电子转账凭证”、“住房公积金汇储书”等原始凭证，编制分录如下：

借：其他应付款——代扣社会保险费　　4 221 (职工负担部分)
　　其他应付款——代扣住房公积金　　2 660 (职工负担部分)
　　应付职工薪酬——社会保险费　　12 222 (企业负担部分)
　　应付职工薪酬——住房公积金　　2 660 (企业负担部分)
　贷：银行存款　　21 763

本例中，职工个人应负担的社会保险费和住房公积金采取先从职工工资中扣除，然后再支付给有关部门的方式，即“先扣后付”。

(二) 社会保险费和住房公积金分配的核算

应由企业负担的社会保险费和住房公积金，应在职工为其提供服务的会计期间，根据职工工资的一定比例计算，并按照规定的用途进行分配，借记“生产成本”、“制造费用”、“管理费用”、“销售费用”、“在建工程”等科目，贷记“应付职工薪酬——社会保险费(或住房公积金)”科目。

【例 3-6】　9 月末，会计杨扬按费用发生对象编制“社会保险费和住房公积金分配表”如表 3-6 所示。

表 3-6　　**社会保险费和住房公积金分配表**

2009 年 9 月 30 日　　单位：元

借方科目	社会保险费						住房公积金	合计
	基本养老	基本医疗	失业	工伤	生育	小计		
生产成本 一车间	1 670	635	267	132	65	2 769	504	3 273
二车间	1 700	646	276	168	89	2 879	768	3 647
制造费用 一车间	550	203	88		33	874	175	1 049

续 表

借方科目	社会保险费						住房公积金	合计
	基本养老	基本医疗	失业	工伤	生育	小计		
二车间	700	259	112		63	1 134	206	1 340
销售费用	1 190	440	190			1 820	392	2 212
管理费用	1 790	667	289			2 746	615	3 361
合计	7 600	2 850	1 222	300	250	12 222	2 660	14 882

会计主管：刘丹东　　复核：陈红美　　制表：杨扬

根据上述“社会保险费和住房公积金分配表”，编制如下会计分录：

(1) 分配社会保险费时：

借：生产成本——一车间（直接人工）　2 769
　　生产成本——二车间（直接人工）　2 879
　　制造费用——一车间（社会保险费）　874
　　制造费用——二车间（社会保险费）　1 134
　　销售费用——社会保险费　1 820
　　管理费用——社会保险费　2 746
　贷：应付职工薪酬——社会保险费　12 222

(2) 分配住房公积金时：

借：生产成本——一车间（直接人工）　504
　　生产成本——二车间（直接人工）　768
　　制造费用——一车间（住房公积金）　175
　　制造费用——二车间（住房公积金）　206
　　销售费用——住房公积金　392
　　管理费用——住房公积金　615
　贷：应付职工薪酬——住房公积金　2 660

小知识

用人单位怎样办理社会保险登记及参保手续？

用人单位需提供以下证件及相关资料到当地的社会保险机构办理登记、参保手续：

(1) 工商部门颁发的《营业执照》副本（复印件）。

(2) 国家技术监督部门颁发的组织机构统一代码证书（复印件）。

(3) 税务登记证（复印件）、银行开户许可证、验资报告（原件和复印件）。

(4) 企业与劳动者签定并经劳动保障部门签证的《劳动合同书》。

(5) 填写《社会保险登记表》、《劳动用工和社会保险增减成员表》。

(6) 企业法人身份证复印件、参保职工身份证复印件和两张免冠近照等。

学习任务（四）　掌握工会经费和职工教育经费的核算

问题一　工会经费和职工教育经费支出有何规定？

工会经费是按照国家规定由企业负担的用于工会活动方面（如组织职工进行文体娱乐活动等）的经费，按照《中华人民共和国企业所得税法实施条例》的规定，企业用于工会经费方面的开支应控制在当年职工工资薪金总额的2%范围之内。

职工教育经费是按国家规定由企业负担的用于职工教育方面（如职工技能培训、继续教育等方面）的经费，按照《中华人民共和国企业所得税法实施条例》的规定，企业职工教育经费开支应控制在当年职工工资薪金总额的2.5%范围之内。

问题二　工会经费和职工教育经费如何核算？

（一）工会经费的核算

按照《中华人民共和国工会法》的规定，建立工会组织的企业，应按每月全部职工工资总额的2%向工会拨缴经费。因此，工会经费的核算一般包括工会经费计提和拨缴两个方面。

1. 计提工会经费

企业计提工会经费时，借记“管理费用——工会经费”科目，贷记“应付职工薪酬——工会经费”科目。

【例3-7】　沿用【例3-2】资料，宏利公司2009年9月工资总额为42 041元，该公司当月应计提的工会经费为840.82元（42 041×2%）。

借：管理费用——工会经费　　　　840.82

　贷：应付职工薪酬——工会经费　　　　840.82

2. 划拨工会经费

企业的工会作为独立法人，一般可以在银行独立开户，实行独立核算。企业划拨工会经费时，应借记“应付职工薪酬——工会经费”科目，贷记“银行存款”科目。如果企业的工会经费由企业代管，则在发生工会经费支出时，借记“应付职工薪酬——工会经费”科目，贷记“库存现金”科目。

【例3-8】　2009年9月30日，宏利公司将当月计提的工会经费840.82元，从基本存款账户划转至工会专户。

借：应付职工薪酬——工会经费　　　　　　　　840.82

　贷：银行存款　　　　　　　　　　　　　　　　840.82

（二）职工教育经费

企业因职工参加继续教育、技能培训等发生教育经费支出时，应借记“应付职工薪酬——职工教育经费”科目，贷记“库存现金”、“银行存款”等科目；月末将当月发生的职工教育经费进行汇总后，借记“管理费用——职工教育经费”科目，贷记“应付职工薪酬——职工教育经费”科目。

【例 3-9】 2009 年 9 月 10 日，宏利公司职工王某报销外出参加技能培训费用 2 500 元（原已借支 2 000 元），不足部分以现金补足。

借：应付职工薪酬——职工教育经费　　　　　　2 500

　贷：其他应收款——王某　　　　　　　　　　　2 000

　　　库存现金　　　　　　　　　　　　　　　　　500

【例 3-10】 宏利公司 2009 年 9 月共发生职工教育经费支出 12 000 元，月末予以结转。

借：管理费用——职工教育经费　　　　　　　12 000

　贷：应付职工薪酬——职工教育经费　　　　　　12 000

学习任务（五）　了解非货币性福利的核算

问题一　非货币性福利包括哪些内容？

非货币性福利包括以下具体内容：

（1）企业以自己的产品或其他有形资产发放给职工。

（2）企业向职工提供无偿使用自己拥有的资产（如提供给企业高级管理人员的汽车、住房等）。

（3）企业为职工无偿提供商品或类似医疗保健的服务等。

问题二　非货币性福利如何核算？

（一）以自产产品作为福利发放给职工

企业以自产产品作为福利发放给职工，在会计核算上，一方面应根据受益对象，按照产品的公允价值，计入相关资产或当期损益，同时确认应付职工薪酬；另一方面应确认主营业务收入，同时结转相关成本，涉及增值税销项税额的，还应进行相应的账务处理。

【例 3-11】 2009 年 12 月，宏利公司将自产的 200 台电暖器作为福利发放给在职职工，其中 160 台发给车间一线生产人员，10 台发给车间管理人员，30 台发给公司管理人员。每台电暖器的生产成本为 800 元，市场售价 900 元，适用的增值税率为 17%。宏利公司的有关会计处理如下。

（1）根据受益对象进行分配时：

借：生产成本　　168 480［160×900×（1+17%）］

　　制造费用　　10 530［10×900×（1+17%）］

　　管理费用　　31 590［30×900×（1+17%）］

　贷：应付职工薪酬——非货币性福利　　210 600

（2）确认收入，同时结转成本时：

借：应付职工薪酬——非货币性福利　　210 600

　贷：主营业务收入　　180 000

　　　应交税费——应交增值税（销项税额）　　30 600

借：主营业务成本　　160 000

　贷：库存商品　　160 000

（二）租赁住房供职工无偿使用

租赁住房供职工无偿使用的，应当按照受益对象，将每期的租金借记有关成本费用科目，贷记“应付职工薪酬——非货币性福利”科目；企业支付租赁住房等资产供职工无偿使用的租金，借记“应付职工薪酬——非货币性福利”科目，贷记“银行存款”等科目。

【例 3-12】　宏利公司为副总裁以上高级管理人员每人租赁一套住房免费使用，月租金共计 40 000 元，租金以银行存款支付。宏利公司的有关会计处理如下：

（1）将每月的租金计入管理费用时：

借：管理费用　　40 000

　贷：应付职工薪酬——非货币性福利　　40 000

（2）每月支付住房租金时：

借：应付职工薪酬——非货币性福利　　40 000

　贷：银行存款　　40 000

小结

职工薪酬是企业为获得职工提供的服务而给予的各种形式的报酬和相关支出，它既是职工对企业投入劳动获得的报酬，也是企业的成本费用，具体内容包括：职工工资、奖金、津贴和补贴、职工福利费、社会保险费、住房公积金、工会经费、职工教育经费、非货币性福利和辞退福利等。

职工薪酬核算的主要职责就是要按照国家及各级地方政府法律法规的规定，正确计算职工工资，并按时发放工资；依据国家规定的计提基础和计提标准计提社会保险费、住房公积金、工会经费。

职工薪酬通过设置“应付职工薪酬“科目进行核算，并设置“工资、职工福利费、社会保险费、住房公积金、工会经费、职工教育经费”等明细科目。企业按受益对象分配各种职工薪酬时，借记“生产成本”、“制造费用”、“销售费用”、“管理费用”、“在建工程”

等科目，贷记“应付职工薪酬”科目；实际支付各种职工薪酬时，借记“应付职工薪酬”科目，贷记“银行存款”、“库存现金”、“其他应付款”等科目。

思考与实训

一、问答题

1. 应付职工薪酬包括哪些内容？

2. 如何理解职工薪酬的性质？

二、判断题

1. 企业因季节性生产的需要而聘请的临时工，不属于企业职工的范围。（　　）

2. 企业支付给职工的福利费属于职工薪酬的范围。（　　）

3. 企业发放给全体职工的工资均应计入产品成本。（　　）

4. 企业缴纳社会保险费和住房公积金时，借记“应付职工薪酬”科目，贷记“银行存款”科目。（　　）

5. 工会经费是按照国家规定由企业负担的用于工会活动方面的经费，所以不属于职工薪酬的范围。（　　）

三、单项选择题

1. 下列项目中，不属于职工薪酬的是（　　）。

A. 提供给职工本人的工资　　B. 提供给职工配偶及其子女的抚恤金

C. 提供给职工的差旅费　　D. 提供给职工的住房公积金

2. 发放给车间管理人员的工资，应借记（　　）科目。

A. 生产成本　　B. 制造费用　　C. 管理费用　　D. 销售费用

3. 企业以生产的产品作为非货币性福利提供给职工的，按照产品的（　　）确定为非货币性福利金额。

A. 公允价值　　B. 成本价格　　C. 计划价格　　D. 协议价值

4. 下列项目中，不属于工资总额的是（　　）。

A. 加班工资　　B. 奖金　　C. 职工福利费　　D. 计时工资

四、多项选择题

1. 下列人员中，属于企业职工范围的是（　　）。

A. 董事会成员　　B. 临时工　　C. 全职职工　　D. 兼职职工

2. 下列项目中，属于职工薪酬范围的是（　　）。

A. 工资　　B. 非货币性福利

C. 津贴和补贴　　D. 离退休人员的各项支出

3. 下列项目中，属于工资总额的是（　　）。

A. 计件工资　　B. 奖金　　C. 津贴和补贴　　D. 辞退福利

4. 下列说法中，正确的是（　　）。

A. 应付职工薪酬是企业的一项流动负债

B. 社会保险费和住房公积金的计提比例由企业自行确定

C. 凡是职工薪酬均应计入当期损益

D. 职工凡在节假日加班应按日工资的300%计发工资

五、业务核算题

（一）大发工厂实行计时工资形式，加工车间模具组有3位成员，2010年1月有关工资资料如表3-7～表3-10所示。

表3-7　　模具组考勤统计表

项目／姓名	出勤情况					缺勤情况			
	出勤	加班	中班	迟到	早退	公假	工伤假	病假	事假
张红	21天	1天				1天			
李杰	21天		1次					1天	1天
王珊	22天								

表3-8　　大发工厂有关工资结算费用标准

项　目	单位	标准（元）	备　注
加班	一个班次	——	补休一天
中班津贴	一个班次	15.00	
经常性奖金	每月	120.00	每月满勤者发120元，缺勤一天扣10元（不含公假）

表3-9　　大发工厂职工工资卡资料

姓名	参加工作时间	职务	月基础工资（元）	月岗位工资（元）	月浮动工资（元）
张红	1995年6月	组长	1 800.00	300.00	200.00
李杰	1997年4月	技工	1 500.00	100.00	80.00
王珊	2006年8月	技工	1 000.00	50.00	38.00

表3-10　　大发工厂职工代扣款项通知单

姓名	保险费（元）	住房公积金（元）	水电费（元）	房租费（元）	扣款合计（元）
张红	172.00	150.50	20.00	38.00	380.50
李杰	124.00	108.50			232.50
王珊	94.40	82.60			177.00
合计	390.40	341.60	20.00	38.00	790.00

要求：

（1）根据上述资料，计算模具组3位职工2010年1月的应付工资（该企业实行月薪制并按20.83天计算日工资）。

（2）编制模具组2010年1月的“工资结算表”。

（二）大发工厂2010年1月“工资结算汇总表”如下。

表3-11 **工资结算汇总表**

年　月　日　　单位：元

部门名称		应付工资						代扣款项					实发工资
		基本工资	加班工资	津贴和补贴	奖金	扣病事假工资	合计	保险费	水电费	住房公积金	个税	合计	
铸造车间	生产人员	90 000	300	1 200	12 000	610	102 890	9 900	560	7 200		17 660	85 230
	管理人员	3 300		60	300		3 660	363		256	21	640	3 020
加工车间	生产人员	60 000	120	680	8 600		69 400	6 600	256	4 858		11 714	57 686
	管理人员	2 800		50	280		3 130	313		219	13	545	2 585
机修车间		16 000	80	260	2 000		18 340	183		1 283		1 466	16 874
企业管理人员		30 000		380	3 600		33 980	3 398	130	2 379	236	6 143	27 837
销售人员		12 000		180	1 300		13 480	1 348		943		2 291	11 189
合计		214 100	500	2 810	28 080	610	244 880	22 105	946	17 138	270	40 459	204 421

会计主管：肖小波　　复核：张红云　　制表：陈东梅

要求：

（1）根据“工资结算汇总表”编制发放工资（以银行转账方式）的会计分录。

（2）编制结转各种代扣款项的会计分录。

（3）根据“工资结算汇总表”编制“工资分配汇总表”及工资分配的会计分录，如表3-12所示。

表 3-12　　　　　　　　　　**工资分配汇总表**

年　　月　　日　　　　　　　　　　单位：元

应借科目	生产人员	车间管理人员	辅助生产人员	销售人员	企业管理人员	合　计
生产成本 一车间						
二车间						
制造费用 一车间						
二车间						
机修车间						
管理费用						
销售费用						
合　计						

会计主管：　　　　　　　　　　复核：　　　　　　　　　　制表：

(4) 以“工资分配汇总表”所提供的各部门的工资总额为基数，分别按 35%、7%、2%和 2.5%的比例，计提 2010 年 1 月的社会保险费、住房公积金、工会经费和职工教育经费，并编制相应的会计分录，如表 3-13 所示。

表 3-13　　　　　　　　　　**社会保险费等费用计提表**

年　　月　　日　　　　　　　　　　单位：元

<table>
<tr><th colspan="2">项　目</th><th>工资总额</th><th>社会保险费
(35%)</th><th>住房公积金
(7%)</th><th>工会经费
(2%)</th><th>职工教育经费
(2.5%)</th><th>合　计</th></tr>
<tr><td rowspan="2">铸造车间</td><td>生产人员</td><td></td><td></td><td></td><td></td><td></td><td></td></tr>
<tr><td>管理人员</td><td></td><td></td><td></td><td></td><td></td><td></td></tr>
<tr><td rowspan="2">加工车间</td><td>生产人员</td><td></td><td></td><td></td><td></td><td></td><td></td></tr>
<tr><td>管理人员</td><td></td><td></td><td></td><td></td><td></td><td></td></tr>
<tr><td colspan="2">机修车间</td><td></td><td></td><td></td><td></td><td></td><td></td></tr>
<tr><td colspan="2">销售人员</td><td></td><td></td><td></td><td></td><td></td><td></td></tr>
<tr><td colspan="2">企业管理人员</td><td></td><td></td><td></td><td></td><td></td><td></td></tr>
<tr><td colspan="2">合计</td><td></td><td></td><td></td><td></td><td></td><td></td></tr>
</table>

会计主管：　　　　　　　　　　复核：　　　　　　　　　　制表：

（三）根据大发工厂2010年1月发生的下列经济业务编制会计分录：

（1）以现金支付职工医药费386元、上下班交通补贴费8 780元。

（2）签发转账支票一张，将2009年12月计提的工会经费4 787.66元从企业基本结算账户转入工会经费专户。

（3）用银行存款缴纳全体职工1月份社会保险费89 000元，其中：单位负担69 000元，职工负担20 000元（在2月发放工资时扣回）；用银行存款缴存全体职工1月份住房公积金35 000元，其中：单位负担17 500元，职工负担17 500元（在2月发放工资时扣回）。

（4）以现金支付已解除劳动关系职工王某的一次性经济补偿金18 000元。

（5）企业外派参加技能培训的技工李明学成回厂，报销培训费3 800元（原预支3 000元），不足部分以现金支付。

（6）企业外购水果一批，作为春节福利发放给职工。该批水果的购进价为8 000元，款项以银行存款支付。

案例分析

昌荣公司是一家卷烟生产企业，为增值税一般纳税人，共有职工100名，其中：80名为直接参加生产的职工，20名为总部管理人员。2009年12月，公司以其生产的卷烟作为福利发放给公司所有职工。该批卷烟成本为每条200元，售价为每条240元，昌荣公司适用的增值税税率为17%，消费税税率为20%。

假如你是该公司的财务人员，试用所学的知识分析此案例，并编制出有关职工薪酬业务的会计分录。

项目四　存货核算岗位实务

任务引入

俗话说：巧妇难为无米之炊。原材料、低值易耗品、包装物、库存商品和在产品等在会计上称为存货的资产，就是工商企业生产经营之“米”，是工商企业赢得市场、获取利润的源泉。随着企业生产经营过程的进行，有的存货被耗用后形成了在产品成本、产成品成本；或以营业费用的形式被耗用；或以原有形态存在。因此，存货会计的任务就是要通过对存货的确认、计量，为信息使用者提供真实、可靠的存货资产信息，为准确进行损益核算提供基础。

学习目标

1. 了解存货的性质和内容
2. 了解存货成本的构成
3. 掌握原材料、库存商品、委托加工物质和周转材料的核算
4. 掌握存货盘盈盘亏的处理
5. 了解存货减值的处理

模块一　存货的基本知识

学习任务（一）　了解存货的性质和内容

问题一　什么是存货？

存货是指企业在日常活动中持有以备出售的产成品或商品、处在生产过程中的在产品、在生产过程或提供劳务过程中耗用的材料和物料等，包括各类材料、在产品、产成品、商品以及包装物、低值易耗品、委托代销商品等。

存货通常在一年或超过一年的一个营业周期内被消耗或经出售转换为现金、银行存款或应收账款等，具有明显的流动性，属于流动资产。在大多数企业中，存货在流动资产中

占有很大比重，是流动资产的重要组成部分。

问题二　存货有哪些具体内容？

（一）原材料

原材料是指企业在生产过程中经加工改变其形态或性质并构成产品主要实体的各种原料及主要材料、辅助材料、燃料、修理用备件（备品备件）、包装材料、外购半成品（外购件）等。

（二）在产品

在产品是指企业正在制造尚未完工的产品，包括正在各个生产工序加工的产品和已加工完毕但尚未检验或已检验但尚未办理入库手续的产品。

（三）半成品

半成品是指经过一定生产过程并已检验合格、交付半成品仓库保管，但尚未制造完工成为产成品，仍需要进一步加工的中间产品。

（四）产成品

产成品是指工业企业已经完成全部生产过程并已验收入库，可以按照合同规定的条件送交订货单位或者可以作为商品对外销售的产品。企业接受来料加工制造的代制品和为外单位加工修理的代修品，制造和修理完成验收入库后，应视同企业的产成品。

（五）商品

商品是指商品流通企业外购或委托加工完成并验收入库用于销售的各种商品。

（六）包装物

包装物是指为了包装本企业的商品而储备的各种包装容器，如桶、箱、瓶、坛、袋等。其主要作用是盛装、装潢产品或商品。

（七）低值易耗品

低值易耗品是指不能作为固定资产核算的各种用具物品，如工具、管理用具、玻璃器皿、劳动保护用品，以及在经营过程中周转使用的容器等。其特点是：单位价值较低，或使用期限相对于固定资产较短，在使用过程中保持其原有实物形态基本不变。

（八）委托代销商品

委托代销商品是指企业委托其他单位代销的商品。

学习任务（二）　掌握存货成本的确定方法

问题一　存货成本有哪些类型？

一般来说，企业增加的存货应按其成本入账。存货成本包括采购成本、加工成本和其他成本。

问题二　存货的采购成本如何确定?

根据我国会计准则的有关规定，存货的采购成本一般包括购买价款、相关税费、运输费、装卸费、保险费以及其他可直接归属于存货采购成本的费用。其中：

存货的购买价款，是指企业购入的材料或商品的发票账单上列明的价款，但不包括按规定可以抵扣的增值税额。

存货的相关税费，是指企业购买、自制或委托加工存货发生的进口关税、消费税、资源税和不能抵扣的增值税进项税额等应计入存货采购成本的税费。

其他可归属于存货采购成本的费用，是指存货采购过程中发生的仓储费、包装费、运输费、途中的合理损耗、入库前的挑选整理费用等。

算一算

宏利公司从外地购进甲材料 1 000 千克，单位买价 50 元，增值税率 17%，进货运费 400 元（按规定准予扣除的进项税额 28 元），装卸费 200 元，款项以银行存款支付。请计算：

（1）甲材料的实际采购成本为多少?

（2）甲材料的实际单位成本为多少?

问题三　存货的加工成本如何确定?

存货的加工成本是指企业为加工生产某种产品而消耗的除原材料以外应计入加工产品成本的支出，主要包括直接人工及按一定方法分配的制造费用。存货的加工成本，实际上就是企业在进一步加工存货的过程中追加发生的生产成本。其中：

直接人工是指企业在生产产品或提供劳务过程中，直接从事产品生产和劳务提供人员的职工薪酬。

制造费用是指企业为生产产品和提供劳务而发生的各项间接费用。如生产车间管理人员的职工薪酬、折旧费、办公费、水电费、机物料消耗、劳动保护费、季节性和修理期间的停工损失等。

问题四　其他方式取得存货的成本如何确定?

企业取得存货的其他方式主要包括接受投资者投资、存货盘盈等。

投资者投入存货的成本：投资者投入存货的成本应当按照投资合同或协议约定的价值确定，但合同或协议约定价值不公允的除外。在投资合同或协议约定价值不公允的情况下，按照该项存货的公允价值作为其入账价值。

盘盈存货的成本：盘盈的存货应按其重置成本作为入账价值，并通过“待处理财产损溢”科目进行会计处理，按管理权限报经批准后冲减当期管理费用。

模块二　原材料核算实务

原材料是企业存货的重要组成部分。企业可根据自身生产经营的特点，对原材料采用不同的方法进行核算。原材料的核算方法可以分为两种：一是按实际成本计价，二是按计划成本计价。

学习任务（一）　掌握原材料按实际成本计价的核算

问题一　原材料按实际成本计价的核算有何特点？

（1）材料的收入、发出和结存，无论是总分类核算还是明细分类核算，均按照实际成本计价。

（2）除设置“原材料”等科目外，还要设置“在途物资”科目。

①“原材料”科目。“原材料”科目用于核算库存各种材料的的收发和结存情况。在材料按实际成本核算时，该科目的借方登记入库材料的实际成本，贷方登记发出材料的实际成本，期末余额在借方，反映企业库存材料的实际成本。“原材料”科目一般按材料类别进行明细核算。

②“在途物资”科目。“在途物资”科目用于核算企业货款已付或商业汇票已经承兑，但尚未到达或尚未验收入库的各种物资的采购成本。该科目的借方登记企业购入的在途物资的实际成本，贷方登记验收入库物资的实际成本，期末余额在借方，反映企业在途物资的采购成本。“在途物资”科目一般按供应单位和物资品种进行明细核算。

（3）选择一定方法（如个别计价法、先进先出法、月末一次加权平均法等）计算发出材料的成本。

问题二　购进材料如何核算？

企业外购的原材料，由于结算方式和采购地点的不同，材料入库和货款的支付在时间上不一定完全同步，相应的账务处理也有所不同。

（1）结算凭证到达，同时材料验收入库。

这种情况在会计实务中简称“单货同到”。企业应在原材料验收入库后，根据到达的发票账单等确定原材料的实际成本，借记“原材料”科目，根据增值税专用发票上注明的增值税额，借记“应交税费——应交增值税（进项税额）”科目，按照实际支付的款项或应付票据面值，贷记“银行存款”、“应付票据”等科目。

【例 4-1】 宏利公司购入甲材料一批，增值税专用发票上注明的原材料价款为200 000元，增值税额为34 000元。发票等结算凭证已经收到，货款已通过银行转账支付，材料已运到并已验收入库。

借：原材料——甲材料　　200 000
　　应交税费——应交增值税（进项税额）　　34 000
　贷：银行存款　　234 000

【例 4-2】 宏利公司持银行汇票189 200元购入乙材料一批，增值税专用发票上记载的价款为160 000元，增值税27 200元，对方代垫包装费2 000元，材料已验收入库。

借：原材料——乙材料　　162 000
　　应交税费——应交增值税（进项税额）　　27 200
　贷：其他货币资金——银行汇票存款　　189 200

（2）货款已经支付或已开出承兑汇票，材料尚未到达或尚未验收入库。

这种情况在会计实务中简称“单到货未到”。对于这类先付款后到货的业务，企业应根据发票账单等凭证，借记“在途物资”、“应交税费”等科目，贷记“银行存款”、“应付票据”等科目。待材料到达并办理了验收入库手续后，借记“原材料”科目，贷记“在途物资”科目。

【例 4-3】 宏利公司2009年12月25日，从异地A公司购进乙材料，价款40 000元，增值税6 800元，进货运费2 000元（可按运费的7%作为增值税进项税项抵扣），随运费支付的保险费500元，款项以银行承兑汇票结算，但材料尚未运达。

借：在途物资——A公司（乙材料）　　42 360
　　应交税费——应交增值税（进项税额）　　6 940
　贷：应付票据——A公司　　49 300

本例中，乙材料的采购成本$=40\,000+2\,000(1-7\%)+500=42\,360$（元）

乙材料的进项税额$=6\,800+(2\,000\times7\%)=6\,940$（元）

【例 4-4】 2010年1月10日，上述材料到达入库。

借：原材料——A公司（乙材料）　　42 360
　贷：在途物资——A公司（乙材料）　　42 360

（3）货款尚未支付，材料已验收入库。

会计实务中，货款未付主要有两方面情况：

一是发票账单已到，但因企业资金不足或信用期未到而未付款。该种情况的账务处理，在本书“项目二往来款项核算岗位实务”中已作介绍，此处不再赘述。

二是因发票账单尚未到达而未付款，简称货到单未到。会计实务中，对于货到单未到的情况，在材料验收入库时，可暂时不做账务处理，只将有关的收货单等凭证单独保管，等结算凭证到达后，根据结算凭证上标明的金额确定材料的实际成本，再按照单货同到情况进行会计处理。但如果会计期末仍有已入库而未付款的材料，为了反映存货和负债的情况，则要对已入库的材料按暂估价入账，借记“原材料”科目，贷记“应付账款”科目。

下月初，以红字冲回，待发票账单到达后按照正常程序反映其付款和入库情况。

【例 4－5】 2009 年 12 月 10 日，宏利公司从外地购进的丙材料验收入库，但结算凭证未到；12 月 20 日，购进丙材料的结算凭证到达，增值税专用发票上记载的价款为 50 000元，增值税 8 500 元；对方代垫装卸费 2 000 元，款项以银行存款支付。

(1) 12 月 10 日暂不作账务处理。

(2) 12 月 20 日作如下分录：

借：原材料——丙材料　　52 000
　　应交税费——应交增值税（进项税额）　　8 500
　贷：银行存款　　60 500

【例 4－6】 2009 年 12 月 31 日，宏利公司验收丁材料一批，但结算凭证未到；2010 年 1 月 6 日购进丁材料的结算凭证到达，增值税专用发票上记载的价款为 120 000 元，增值税 20 400 元，对方代垫运杂费 2 600 元，款项以银行存款支付。

(1) 2009 年 12 月 31 日结算凭证未到，按丁材料暂估价 120 000 元入账：

借：原材料——丁材料　　120 000
　贷：应付账款——暂估应付款　　120 000

(2) 2010 年 1 月 1 日将按暂估价入账的材料以红字冲回：

借：原材料——丁材料　　120 000
　贷：应付账款——暂估应付款　　120 000

(3) 2010 年 1 月 6 日，结算凭证到达，办理付款手续时：

借：原材料——丁材料　　122 600
　　应交税费——应交增值税（进项税额）　　20 400
　贷：银行存款　　143 000

小贴士

购销双方采用委托收款、托收承付等结算方式时，会出现材料入库和货款的支付在时间上的不一致。

问题三 发出材料如何核算？

（一）发出材料成本的计算方法

原材料按实际成本核算时，由于不同批次购入的原材料单位成本不同，发出、领用原材料时，应按一定方法计算确定发出、领用原材料的实际成本。根据我国有关会计法规的规定，发出存货成本的计价方法有：个别计价法、先进先出法、加权平均法等，企业应根据实际情况选择使用，一旦选用，不得任意改变。

1. 个别计价法

个别计价法亦称个别认定法、分批实际法。采用这一方法是假设材料具体项目的实物流转与成本流转相一致，按照各种存货逐一辨认各批发出材料和期末材料所属的购进批次或生产批次，分别按其购入所确定的单位成本计算各批发出材料和期末材料成本的方法。在这种方法下，是把每一种材料的实际成本作为计算发出材料成本和期末材料成本的基础。

【例 4-7】　宏利公司 9 月份甲材料的收、发、存数据资料如表 4-1 所示：

表 4-1　**甲材料收、发、存资料表**

日期	摘要	收入		发出		结存数量（件）
		数量（件）	单位成本（元）	数量（件）	单位成本（元）	
9 月 01 日	期初结存					500
9 月 06 日	购入	400	12			900
9 月 15 日	发出			600		300
9 月 26 日	购入	600	13			900
9 月 28 日	发出			500		400
9 月 30 日	购入	300	15			700

假定 9 月 15 日发出的甲材料中，属于期初结存的有 300 件，单价为 11 元，属于 9 月 6 日购入的有 300 件；9 月 28 日发出的甲材料中，属于期初结存的有 100 件，属于 9 月 26 日购入的有 400 件。9 月份甲材料的发出实际成本和期末结存成本计算如下：

（1）9 月 15 日发出甲材料的成本为：300×11＋300×12＝6 900（元）

（2）9 月 28 日发出甲材料的成本为：100×11＋400×13＝6 300（元）

（3）期末结存甲材料的成本为：(500 － 300 － 100) × 11 ＋ (400 － 300) × 12 ＋ (600－400)×13＋300×15 ＝ 9 400（元）

个别计价法的成本计算准确，符合实际情况，但在材料收发频繁的情况下，其发出成本分辨的工作量较大。因此，这种方法适用于一般不能替代使用的材料、为特定项目专门购入的材料以及贵重的材料等。

2. 先进先出法

先进先出法，是指以先购入的材料应先发出这样一种材料实物流动假设为前提，对发出材料进行计价的一种方法。采用这种方法，先购入的材料成本在后购入的材料成本之前转出，据此确定发出材料和期末材料的成本。具体方法是：购入材料时，逐笔登记购入材料的数量、单价和金额；发出材料时，按照先进先出的原则逐笔登记材料的发出成本和结存金额。

【例 4-8】　沿用【例 4-7】甲材料收发资料，采用先进先出法计算甲材料发出成本和结存成本，如表 4-2 所示：

表 4-2　　原材料明细账

材料类别：甲材料　　计量单位：件

××年		摘要	收入			发出			结存		
月	日		数量	单价	金额	数量	单价	金额	数量	单价	金额
9	1	结存							500	11	5 500
9	6	购入	400	12	4 800				500 400	11 12	5 500 4 800
9	15	发出				500 100	11 12	5 500 1 200	300	12	3 600
9	26	购入	600	13	7 800				300 600	12 13	3 600 7 800
9	28	发出				300 200	12 13	3 600 2 600	400	13	5 200
9	30	购入	300	15	4 500				400 300	13 15	5 200 4 500
9	30	本月合计	1 300	—	17 100	1 100	—	12 900	400 300	13 15	5 200 4 500

表 4-2 中甲材料发出成本和结存成本的计算如下：

本月发出材料成本＝(500×11＋100×12)＋(300×12＋200×13)＝12 900(元)

月末结存材料成本＝400×13＋300×15＝9700(元) 或 5 500＋17 100－12 900＝9 700(元)

先进先出法可以随时结转发出材料成本，但较烦琐。如果材料收发业务较多而且材料单价不稳定，其工作量较大。在物价持续上升时，期末材料成本接近于市价，而发出成本偏低，会高估企业当期利润和库存材料价值；反之，会低估企业当期利润和库存材料价值。

3. 一次加权平均法

一次加权平均法，是以本月全部进货数量加上月初结存数量作为权数，去除本月全部材料成本加上月初材料成本，计算出材料的加权平均单位成本，以此为基础计算本月发出材料的成本和期末结存材料的成本的一种方法。有关计算公式如下：

材料加权平均单价＝(月初结存材料实际成本＋本月收入材料实际成本)÷(月初结存材料数量＋本月进货数量)

本月发出材料的成本＝本月发出材料的数量×材料单位成本

月末库存材料成本＝月末库存材料的数量×材料加权平均单价

【例 4－9】　仍沿用【例 4－7】甲材料收、发、存资料，采用一次加权平均法计算甲材料本期发出成本和期末结存成本。

表 4－3　　原材料明细账

材料类别：甲材料　　计量单位：件

××年		摘要	收入			发出			结存		
月	日		数量	单价	金额	数量	单价	金额	数量	单价	金额
9	1	结存							500	11	5 500
9	6	购入	400	12	4 800				900		
9	15	发出				600			300		
9	26	购入	600	13	7 800				900		
9	28	发出				500			400		
9	30	购入	300	15	4 500				700		
9	30	本月合计	1 300	—	17 100	1 100	12.56	13 808	700	12.56	8 792

加权平均单价＝(5 500＋17 100)÷(500＋1 300)＝12.56(元)(保留两位小数)

月末结存材料成本＝700×12.56＝8 792（元）

本月发出材料成本＝5 500＋17 100－8 792＝13 808（元）

采用一次加权平均法只在月末一次计算加权平均单价，比较简单，有利于简化成本计算工作，但由于平时无法从账上提供结存材料的单价及金额，因此不利于材料的日常管理和控制。

相关链接

计算发出存货成本应注意的问题

1. 采用一次加权平均法计算加权平均单价不能整除时，一般保留到小数点的 2～4 位数，先计算出期末结存存货成本，然后再用倒挤公式计算出发出存货的成本，倒挤公式为：本月发出存货成本＝月初结存存货实际成本＋本月收入存货实际成本－期末结存存货成本。这样做的目的是为了将因加权平均单价不能整除而造成的尾差计入当月发出存货的成本。

2. 由于不同计价方法计算确定的发出存货成本的结果不尽相同，所以，企业一旦选用某种计价方法计算发出存货的成本，在同一个会计年度内不能随意变更计价方法，如果确实需要变更计价方法的，因变更计价方法而对本期及以后各期有重大影响时，应按变更会计政策的要求在会计报表附注中披露变更理由及其对财务状况和经营成果的影响。

（二）发出材料成本的结转

企业按照前述计价方法确定发出材料的成本后，应根据发出原材料的用途，借记有关成本费用科目，贷记“原材料”科目。其中，直接用于产品生产的，借记“生产成本”科目；用于车间一般耗用的，借记“制造费用”科目；用于企业管理方面的，借记“管理费用”科目；为销售产品而消耗的，借记“销售费用”科目。

【例4-10】 月末，宏利公司2009年12月“发出材料汇总表”如表4-4所示。

表4-4 发出材料汇总表

项　目	甲材料		乙材料		丙材料		合　计
	数量（吨）	金额（元）	数量（吨）	金额（元）	数量（吨）	金额（元）	金额（元）
生产A产品	20	20 000	18	9 000	150	120 000	149 000
生产B产品	10	10 000	25	12 500			22 500
车间一般耗用	8	8 000	12	6 000			14 000
管理部门耗用	2	2 000	10	5 000			7 000
合　计	40	40 000	65	32 500	150	120 000	192 500

借：生产成本——A产品　　149 000
　　生产成本——B产品　　22 500
　　制造费用　　14 000
　　管理费用　　7 000
　贷：原材料——甲材料　　40 000
　　　　　——乙材料　　32 500
　　　　　——丙材料　　120 000

学习任务（二）　掌握材料按计划成本计价的核算

问题一　材料按计划成本核算有何特点？

（1）材料日常的收发及结存，无论总分类核算还是明细分类核算，均按照计划成本计价核算。

（2）除设置“原材料”等科目外，还应设置“材料采购”、“材料成本差异”科目。

①“原材料”科目。“原材料”科目用于核算库存各种材料的收发与结存情况。在材料采用计划成本核算时，借方登记入库材料的计划成本，贷方登记发出材料的计划成本，

期末余额在借方，反映企业库存材料的计划成本。

②“材料采购”科目。“材料采购”科目用于核算企业采用计划成本进行材料日常核算而购入材料的采购成本。借方登记采购材料的实际成本，贷方登记入库材料的计划成本。借方大于贷方表示超支，从该科目贷方转入“材料成本差异”科目的借方；贷方大于借方表示节约，从该科目借方转入“材料成本差异”科目的贷方；期末为借方余额，反映企业在途材料的采购成本。

③“材料成本差异”科目。“材料成本差异”科目是“原材料”科目的调整科目，用以反映企业已入库各种材料的实际成本与计划成本的差异，借方登记超支差异及发出材料应负担的节约差异，贷方登记节约差异及发出材料应负担的超支差异。期末如为借方余额，反映企业库存材料的实际成本大于计划成本的差异（即超支差异）；如为贷方余额，反映企业库存材料实际成本小于计划成本的差异（即节约差异）。该科目可以按照“原材料”科目的类别和品种进行明细核算。

(3) 月末，应将发出材料的计划成本调整为实际成本。

问题二　购进材料如何核算？

企业外购原材料时，无论单证和材料是否同时到达，企业均应在采购业务发生、取得增值税专用发票时，按照实际成本借记“材料采购”科目，按照增值税税额借记“应交税费——应交增值税（进项税额）”科目，按照实际结算的金额贷记“银行存款”或“应付账款”、“应付票据”等科目。待材料验收入库后，按照计划成本借记“原材料”科目，贷记“材料采购”科目，同时结转材料成本差异。

在实际工作中，企业为简化会计核算手续，平时收入材料时，可以不逐笔结转差异，而是将入库材料的成本差异汇总后，在月末一次结转。

【例 4-11】　宏利公司向某公司购入甲材料一批，取得的增值税专用发票上记载的货款为 500 000 元，增值税额 85 000 元，并发生运费 1000 元（可按运费的 7% 作为增值税进项税额抵扣），该批材料的计划成本为 550 000 元。

(1) 假设材料验收入库的同时，款项以银行存款支付。

借：材料采购　　500 930
　　应交税费——应交增值税（进项税额）　　85 070
　贷：银行存款　　586 000

同时：

借：原材料——甲材料　　550 000
　贷：材料采购　　550 000

如企业采用逐笔结转入库材料的成本差异，则还应作如下分录：

借：材料采购　　49 070
　贷：材料成本差异——甲材料　　49 070

入库甲材料成本的差异＝500 930－550 000＝－49 070（元）（即为节约差异）

(2) 假设款项先支付，材料后验收入库。

1) 支付款项时：

借：材料采购　　500 930

　　应交税费——应交增值税（进项税额）　　85 070

　贷：银行存款　　586 000

2) 材料到达企业，验收入库时：

借：原材料——甲材料　　550 000

　贷：材料采购　　550 000

如企业采用逐笔结转入库材料的成本差异，则还应作如下分录：

借：材料采购　　49 070

　贷：材料成本差异——甲材料　　49 070

(3) 假设材料已验收入库，发票账单未到。

1) 月末按照计划成本 550 000 元估价入账：

借：原材料——甲材料　　550 000

　贷：应付账款——暂估应付账款　　550 000

2) 次月初做红字会计分录予以冲回：

借：原材料——甲材料　　[550 000]

　贷：应付账款——暂估应付账款　　[550 000]

待以后发票账单到达时，再按单货同到情况进行账务处理。

问题三　发出材料如何核算？

在计划成本下，发出材料的核算包括以下两个方面的内容：

(一) 结转发出材料的计划成本

月末，企业根据领料单等凭证按计划成本编制发料凭证汇总表，按照材料的领用部门及其用途，借记有关成本费用科目，贷记“原材料”科目。

【例 4-12】　宏利公司本月发料凭证汇总表列明，共计发出材料 960 千克，计划成本 2 400 000 元。其中：直接用于产品生产 600 千克，计划成本 1 500 000 元；用于车间一般耗用 300 千克，计划成本 750 000 元；用于管理部门耗用 40 千克，计划成本 100 000 元，用于产品销售方面的消耗 20 千克，计划成本 50 000 元。

借：生产成本　　1 500 000

　　制造费用　　750 000

　　管理费用　　100 000

　　销售费用　　50 000

　贷：原材料　　2 400 000

（二）计算并结转发出材料应负担的成本差异

1. 计算材料成本差异率

发出材料应负担的成本差异，一般是通过计算材料成本差异率来实现的。有关计算公式如下：

$$\text{本月材料成本差异率}=\frac{\text{月初结存材料的成本差异}+\text{本月收入材料的成本差异}}{\text{月初结存材料的计划成本}+\text{本月收入材料的计划成本}}\times 100\%$$

本月发出材料应负担的成本差异＝本月发出材料的计划成本×本月材料成本差异率

月末结存材料应负担的成本差异＝月末结存材料的计划成本×本月材料成本差异率

企业必须按月分摊材料成本差异，将发出材料调整为实际成本。发出材料应负担的成本差异，除委托加工材料可以按照月初材料成本差异率计算外，其他都应使用当期实际材料成本差异率计算。若上个月差异率与本月相差不大，也可以采用上月差异率来计算。

2. 结转发出材料应负担的成本差异

结转发出材料成本差异时，一般借记有关成本费用科目，贷记“材料成本差异”科目。如果是节约差异，金额用红字反映；如果是超支差异，则金额用蓝字反映。

【例 4－13】　宏利公司 12 月初结存材料的计划成本为 1 000 000 元，成本差异为超支 30 740 元；本月入库材料的计划成本为 3 200 000 元，成本差异为节约 200 000 元，本月发出原材料计划成本总额为 2 400 000 元，领用部门及其用途详见【例 4－12】。

本月材料成本差异率＝(30 740－200 000)÷(1 000 000＋3 200 000)×100%
＝－4.03%

本月发出材料应负担的成本差异＝2 400 000×(－4.03%)＝－96 720(元)

借：生产成本　　60 450　　[1 500 000×（－4.03%）]

　　制造费用　　30 225　　[750 000×（－4.03%）]

　　管理费用　　4 030　　[100 000×（－4.03%）]

　　销售费用　　2 015　　[50 000×（－4.03%）]

贷：材料成本差异　　96 720

经过上述调整，宏利公司 12 月发出材料的实际成本为 2 303 280 元（2 400 000－96 720)，即 12 月计入成本费用科目的实际材料成本为 2 303 280 元。

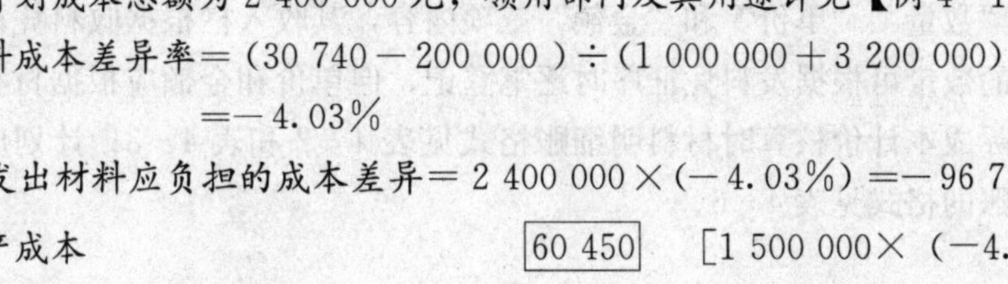

学习任务（三） 了解材料明细分类核算的方法

问题一 企业如何对材料进行明细分类核算?

材料的明细分类核算包括数量核算和金额核算两部分。材料收发、库存的数量核算，由仓库保管人员负责，而金额核算由企业财会人员负责。根据这一要求，材料的明细分类核算通常有以下两种形式：

（一）“两套账”形式

也称为“账卡分设”，即企业的仓库和财会部门各自设置一套材料账簿进行材料的明细分类核算。

（1）仓库设置“材料卡片”，用以核算各种材料收发结存的数量，材料卡片的一般格式见表4-5。材料卡片根据材料类别、规格设置，并按材料类别和编号顺序排列，或按类别装订成活页账，以便保管。

（2）财会部门设置材料明细账，核算各种材料收发结存的数量和金额。财会部门设置的材料明细账，应采用数量金额式明细账，按材料类别、规格设置，采用收、发、存三栏，分别记录“数量”、“单价”和“金额”三项内容，其收入栏根据收料凭证序时逐笔登记，发出栏中的数量可根据发料凭证序时逐笔登记，但单价和金额应根据材料计价方法来加以确定。实际成本计价核算时材料明细账格式见表4-2和表4-3；计划成本计价核算时其材料明细账的格式见表4-6。

表4-5 **材料卡片**

材料科目：原材料　　材料编号：118　　最高储备量：

材料类别：原料及主要材料　　卡片编号：　　最低储备量：

材料名称规格：甲材料　　存放地点：　　计量单位：

××年		凭证		收入数量	发出数量	结存数量	稽核	
月	日	名称	编号				日期	签章
9	1	略	略			500		
9	6			400		900		
9	15				600	300	15	×××
9	26			600		900		
9	28				500	400		
9	30			300		700	30	×××
8	31			1300	1100	700	30	×××

表 4-6　　　　　　　　　　**材料明细账**

材料类别：原材料　　　　　　存放地点：　　　　　　　　　　　　材料编号：

材料名称规格：甲材料　　　　最高储备量：　　　最低储备量：　　　计划单价：6 元/千克

××年		凭证编号	摘要	收入数量	发出数量	结存	
月	日					数量	金额
×	1	略				100	600
	5		购入	600		700	
	13		领用		400	300	
	21		购入	500		800	
	27		领用		100	700	
	31		合计	1100	500	700	4200

这种方式的使用可以起到仓库和会计部门相互制约的作用，但核算工作量较大，而且存在重复记账的情况。

（二）“一套账”形式

“一套账”形式也称“账卡合一”，即将仓库设置的材料卡片与会计部门设置的材料明细账合并为一套数量金额式的“材料明细账”进行材料明细核算。这套账平时放在仓库，由仓库管理员根据收发凭证序时逐笔登记收、发数量并逐日结出结存数；会计人员定期到仓库稽核、收单，并在材料收发凭证上标价以及在材料明细账上登记金额。

问题二　材料采购与材料成本差异如何进行明细分类核算？

（一）材料采购的明细分类核算

材料采购明细核算，是通过“材料采购”明细账来进行的。“材料采购”明细账是用来提供外购材料的实际成本与计划成本的详细核算资料的。一般情况下，材料采购明细账可按材料的大类，如原材料、低值易耗品等设置，若材料储备量较大，材料费用在产品成本中所占的比重也较大，可按材料类别或品种设置。材料采购明细账一般采用平行式账页格式，如表 4-7 所示。

表 4-7　　　　材料采购明细账

明细科目：原材料　　　　××年 6 月　　　　单位：元

××年		记账凭证号数	发票账单	供应单位或采购人员姓名	摘要	借方（实际成本）				××年		记账凭证号数	收料凭证号数	摘要	贷方			
月	日					买价	运杂费	其他	合计	月	日				计划成本	成本差异	其他	合计
6	2			A公司	购进甲材料	2 600			2 600	6	5			入库	2 500	100		2 600
6	13	略	略	B公司	购进乙材料	3 600	400		4 000	6	15	略	略	入库	5 000	—1000		4 000
6	26			C公司	购进丙材料	3 000	100		3 100									
					本月发生额	9 200	500		9 700					本月发生额	7 500	—900		6 600
					月末余额（在途材料）				3 100									

“材料采购”明细账采用横线登记法进行登记，即同一批外购材料的付款和收料业务在同一行中登记，登记的依据是审核后的记账凭证及其所附的发票账单和收料单等有关凭证。月末该账户中只有借方金额而无贷方金额的，即为已付款（或已送交承兑汇票）但尚未验收入库的在途材料。

（二）材料成本差异的明细分类核算

为了计算各种材料的成本差异率，反映各种材料实际发生的成本差异，将发出材料的计划成本调整为实际成本，应进行材料成本差异的明细分类核算。材料成本差异明细核算是通过“材料成本差异”科目进行的。“材料成本差异”明细账与“材料采购”明细账的设置应该一致，一般也是按材料大类设置。“材料成本差异明细账”的一般格式如表 4-8 所示。

表 4-8　　材料成本差异明细账

明细科目：原材料　　年 12 月　　单位：元

××年		记账凭证号数	摘要	收入			发出			结存		
月	日			计划成本	借方差额（超支）	贷方差额（节约）	差异率（%）	计划成本	成本差异	计划成本	借方差额（超支）	贷方差额（节约）
12	1		期初余额							1 000 000	30 740	
	3		购入	3 200 000		200 000				42 000 000		−169 260
	23		领用				−4.03	2 400 000	−96 720	18 000 000		−72 540
	30		本月合计	3 200 000		200 000	−4.03	2 400 000	−96 720	18 000 000		−72 540

模块三　库存商品核算实务

学习任务（一）　了解库存商品的核算内容

问题一　什么是库存商品？

库存商品是指企业已完成全部生产过程并已验收入库、合乎标准和技术条件，可以按照合同规定的条件送交订货单位，或可以作为商品对外出售的产品以及外购或委托加工完成验收入库用于销售的各种商品。

问题二　库存商品的核算内容有哪些？

库存商品具体包括库存产成品、外购商品、存放在门市部准备出售的商品、发出展览的商品、寄存在外的商品、接受来料加工制造的代制品和为外单位加工修理的代修品等。

已完成销售手续，但购买单位尚未提取的产品（商品），不应作为企业的库存商品，而应作为代管商品处理，单独设置代管商品备查簿进行登记。

学习任务（二） 了解库存商品的核算方法

问题一 工业企业的库存商品如何核算?

（一）产成品的计价方法

工业企业的库存商品主要包括产成品、准备出售的自制半成品等。产成品及自制半成品一般应按实际成本计价，也可以按计划成本计价。采用计划成本核算时，库存商品实际成本与计划成本的差额，可单独设置“产品成本差异”科目核算。

（二）产成品收发的核算

为了反映企业产成品的收、发、结存情况，企业应设置“库存商品——产成品”科目。该科目的借方登记已经完成生产过程并已验收入库的产成品的实际成本，以及盘盈产成品的实际成本；贷方登记发出（售出）产成品的实际成本，以及结转记入“待处理财产损溢”科目的盘亏、毁损产成品的实际成本，月末借方余额，反映库存产成品的实际成本。企业产成品按品种、规格设置明细账，进行明细分类核算。

1. 产成品入库的核算

对于库存商品采用实际成本核算的企业，当产品生产完成并验收入库时，应按实际成本借记“库存商品——产成品”科目，贷记“生产成本”科目。

【例 4－14】 宏利公司月终汇总编制”产成品入库汇总表”如表 4－9 所示。

表 4－9　　**产成品入库汇总表**　　单位：元

产品名称	单位	数量	单位成本	总成本
A 产品	千克	3 500	300	1 050 000
B 产品	千克	2 300	200	460 000
合计				1 510 000

根据上述“产成品入库汇总表”，宏利公司作如下会计处理：

借：库存商品——产成品（A 产品）　　1 050 000

　　　　　　——产成品（B 产品）　　460 000

　贷：生产成本——基本生产成本　　1 510 000

2. 产成品发出的核算

产成品发出主要是销售。企业销售商品、确认收入时，应结转其销售成本，借记“主营业务成本”科目，贷记“库存商品”科目。

【例 4－15】 宏利公司某月产成品发出汇总资料如表 4－10 所示。

表 4-10　　　　产成品发出汇总表　　　　单位：元

产品名称	单位	数量	单位成本	总成本
A产品	千克	1 500	300	450 000
B产品	千克	1 200	200	240 000
合计				690 000

根据上述“产成品发出汇总表”，宏利公司作如下会计处理：

借：主营业务成本　　690 000

　贷：库存商品——产成品（A 产品）　　450 000

　　　　　　——产成品（B 产品）　　240 000

（三）产成品的明细分类核算

产成品收发的明细分类核算包括两方面的内容，即数量核算和价值核算。应分别按照产成品的品种和规格，序时地反映各种产成品实物的收、发、存的数量以及金额的增减情况。

企业应当按产品的品种和规格设置产成品明细分类账，明细分类账的账页格式以及明细分类核算的形式可参照原材料明细分类账的账页格式以及明细分类核算的形式，不再赘述。

问题二　商品流通企业库存商品如何核算?

（一）商品流通企业库存商品的核算内容

商品流通企业的库存商品主要是指外购或委托加工完成验收入库用于销售的各种商品。具体包括库存的外购商品、存放在门市部准备出售的商品、发出展览的商品以及寄存在外的商品等。

（二）商品流通企业库存商品的计价方法

1. 实际成本计价法

商品流通企业购入的商品，应按照商品采购成本计价入账。商品采购成本包括购买价款、应负担的相关税费和商品采购过程中发生的进货费用等。

相关链接

流通企业商品有关费用的处理

商品流通企业在采购商品过程中发生的运输费、装卸费、保险费以及其他可归属于存货采购成本的费用等进货费用，应当计入存货采购成本；对存货采购入库后发生的储存费用应计入当期损益，不得计入存货成本。企业采购商品的进货费用金额较小的，也可以直接计入当期损益。

2. 其他计价方法

流通企业的库存商品的日常核算，除了采用实际成本计价外，还可以采用售价金额核算法和毛利率法。

商品流通企业库存商品的核算，采用实际成本计价时，与原材料按实际成本计价的核算方法基本相同；采用售价金额核算时会计处理比较复杂，本书暂不涉及此方面内容。

模块四　其他存货核算实务

> 其他存货是指企业除原材料、库存商品、自制半成品、在产品以外的周转材料（主要包括包装物和低值易耗品）和委托加物资。

学习任务（一）　掌握包装物的核算

问题一　什么是包装物？包装物包括哪些核算内容？

包装物是指为了包装本企业商品而储备的各种包装容器，如桶、箱、瓶、坛、袋等。其核算的内容包括：

（1）生产过程中用于包装产品作为产品组成部分的包装物。

（2）随同产品出售但不单独计价的包装物。

（3）随同产品出售且单独计价的包装物。

（4）出租或出借给购买单位使用的包装物。

下列各项不属于包装物核算的范围：

（1）各种包装材料，如纸、绳、铁丝、铁皮等，这些材料在“原材料”科目中核算；

（2）用于储存和保管商品、材料而不对外出售的包装物，应按其价值大小分别作为“固定资产”或“周转材料——低值易耗品”进行管理和核算；

（3）单独作为企业商品产品的自制包装物，应作为“库存商品”进行核算。

问题二　包装物应如何核算？

（一）设置“周转材料——包装物”科目

为了反映和监督包装物的增减变动及其价值损耗、结存等情况，企业应当设置“周转材料——包装物”科目进行核算。该科目借方登记验收入库包装物的成本；贷方登记企业领用、摊销、对外销售减少的包装物的成本，期末借方余额表示库存包装物的成本。

（二）包装物核算

1. 取得包装物的核算

企业通过购入、自制或委托加工方式取得包装物的核算，无论采用实际成本法，还是计划成本法，均与原材料基本相同，这里不再重复。

2. 发出包装物的核算

（1）生产领用包装物。生产过程中领用的包装物，作为产品的组成部分，其核算方法与生产领用原材料的核算方法相同，即应根据领用包装物的成本借记“生产成本”科目，贷记“周转材料——包装物”科目。

【例 4-16】　宏利公司对包装物采用实际成本计价核算，某月生产A产品领用包装物的实际成本为150 000元。

借：生产成本——A产品　　150 000

　贷：周转材料——包装物　　150 000

（2）随同产品出售但不单独计价的包装物。随同产品出售但不单独计价的包装物，主要是为了保证销售的顺利进行提供的服务，所以这部分包装物的成本记入“销售费用”科目。

【例 4-17】　宏利公司销售商品领用不单独计价包装物的实际成本为80 000元。

借：销售费用　　80 000

　贷：周转材料——包装物　　80 000

（3）随同产品出售且单独计价的包装物。随同产品出售且单独计价的包装物，实际上就是出售包装物。核算时，一方面在取得收入时计入其他业务收入，另一方面反映其实际成本，计入其他业务成本。

【例 4-18】　宏利公司销售商品时领用单独计价包装物的实际成本为7 000元，取得的销售收入为10 000元，增值税额为1 700元，款项已存入银行。

借：银行存款　　11 700

　贷：其他业务收入　　10 000

　　　应交税费——应交增值税（销项税额）　　1 700

同时结转包装物的成本：

借：其他业务成本　　7 000

　贷：周转材料——包装物　　7 000

（4）出租或出借的包装物。企业可以把长期周转使用的包装物采用出租或者出借的方式转让其使用权。出租包装物取得的租金收入列入“其他业务收入”科目核算，该出租包装物的损耗和相关支出则记入“其他业务成本”科目。出借的包装物，是无偿提供使用权，没有业务收入，所以，出借包装物的成本记入“销售费用”科目。

为了督促使用单位保护好包装物并按期归还，出租或出借包装物时可以收取一定的押金。包装物押金通过“其他应付款”科目核算。包装物逾期不归还或者有破损没收押金时，借记“其他应付款”科目，贷记“其他业务收入”、“应交税费——应交增值税（销项税额)”科目。

【例4-19】 宏利公司对外出租包装物一批，收取包装物押金8 000元，租金4 680元（其中680元是增值税）一并存入银行。该包装物的实际成本为5 600元，采用一次摊销法摊销发出包装物的成本。

(1) 发出包装物时：

借：银行存款　　12 680

　贷：其他业务收入　　4 000

　　应交税费——应交增值税（销项税额）　　680

　　其他应付款——包装物押金　　8 000

同时，结转包装物成本：

借：其他业务成本　　5 600

　贷：周转材料——包装物　　5 600

(2) 包装物收回，退回押金时：

借：其他应付款——包装物押金　　8 000

　贷：银行存款　　8 000

相关链接

包装物的摊销方法

(1) 一次摊销法。是指企业在发出领用包装物时，将包装物成本一次全部摊销的方法。该方法一般适用于价值较小、使用期限较短的包装物。

(2) 分次摊销法。是指企业发出领用包装物时，按包装物的价值和使用期限的长短分期或分次摊销的方法。该方法适用于包装物价值较大，使用期限较长的包装物。

(3) 五五摊销法。是指企业发出领用包装物时，先摊销其成本的50%；待包装物报废时，再摊销其剩余的50%的方法。该方法一般适用于经常领用且使用均衡的包装物的摊销。

学习任务（二）　掌握低值易耗品的核算

问题一　什么是低值易耗品？

低值易耗品是指不作为固定资产管理的各种工具、器具、管理用具、玻璃器皿及在经营过程中周转使用的包装容器等。这些用具设备在企业经营过程中可以多次使用，其价值随磨损程度逐渐转移到有关的费用成本中去。这与固定资产性质类似，但由于其单位价值较低、使用年限较短，所以不作为固定资产管理，而是作为存货项目管理。

问题二 低值易耗品应如何核算?

(一) 设置"周转材料——低值易耗品"科目

企业应当设置"周转材料——低值易耗品"科目来核算低值易耗品的收、发、存业务，该科目借方登记企业取得的、已验收入库的低值易耗品的成本，贷方登记发出或摊销低值易耗品的成本，期末借方余额表示库存低值易耗品的成本。

(二) 低值易耗品核算

1. 取得低值易耗品的核算

企业取得低值易耗品的核算，与原材料取得的核算方法基本相同，这里不再重复。

2. 发出低值易耗品的核算

企业领用的低值易耗品，根据其价值的大小，分别采用一次摊销法和五五摊销法进行摊销。

(1) 一次摊销法。采用一次摊销法，是将发出的低值易耗品成本一次全部记入有关成本费用中。

【例 4-20】 宏利公司生产车间领用一批工具，实际成本为 2 350 元，采用一次摊销法核算。

借：制造费用　　2 350

　贷：周转材料——低值耗用品　　2 350

(2) 五五摊销法。采用五五摊销法，应在"周转材料——低值易耗品"科目下设置"在库低值易耗品"、"在用低值易耗品"、"低值易耗品摊销"三个明细科目。

企业领用低值易耗品时，借记"周转材料——低值易耗品（在用低值易耗品)"科目，贷记"周转材料——低值易耗品（在库低值易耗品)"科目；按照其成本摊销 50%时，借记有关成本费用科目，贷记"周转材料——低值易耗品（低值易耗品摊销)"科目；报废低值易耗品时，除了要摊销剩余的 50%成本外，还要注销低值易耗品成本及其摊销的价值，借记"周转材料——低值易耗品（低值易耗品摊销)"科目，贷记"周转材料——低值易耗品（在用低值易耗品)"科目。

【例 4-21】 宏利公司管理部门领用管理用具一批，实际成本为 8 400 元，采用五五摊销法核算，报废时残余材料作为原材料收回，价值 150 元。

(1) 领用低值易耗品时：

借：周转材料——低值易耗品（在用低值易耗品）　　8 400

　贷：周转材料——低值易耗品（在库低值易耗品）　　8 400

同时摊销 50%的成本：

借：管理费用　　4 200

　贷：周转材料——低值易耗品（低值易耗品摊销）　　4 200

(2) 报废时摊销剩余 50%的成本：

借：管理费用　　4 200

贷：周转材料——低值易耗品（低值易耗品摊销）　　4 200

同时，注销低值易耗品价值：

借：周转材料——低值易耗品（低值易耗品摊销）　8 400

贷：周转材料——低值易耗品（在用低值易耗品）　　8 400

(3) 收回残余材料：

借：原材料　　150

贷：管理费用　　150

学习任务（三） 掌握委托加工物资的核算

问题一 什么是委托加工物资？

委托加工物资是指企业提供原料及主要材料，通过支付加工费的方式，委托外单位加工的各种材料、商品等物资。委托加工物资的所有权仍属于企业，作为企业存货项目管理。

问题二 委托加工物资如何核算？

（一）设置“委托加工物资”科目

企业为核算委托外单位加工的各种材料、商品等物资的实际成本，应设置“委托加工物资”科目。该科目借方登记发出材料、商品的实际成本、支付的加工费、往返运费以及应记入成本的消费税等，贷方登记收回加工物资的实际成本，期末借方余额表示尚未完成加工的物资的实际成本。

（二）委托加工物资成本的构成

企业委托外单位加工物资的成本包括：加工中耗用物资的成本、支付的加工费、包装费、保险费、往返运杂费和应计入成本的税金等。

（三）委托加工物资的核算

【例 4－22】 宏利公司委托B企业加工材料一批（属于应税消费品）。原材料成本为20 000元，支付的加工费为7 000元（不含增值税），乙企业代收代交消费税3 000元，材料加工完成并已验收入库，加工费用已经支付。双方适用的增值税税率为17%，宏利公司按实际成本核算原材料。

(1) 发出委托加工材料时：

借：委托加工物资　　20 000

贷：原材料　　20 000

(2) 支付加工费和税金时：

1) 若收回加工后的材料用于连续生产应税消费品：

借：委托加工物资　　7 000

应交税费——应交增值税（进项税额）　　　　　1 190（7 000×17%）

　　　　——应交消费税　　　　　　　　　　3 000

贷：银行存款　　　　　　　　　　　　　　　11 190

2）若收回加工后的材料直接用于销售：

借：委托加工物资　　　　　　　　　　　　10 000

　　应交税费——应交增值税（进项税额）　　1 190

　贷：银行存款　　　　　　　　　　　　　　11 190

(3) 加工完成，收回委托加工材料时：

1）若收回加工后的材料用于连续生产应税消费品时：

借：原材料　　　　　　　　　　　　　　　27 000

　贷：委托加工物资　　　　　　　　　　　　27 000

2）若收回加工后的材料直接用于销售时：

借：库存商品　　　　　　　　　　　　　　30 000

　贷：委托加工物资　　　　　　　　　　　　30 000

相关链接

关于委托加工物资应交税金的相关规定

根据我国现行有关税法的规定，委托外单位加工物资在加工过程中需缴纳的税金主要有下列两种：

(1) 增值税。委托加工企业应缴纳的增值税按加工费的17%计算，由受托方代收代交。委托加工物资收回后，委托方应将受托方代收代交的增值税记入“应交税费——应交增值税（进项税额）”科目的借方。

(2) 消费税。如果委托加工的物资属于应税消费品，企业应缴纳消费税。消费税由受托方代收代交。委托方对缴纳的消费税应分别按下列情况处理：

1）委托加工物资收回后直接用于销售的，应将缴纳的消费税计入委托加工物资的实际成本中；

2）委托加工物资收回为用于连续生产应税消费品的，应将缴纳的消费税记入“应交税费——应交消费税”科目的借方。

模块五　存货清查及期末计价核算实务

学习任务（一）　了解存货清查的核算方法

企业应该定期或不定期地进行存货的清查，以保证账实相符，确保资产安全完整。

问题一　企业存货清查有哪些方法?

存货清查是指通过对存货的实地盘点，确定存货的实有数量，并与账面结存数核对，从而确定存货实存数与账面结存数是否相符的一种专门方法。

企业存货的清查，一般采取实地盘点的方法，对各种存货逐一进行清点、核对；但对一些数量较大、难以逐一清点的存货，如沙子、圆木等，可以采取技术推算的方法进行清查。

问题二　存货清查结果如何进行核算?

（一）设置“待处理财产损溢——待处理流动资产损溢”科目

企业存货清查中，发现盘盈、盘亏或毁损的存货，应设置“待处理财产损溢——待处理流动资产损溢”科目进行核算。该科目借方登记盘亏、毁损的存货金额及盘盈的转销金额；贷方登记盘盈的存货金额及盘亏、毁损转销的金额；企业的财产损益，应及时查明原因，在期末结账前处理完毕，处理后本科目应无余额。

（二）存货清查的核算

存货种类繁多、收发频繁，在日常收发过程中可能发生记录错误、计算错误、自然损耗，还可能发生损坏变质以及贪污、盗窃等情况，造成账实不符，形成存货的盘盈、盘亏。对于存货的盘盈、盘亏，应填写存货盘点报告（如实存账存对比表），及时查明原因，按照规定程序报批处理。

1. 盘盈存货的核算

企业发生存货盘盈时，在批准处理转销前，借记“原材料”、“库存商品”等科目，贷记“待处理财产损溢——待处理流动资产损溢”科目；在按管理权限报经批准后，借记“待处理财产损溢——待处理流动资产损溢”科目，贷记“管理费用”科目。

【例4-23】　宏利公司在年末财产清查中，发现盘盈A产品30件，价值900元。经查明原因，属于收发计量失误造成，报批准后冲减管理费用。

(1) 盘盈产品时：

借：库存商品——A 产品　　900

　贷：待处理财产损溢——待处理流动资产损溢　　900

(2) 报批准处理转销时：

借：待处理财产损溢——待处理流动资产损溢　　900

　贷：管理费用　　900

2. 盘亏、毁损存货的核算

企业发生存货盘亏、毁损时，在批准处理前，借记“待处理财产损溢——待处理流动资产损溢”科目，贷记“原材料”、“库存商品”等科目。如果存货价值中包含了不得从增值税销项税额中进行抵扣的增值税进项税额，也一并转出。

盘亏毁损的存货损失，在按管理权限报经批准后作如下处理：如果属于定额内合理损耗的，应在企业的管理费用中列支；扣除存货残料价值和应向保险公司及过失人收取的赔款后的净损失，属于一般经营损失的部分，记入“管理费用”科目；属于非常损失的部分，记入“营业外支出”科目。

【例 4-24】　宏利公司在财产清查中，发现库存甲材料毁损 500 千克，实际单位成本 5 元，计 2 500 元，增值税税额 425 元。经查明原因属于自然灾害造成，应由保险公司赔偿 1 300 元，其余损失计入营业外支出。

(1) 盘亏毁损材料时：

借：待处理财产损溢——待处理流动资产损溢　　2 925

　贷：原材料——甲材料　　2 500

　　　应交税费——应交增值税（进项税额转出）　　425

(2) 批准处理转销时：

借：其他应收款——保险公司　　1 300

　　营业外支出——非常损失　　1 625

　贷：待处理财产损溢——待处理流动资产损溢　　2 925

学习任务（二）　了解存货期末计价的方法

问题一　企业为什么要对存货进行期末计价？

为了准确反映存货的实际成本，会计期末应对存货进行期末计价，对减值的存货应计提存货跌价准备。

我国现行会计准则规定，会计期末企业应当按照成本与可变现净值孰低法对期末存货进行计量。具体做法是：当存货成本低于可变现净值时，存货按成本计量；当存货成本高于可变现净值时，存货按可变现净值计量，同时按照成本高于可变现净值的差额计提存货跌价准备，计入当期损益。以前减记存货价值的影响因素已经消失的，减记的金额应当予以恢复，并在原已计提的存货跌价准备金额内转回，转回的金额计入当期损益。

相关链接

可变现净值的定义

可变现净值是指在日常活动中，存货的估计售价减去至完工时估计将要发生的成本、估计的销售费用以及相关税费后的金额。可变现净值的特征表现为存货的预计未来净现金流量，而不是存货的售价或合同价。

问题二　存货跌价准备如何进行核算？

（一）设置“存货跌价准备”科目

企业应当设置“存货跌价准备”科目，核算存货跌价准备，贷方登记计提的存货跌价准备金额，借方登记实际发生的存货跌价准备金额和冲减的存货跌价准备金额，期末余额一般在贷方，反映企业已计提尚未转销的存货跌价准备金额。

（二）存货跌价准备的核算

1. 计提存货跌价准备的核算

当存货成本高于可变现净值时，企业应当按照存货可变现净值低于成本的差额，借记“资产减值损失——计提的存货跌价准备”科目，贷记“存货跌价准备”科目。

【例4-25】　2008年12月31日，宏利公司甲材料的账面金额为120 000元，由于市场价格下跌，预计可变现净值为90 000元，由此应计提的存货跌价准备为30 000元。

借：资产减值损失——计提的存货跌价准备　　30 000

　贷：存货跌价准备　　30 000

2. 存货跌价准备转回的核算

当以前导致存货减值的影响因素已经消失，可变现净值重新高于存货成本时，企业应在原已计提的存货跌价准备的金额内转回。转回的存货跌价准备与计提该准备的存货项目或类别应当存在直接对应关系，但转回的金额应以将存货跌价准备的余额冲减至零为止。转回已计提的存货跌价准备金额时，按恢复增加的金额，借记“存货跌价准备”科目，贷记“资产减值损失——计提的存货跌价准备”科目。

【例4-26】　承【例4-25】，假设2009年6月30日，甲材料的账面金额为120 000元，由于市场价格有所上升，使得甲材料的预计可变现净值为110 000元，实际减值10 000元（110 000—120 000），应转回的存货跌价准备为20 000元（上年12月已计提30 000元）。

借：存货跌价准备　　20 000

　贷：资产减值损失——计提的存货跌价准备　　20 000

小结

存货是指企业在日常活动中持有以备出售的产成品或商品、处在生产过程中的在产品、在生产过程或提供劳务中耗用的材料、物料等。存货区别于固定资产等非流动资产的最基本的特征是，企业持有存货的最终目的是为了出售。

存货应当按照实际成本进行初始计量。存货实际成本包括采购成本、加工成本和其他成本。企业的原材料可以按实际成本核算，也可以按计划成本核算，采用不同的计价方法核算原材料，在会计科目的设置等方面存在一定差异。在计划成本核算方式下，“材料采购”、“材料成本差异”账户的正确使用，材料成本差异率的计算以及发出材料应负担材料成本差异的结转是存货核算的重要知识点。在实际成本核算方式下，可以采用的发出存货成本的计价方法包括个别计价法、先进先出法、月末一次加权平均法等。

企业的周转材料主要包括包装物和低值易耗品。包装物和低值易耗品的摊销方法主要有一次转销法、分次分期摊销法和五五摊销法。

企业为核算委托外单位加工的各种材料、商品等物资的实际成本，应设置“委托加工物资”科目。

工业企业库存商品主要是库存产成品，商品流通企业的库存商品主要是指外购或委托加工完成验收入库用于销售的各种商品。库存商品可按实际成本核算，也可按计划成本核算。流通企业的库存商品除上述两种方法外，还可以按售价金额法和毛利率法核算。

企业应定期或不定期对存货进行财产清查，存货清查的方法有实地盘点法、技术推算法。

存货的期末计价采用成本与可变现净值孰低法，对减值的存货计提减值准备。

思考与实训

一、问答题

1. 企业的存货包括哪些内容？
2. 存货采用实际成本核算时，可以采用哪些方法来确定发出存货的成本？
3. 材料采用计划成本核算时，应设置哪些科目？
4. “在途物资”与“材料采购”科目之间的主要区别是什么？
5. 存货的期末计价采用什么方法？

二、判断题

1. 对一般纳税企业而言，购进存货应负担的增值税均不计入外购存货的成本。（　　）

2. 外购存货的入账价值包括运输途中的所有损耗。（　　）

3. 凡是存放在企业的产品、材料、商品等，均列入本企业的存货进行核算和管理。（　　）

4. 生产过程中领用的包装物，构成产品实体的应将其成本计入产品的生产成本。（　）

5. 委托加工物资收回后，直接用于销售的，其实际成本不包括代扣代缴的消费税。（　）

6. 原材料采用计划成本核算时，“原材料”科目的期末借方余额减去“材料成本差异”科目的贷方余额，就是期末库存材料的实际成本。（　）

7. 出借的包装物采用一次摊销法核算的，其成本计入“销售费用”科目。（　）

8. 企业对存货可变现净值低于成本的损失，可以直接冲减存货相关科目的余额。（　）

三、单项选择题

1. 下列各项中不属于企业存货的有（　）。

A. 委托加工物资　　B. 在产品

C. 客户已经付款尚未提走的货物　　D. 货款已经支付，尚未验收的货物

2. 某企业为增值税小规模纳税企业。该企业购入甲材料 500 千克，每千克含税单价为 13 元，发生运杂费 800 元，运输途中发生合理损耗 10 公斤，入库前发生挑选整理费用 200 元。该批甲材料的实际成本为（　）元。

A. 6 370　　B. 6 500　　C. 7 500　　D. 7 300

3. 某企业月初库存材料 30 件，每件单价为 1 500 元，月中又购进两批，一批 200 件，每件 1 150 元，另一批 100 件，每件 1 100 元，则月末该材料的加权平均单价为（　）元。

A. 1 250　　B. 1 125　　C. 1 300　　D. 1 166. 67

4. 某企业因自然灾害盘亏一批材料 10 000 元，该批材料的进项税额为 1 700 元。收到各种赔款 2 500 元，残料价值 300 元。报经批准后，应记入“营业外支出”科目的金额为（　）元。

A. 11 400　　B. 8 900　　C. 7 200　　D. 7 500

5. 原材料已经验收入库，月末尚未收到结算凭证，入库材料按暂估价入账时，应贷记（　）。

A. 在途物资　　B. 应付账款

C. 其他应付款　　D. 银行存款

6. 下列不作为包装物核算的包装用品是（　）。

A. 生产使用的包装物　　B. 出租给外单位使用的包装物

C. 出借给外单位的包装物　　D. 各种包装材料

7. 出借包装物应摊销的成本，应借记（　）科目。

A. 其他业务成本　　B. 销售费用

C. 生产成本　　D. 制造费用

8. 存货按“成本与可变现净值孰低法”进行期末计量，其中，成本是指（　）。

A. 计划成本　　B. 重置成本

C. 估计成本　　D. 实际成本

四、多项选择题

1. 存货的计价方法有实际成本法和计划成本法，在实际成本法下，发出存货的计价方法包括（　　）。

A. 个别计价法　　B. 先进先出法

C. 成本与市价孰低法　　D. 一次加权平均法

2. 下列各种物资中，应该作为企业存货核算的有（　　）。

A. 委托加工物资　　B. 工程物资

C. 低值易耗品　　D. 在途物资

3. “材料成本差异”科目贷方可以用来登记（　　）。

A. 购进材料实际成本小于计划成本的差额

B. 发出材料应负担的超支差异

C. 发出材料应负担的节约差异

D. 购进材料实际成本大于计划成本的差额

4. 下列项目中，应计入存货成本的有（　　）。

A. 挑选整理费用

B. 进口关税

C. 运输途中的合理损耗

D. 一般纳税人购入材料支付的增值税

5. 企业进行存货清查时，对于盘亏的存货，要先记入“待处理财产损溢”，经过批准后根据不同的原因可以分别记入（　　）科目。

A. 管理费用　　B. 其他应付款

C. 营业外支出　　D. 其他应收款

6. 低值易耗品的摊销方法有（　　）。

A. 余额百分比法　　B. 一次摊销法

C. 五五摊销法　　D. 分期摊销法

7. 关于“成本与可变现净值孰低法”表达正确的有（　　）。

A. 成本是指存货的实际成本

B. 当可变现净值低于成本时，存货按成本计价

C. 当成本高于可变现净值时，存货按可变现净值计价

D. 当成本低于可变现净值时，存货按可变现净值计价

8. 下列各项中，增值税一般纳税企业应计入收回委托加工物资成本的有（　　）。

A. 支付的加工费

B. 随同加工费支付的增值税

C. 支付的收回后继续加工的委托加工物资的消费税

D. 支付的收回后直接销售的委托加工物资的消费税

五、业务核算题

（一）某公司6月1日结存甲材料1 000千克，每千克实际成本100元。本月发生如下有关业务：

1. 2日，购入甲材料500千克，每千克实际成本98元，材料已验收入库。

2. 5日，发出甲材料700千克。

3. 10日，购入甲材料800千克，每千克实际成本105元，材料已验收入库。

4. 14日，发出甲材料1 200千克。

5. 20日，购入甲材料600千克，每千克实际成本102元，材料已验收入库。

6. 29日，发出甲材料400千克。

要求：

（1）根据上述资料，采用先进先出法分别计算5日、14日、29日发出材料的成本以及期末结存材料的成本，并用"数量金额式"账页登记甲材料明细账。

（2）根据上述资料，采用加权平均法计算6月份发出材料的成本以及期末结存材料的成本，并用"数量金额式"账页登记甲材料明细账。

（二）某企业为增值税一般纳税人，材料按计划成本核算，入库材料成本差异实行逐笔结转。2010年1月1日，乙材料结存12 000千克，计划单价为1 0元；其材料成本差异为节约额1800元，该企业1月份发生下列有关经济业务：

1. 2日，发出乙材料12 000千克，其中：生产产品领用10 000千克，销售机构领用1 000千克，管理部门领用1 000千克。

2. 10日，购入乙材料9 000千克，增值税专用发票上注明材料的价款80 000元，税款13 600元，价税款以银行存款支付，材料已验收入库。

3. 15日，购入乙材料9 500千克，增值税专用发票上标明的价款为100 000元，税款17 000元，价款尚未支付，材料已验收入库。

4. 18日，购入乙材料35 000千克，价款330 000元，增值税率为17%，运杂费5 800元（其中运费5 000元），款项已通过银行支付，材料已经验收入库。

5. 22日，发出乙材料32 000千克，其中：生产产品领用30 000千克，车间一般消耗领用2 000千克。

6. 25日，发出乙材料6 000千克，均为生产产品所用。

7. 月末，计算1月份材料成本差异率及发出材料应分摊的成本差异，并予以结转。

要求：

（1）根据以上经济业务，编制会计分录。

（2）采用"数量金额式"账页登记乙材料明细账，采用"三栏式"账页登记"材料成本差异——乙材料"明细账。

（三）某企业对生产工具及管理用具采用实际成本计价核算，1月份有关经济业务如下：

1. 基本生产车间领用生产工具一批，实际成本1 900元，一次摊销其价值。

2. 厂部管理部门领用管理用具一批，实际成本 3 200 元，按五五摊销法摊销其价值。

3. 本月厂部管理部门报废低值易耗品一批，实际成本 3 000 元。（已经按五五摊销法摊销 50%），现摊销剩余 50%，并结转全部摊销额。收回残料验收入库，作价 150 元。

要求：

根据以上经济业务，编制会计分录。

（四）某企业采用实际成本核算包装物，并采用一次摊销法对出租包装物进行摊销，发生有关经济业务如下：

1. 生产车间领用包装物一批，实际成本 120 000 元。

2. 出租库存未用包装物 300 件，每件单位成本 80 元，租期 5 个月，每月每件租金 20 元（不含税），本月收取租金 6 000 元及增值税 1020 元，收取押金 30 000 元，款项均存入银行。

3. 租用期满，收回包装物 200 件，退回押金 20 000 元，其余 100 件未能收回，没收其余押金。

4. 销售过程领用随同产品出售包装物一批，实际成本 8 500 元，此项包装物不单独计价。

5. 销售过程领用随同产品出售单独计价的包装物一批，售价 2 000 元，增值说 340 元，款项已收存银行，包装物实际成本 1 600 元。

要求：

根据以上资料，编制会计分录。

（五）某企业为增值税一般纳税人，发出甲材料委托乙企业加工材料一批（属于应税消费品）。消费税税率为 10%，增值税税率为 17%。发出原材料成本为 300 000 元，应支付的加工费为 18 000 元（不含增值税），甲材料加工完毕验收入库，加工费用等尚未支付，加工收回的材料用于连续生产应税消费品。

要求：

根据上述资料，编制发出材料、加工过程、收回材料的会计分录。

（六）某企业对存货进行清查，清查结果及批准处理情况如下：

1. 发现盘盈甲材料 100 千克，实际单位成本 30 元。

2. 发现盘亏乙材料 400 千克，实际单位成本 15 元，增值税率 17%。

3. 损毁 A 产品 200 件，每件实际成本 400 元，其应负担的增值税额为 5 100 元。

4. 上述盘盈、盘亏材料原因已查明，其中：甲材料盘盈是收发计量差错造成；乙材料短缺是企业管理不善造成的；A 产品毁损是意外事故造成的，其残料回收作价 500 元，可获保险公司赔偿 12 000 元。经批准，对上述清查结果做出处理。

要求：

根据上述资料，编制会计分录。

（七）某企业对期末存货采用“成本与可变现净值孰低法”计价。2008 年年末，存货实际成本 680 000 元，可变现净值 630 000 元；2009 年年末，存货成本 720 000 元，可变现净值 700 000 元；2010 年 2 月结转本月出售的 A 产品已提跌价准备 5000 元。

要求：

根据上述资料，编制会计分录。

案例分析

某市地税稽查局在2009年税收大检查中，发现某单位2008年上半年和下半年对存货成本采用了不同的计价方法。上半年产成品的存货成本采用先进先出法，销售实现后，按账面存货成本结转产品销售成本。但是从2008年7月开始，在未经税务机关批准的情况下，该厂擅自改变存货计价方法而采用了加权平均法，致使2008年产品销售成本上升了将近4 000 000元，企业该年度的应纳税所得额也相应减少了4 000 000元，少缴企业所得税1 320 000元。

试利用会计和税法知识，分析该厂存货核算所存在的问题。

项目五　固定资产及其他资产核算岗位实务

任务引入

固定资产是企业赖以生产经营的物质基础，是企业产生效益的源泉；无形资产和其他资产也都属于企业的长期资产。与存货等资产比较，固定资产、无形资产的会计核算会有什么特点呢？通过本章的学习，你会找到相应的答案。

学习目标

1. 理解固定资产的概念和特征
2. 掌握固定资产取得的核算
3. 掌握固定资产折旧的核算
4. 掌握固定资产处置的核算
5. 了解无形资产及其他资产的内容

模块一　固定资产核算岗位实务

学习任务（一）　了解固定资产的基本知识

问题一　什么是固定资产？

固定资产是指同时具有下列特征的有形资产：①为生产商品、提供劳务、出租或经营管理而持有的；②使用寿命超过一个会计年度。房屋及建筑物、机器设备、运输设备、工具和器具等都属于企业的固定资产。

固定资产作为一种有形的长期资产，与存货等流动资产相比，具有以下两个特征：

第一，企业持有固定资产的目的，是为了生产商品、提供劳务、出租或经营管理的需要。这就意味着，企业持有的固定资产是企业的生产工具或手段，而不像存货一样是为了对外出售或被生产所耗用。

第二，固定资产使用寿命超过一个会计年度。因此，固定资产属于长期资产，能够连续参加若干个生产经营过程，可供企业长期使用，虽然其价值要随着实物的磨损而逐渐减少，但是其实物形态能保持基本不变，这一点与存货的本质不同。

问题二 固定资产有哪些分类？

企业的固定资产种类繁多，在实际工作中为了满足固定资产日常管理和会计核算的需要，可以按不同的标准予以分类。

（一）按经济用途分类

固定资产按照经济用途可分为生产经营用固定资产和非生产经营用固定资产两类。

1. 生产经营用固定资产

生产经营用固定资产，是指直接服务于企业生产、经营过程的固定资产，包括：生产经营用房屋、建筑物、机器设备、运输设备、工具和器具等。

2. 非生产经营用固定资产

非生产经营用固定资产，是指不直接服务于生产经营过程的固定资产，如职工宿舍、食堂、浴室等公共福利、文化娱乐、卫生保健等方面的房屋建筑物、设备和器具等。

按照固定资产的经济用途分类，可以归类反映和监督企业生产经营用固定资产和非生产经营用固定资产之间，以及生产经营用各类固定资产之间的组成和变化情况，借以考核和分析企业固定资产的利用情况，促使企业合理地配备固定资产，充分发挥其效用。

（二）综合分类

固定资产按经济用途和使用情况进行综合分类，可以分为：

（1）生产经营用固定资产。

（2）非生产经营用固定资产。

（3）租出固定资产。租出固定资产，是指在经营性租赁方式下，租给其他单位并收取租金的固定资产。

（4）未使用固定资产。未使用固定资产，是指已经完工或已购入的尚未交付使用或待安装的固定资产；因改建、扩建等原因暂停使用的固定资产；经批准停止使用的固定资产。

（5）不需用固定资产。不需用固定资产，是指不适应企业生产经营需要的、等待处理的固定资产。

（6）土地。土地，是指在1951—1956年生产资料所有制改造期间，进行清产核资时估价入账的土地。因征地而支付的补偿费，应计入与土地有关的房屋、建筑物的价值内，不单独作为土地入账。企业取得的土地使用权，应作为无形资产管理，不作为固定资产管理。

（7）融资租入固定资产。融资租入固定资产，是指企业以融资租赁方式租入的固定资产，在租赁期内，应视同自有固定资产进行管理。

由于企业的经营性质不同，经营规模各异，对固定资产的分类不可能完全一致。但在实际工作中，企业大多采用综合分类的方法作为编制固定资产目录进行固定资产核算的依据。

学习任务（二）　掌握固定资产取得的核算

问题一　固定资产核算应设置哪些科目?

为核算固定资产相关业务，企业需要设置“固定资产”、“累计折旧”、“在建工程”、“工程物资”和“固定资产清理”等科目。

（一）“固定资产”科目

该科目属于资产类科目，用来核算固定资产的原始价值。借方登记企业增加的固定资产原价，贷方登记企业减少的固定资产原价，期末借方余额，反映企业现有固定资产的账面原价。企业应按固定资产的类别和项目设置明细账，进行明细核算。

（二）“累计折旧”科目

该科目是“固定资产”的抵减调整科目，用来核算企业固定资产的累计折旧。贷方登记计提的固定资产折旧额，借方登记处置固定资产而转出的累计折旧额，期末贷方余额，反映固定资产的累计折旧额。

（三）“在建工程”科目

该科目属于资产类科目，用来核算企业基本建设、更新改造和大修理等工程所发生的实际支出。借方登记在建工程发生的各项支出，贷方登记完工工程结转的实际成本，期末借方余额，反映尚未完工的在建工程成本。

（四）“工程物资”科目

该科目属于资产类科目，用以核算企业为在建工程而准备的各种物资的实际成本。借方登记企业购入工程物资的成本，贷方登记领用工程物资的成本，期末借方余额，反映库存工程物资的实际成本。

（五）“固定资产清理”科目

该科目属于资产类科目，用来核算企业因出售、对外投资、报废和毁损等原因而转出的固定资产净值及其在清理过程中所发生的清理费用和清理收入。借方登记转出的固定资产净值、清理过程中应支付的相关税费以及结转的清理净收益，贷方登记出售固定资产的价款、残料收入以及结转的清理净损失。期末借方余额，反映尚未清理完毕的固定资产的清理损失；期末贷方余额，反映尚未清理完毕的固定资产的清理收益。

企业的固定资产因取得方式不同。其价值构成不尽相同。在会计实务中，不同渠道取得的固定资产，其账务处理也有所差异。

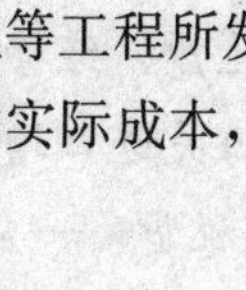

问题二　取得固定资产如何核算?

（一）外购固定资产的核算

1. 外购固定资产的入账价值

企业外购固定资产，应按实际支付的购买价款、运杂费、相关税金以及达到预定可使用状态前发生的包装费、安装费和专业人员的服务费等，作为固定资产的取得成本。

外购固定资产是否达到预定可使用状态，需要根据具体情况进行分析判断。如果购入不需要安装的固定资产，购入后即可发挥作用，因此，购入后即已经达到预定可使用状态。如果购入需要安装的固定资产，在安装调试达到设计要求或合同规定的标准，该固定资产可以发挥作用时，才能确认达到预定可使用状态。

2. 外购固定资产的核算

（1）购入不需要安装的固定资产

企业购入不需要安装的固定资产时，应借记“固定资产”、“应交税费——应交增值税”、贷记“银行存款”等科目。

相关链接

固定资产进项税额账务处理的规定

根据财税【2008】170号文件规定：自2009年1月1日起，增值税一般纳税人购进、接受捐赠、接受实物投资或者自制的（包括改扩建、安装）机器、机械、运输工具以及其他与生产、经营有关的设备、工具、器具等固定资产发生的进项税额，可凭增值税专用发票、海关进口增值税专用缴款书和运输费用发票从销项税额中抵扣，其进项税额应当计入“应交税费——应交增值税（进项税额）”科目，但房屋、建筑物等不动产以及纳税人自用的应纳消费税的摩托车、汽车、游艇，其进项税额不得从销项税额中抵扣。

【例5-1】 宏利公司购入一台不需要安装的生产设备，买价100 000元，增值税17 000元，发生运费3 000元（取得抵扣联）、包装费230元、装卸费170元，款项以银行存款支付。

借：固定资产	103 190	
应交税费——应交增值税（进项税额）	17 210	
贷：银行存款		120 400

本列中，购入生产设备的运费允许按7%的扣除率计算进项税额，但包装费、装卸费和保险费等其他杂费不允许按7%的扣除率计算进项税额。

（2）购入需要安装的固定资产

当企业购入需要安装的固定资产时，由于在安装过程中要发生各种安装成本，所以，要将购入固定资产时发生的实际支出和安装中发生的安装成本，先计入“在建工程”科目的借方，待设备安装调试完成并交付使用时，再由“在建工程”科目的贷方转入“固定资产”科目的借方。

【例5-2】 宏利公司购入一台需要安装的生产设备，设备买价200 000元，增值税34 000元，支付运费1 800元（取得抵扣联）、保险费200元，设备在安装调试过程中发生安装调试费用 1 800 元。上述款项均以银行存款支付。

(1) 设备购进时：

借：在建工程——设备安装工程　　　201 874[200 000＋1 800×(1－7%)＋200]

　应交税费——应交增值税（进项税额）

　　　　　　　　　　　　　　　　　34 126(34 000＋1 800×7%)

　贷：银行存款　　　　　　　　　　236 000

(2) 发生安装费用时：

借：在建工程——设备安装工程　　　1 800

　贷：银行存款　　　　　　　　　　1 800

(3) 设备安装调试完毕，交付使用时：

借：固定资产——生产经营用固定资产（机器设备）　203 674 (201 874＋1 800)

　贷：在建工程——设备安装工程　　203 674

（二）自行建造固定资产的核算

固定资产准则规定："自行建造固定资产的成本，由建造该项资产达到预定可使用状态前所发生的必要支出构成，包括工程用物资成本、人工成本、交纳的相关税费、应予资本化的借款费用以及应分摊的间接费用等。"

企业自行建造固定资产有自营建造和出包建造两种方式。不论哪种方式，都应通过"在建工程"科目核算，工程完工交付使用时，再将其实际成本转入"固定资产"科目。

1. 自营工程

自营工程，是指企业自行组织工程物资采购、自行组织施工人员施工的建筑工程和安装工程。购入工程物资时，借记："工程物资"科目，贷记"银行存款"等科目；领用工程物资时，按工程物资的实际成本，借记"在建工程——建筑工程（或安装工程）"科目，贷记"工程物资"科目；工程领用本企业材料时，按材料的实际成本加上不能抵扣的进项税额，借记"在建工程——建筑工程（或安装工程）"科目，贷记"原材料"、"应交税费——应交增值税（进项税额转出）"科目；工程领用本企业生产的商品时，按商品的实际成本加上相关税金，借记"在建工程——建筑工程"科目，贷记"库存商品"、"应交税费——应交增值税（销项税额）"科目；工程应负担的职工工资及福利费，借记"在建工程（或安装工程）"科目，贷记"应付职工薪酬"科目。

【例 5-3】　宏利公司自行建造生产用房屋一栋，购入为工程准备的各种物资 200 000 元，支付的增值税为 34 000 元，款项以银行存款支付。工程开工后，领用工程物资成本 234 000 元，另领用企业库存的原材料一批，实际成本为 50 000 元，增值税率为 17%；工程人员应计工资 60 000 元，企业辅助车间为工程提供有关劳务支出 8 000 元。工程完工并达到预定可使用状态。

(1) 购入为工程准备的物资：

借：工程物资　　　　　　　　　　234 000

　贷：银行存款　　　　　　　　　234 000

(2) 领用工程物资时：

借：在建工程——建筑工程　　234 000

　贷：工程物资　　234 000

(3) 领用原材料时：

借：在建工程——建筑工程　　58 500

　贷：原材料　　50 000

　　　应交税费——应交增值税（进项税额转出）　　8 500

(4) 结转应付工程人员工资时：

借：在建工程——建筑工程　　60 000

　贷：应付职工薪酬　　60 000

(5) 转出辅助车间为工程提供有关劳务支出时：

借：在建工程——建筑工程　　8 000

　贷：辅助生产成本　　8 000

(6) 工程完工，结转工程成本时：

借：固定资产——生产经营用固定资产　　360 500

　贷：在建工程——建筑工程　　360 500

小贴士

购入工程物资因是用于建造房屋，其进项税额不予抵扣而计入工程物资成本。

2. 出包工程

出包工程，是指企业通过招标等方式将工程项目发包给建造承包商，由建造承包商组织施工的建筑工程和安装工程。

采用出包方式建造固定资产，企业要与建造企业签订建造合同，由承包方负责建造过程。出包企业会计核算的内容主要是与承包商之间工程款项的结算和清算。企业支付给建造承包商的工程价款作为工程成本，通过“在建工程”科目核算；工程完工达到预定可使用状态时，按实际发生的全部支出，借记“固定资产”科目，贷记“在建工程”科目。

【例 5－4】 宏利公司采用出包方式建造厂房一幢。按合同规定，工程造价为1 800 000元，工程开始时，预付工程款项的30%，其余70%在工程完工时根据工程决算予以补付。工程完工后验收交付使用。

(1) 预付工程款时：

借：在建工程——建筑工程　　540 000（1 800 000×30%）

　贷：银行存款　　540 000

(2) 支付剩余工程款时：

借：在建工程——建筑工程　　1 260 000

贷：银行存款　　　　　　　　　　　　　　　　1 260 000

（3）工程完工验收并达到预定可使用状态，结转工程成本时：

借：固定资产　　　　　　　　　　　　　　1 800 000

贷：在建工程——建筑工程　　　　　　　　　　1 800 000

学习任务（三）　掌握固定资产的折旧方法

问题一　什么是固定资产折旧？

固定资产折旧是指固定资产由于损耗而减少的价值。固定资产的损耗分为有形损耗与无形损耗两种。有形损耗是指固定资产由于使用和自然力的影响所导致的使用价值和价值的损失；无形损耗是指由于科技进步以及劳动生产率的提高而引起的价值损失。固定资产的折旧过程，就是固定资产价值的转移过程，这种价值转移是企业的生产经营活动引起的。因此，折旧的本质是费用，是固定资产的使用成本。在会计核算中依据配比原则，将固定资产的折旧分期计入各期的成本费用，并从各期营业收入中逐步得到补偿，从而也为将来重置固定资产准备了资金来源。

问题二　计提固定资产折旧有何规定？

我国企业会计准则规定，企业拥有和控制的固定资产除下列情况外，都应计提折旧：

（1）已经提足折旧仍然继续使用的固定资产。

（2）按规定单独估价作为固定资产入账的土地。

在确定计提折旧的范围时，还应注意以下三个方面：

第一，固定资产应当按月计提折旧。当月增加的固定资产，当月不提折旧，从下月开始计提；当月减少的固定资产，当月照提折旧，下月起不再计提。

第二，已达到预定可使用状态但尚未办理竣工决算的固定资产，应当按照估计价值确定成本，并计提折旧。待办理竣工决算后，再按实际成本调整原来的暂估价值，但不需要调整原已计提的折旧额。

第三，固定资产提足折旧后，不论是否继续使用，均不再计提折旧；提前报废的固定资产，也不再补提折旧。所谓提足折旧，是指已经提足该项固定资产的应计折旧额。

问题三　计提固定资产折旧应考虑哪些因素？

影响折旧的因素主要有以下几个方面：

（1）固定资产原价，是指固定资产的取得成本。

（2）预计净残值，是指预计残值收入减去预计清理费用后的余额。

（3）固定资产预计使用年限（折旧年限），是指固定资产预计使用寿命。

（4）固定资产减值准备，是指固定资产已计提的减值准备累计数。

问题四　固定资产折旧的计算方法有哪些？

（一）平均年限法

平均年限法是按照固定资产的预计使用年限平均计提折旧的方法，有关计算公式如下：

年折旧率＝（1－预计净残值率）÷预计使用年限×100％

月折旧率＝年折旧率÷12

月折旧额＝应计提折旧固定资产原价×月折旧率

【例5-5】　宏利公司拥有某项设备，原始价值为600 000元，预计可使用10年，按有关规定，该设备报废时的预计净残值率为3％，采用平均年限法计算该项固定资产的折旧额。

该项设备的年折旧率＝（1－3％）÷10×100％＝9.7％

该项设备的月折旧率＝9.7％÷12＝0.81％

该项设备的月折旧额＝600 000×0.81％＝4 860（元）

小贴士

平均年限法的特点是将固定资产的应计提折旧额均衡地分摊到预计使用年限内，每期的折旧额是相等的。

（二）工作量法

工作量法是按照固定资产折旧年限内预计完成的工作总量平均计提折旧的方法，有关计算公式如下：

单位工作量折旧额＝固定资产原值×（1－预计净残值率）÷预计总工作量

某项固定资产月折旧额＝该项固定资产当月工作量×单位工作量折旧额

【例5-6】　宏利公司拥有一辆运货卡车，其原始价值为240 000元，预计总行驶里程为300 000公里，按有关规定，该卡车报废时的预计净残值率为4％。2009年11月，该卡车的实际行驶里程为3 000公里。该卡车的单位里程折旧额和该月折旧额计算如下：

单位里程折旧额＝240 000×（1－4％）÷300 000＝0.768（元/公里）

卡车本月折旧额＝3 000×0.768＝2 304（元）

（三）双倍余额递减法

双倍余额递减法是在不考虑净残值的情况下，按期初固定资产净值和双倍直线折旧率（即年折旧率）计算固定资产折旧的方法，有关计算公式如下：

年折旧率＝2÷预计使用年限×100％

年折旧额＝固定资产年初账面净值×年折旧率

月折旧额＝年折旧额÷12

小贴士

特别提示：采用双倍余额递减法计提折旧的固定资产，一般应在折旧年限到期前两年内改按平均年限法计提折旧。

【例 5-7】　宏利公司一项固定资产的原价为 150 000 元，预计使用 5 年，预计净残值 2 000 元，采用双倍余额递减法计提折旧。每年折旧额的计算结果如表 5-1 所示。

年折旧率＝2÷5×100％＝40％

第一年应提的折旧＝150 000×40％＝60 000（元）

第二年应提的折旧＝（150 000－60 000）×40％＝36 000（元）

第三年应提的折旧＝（150 000－60 000－36 000）×40％＝21 600（元）

第四、第五年应提的折旧＝（150 000－60 000－36 000－21 600－2 000）÷2＝15 200（元）

表 5-1　　**固定资产折旧计算表**　　单位：元

年次	期初净值	折旧率	年折旧额	累计折旧额	期末净值
1	150 000	40％	60 000	60 000	90 000
2	90 000	40％	36 000	96 000	54 000
3	54 000	40％	21 600	117 600	32 400
4	32 400	—	15 200	132 800	17 200
5	17 200	—	15 200	148 000	2 000

（四）年数总和法

年数总和法是将固定资产的原值减去净残值后的净额乘以一个逐年递减的分数（即年折旧率）计算每年折旧额的方法，有关计算公式如下：

年折旧率＝［（预计使用年限－已使用年限）÷预计使用年数总和］×100％

或者：

年折旧率＝尚可使用年限÷预计使用年数总和×100％

年折旧额＝（固定资产原值－预计净残值）×年折旧率

【例 5-8】　承【例 5-7】资料，假设采用年数总和法，计算的各年折旧额如表5-2所示。

表 5-2　　**固定资产折旧计算表**　　单位：元

年份	原值－净残值	尚可使用年数	年折旧率	年折旧额	累计折旧	期末净值
1	148 000	5	5/15	49 333	49 333	100 667

续 表

年份	原值－净残值	尚可使用年数	年折旧率	年折旧额	累计折旧	期末净值
2	148 000	4	4/15	39 467	88 800	61 200
3	148 000	3	3/15	29 600	118 400	31 600
4	148 000	2	2/15	19 733	138 133	11 867
5	148 000	1	1/15	9 867	148 000	2 000

说明：本例中年折旧额的计算精确到“元”位，“元”位以下四舍五入。

小思考

平均年限法、工作量法、双倍余额递减法、年数总和法四种折旧计算方法各自的特点是什么？

问题五　固定资产折旧如何核算？

企业计提的折旧，应根据用途借记有关成本费用科目，贷记“累计折旧”科目。其中，基本生产车间使用的固定资产折旧借记“制造费用”科目；辅助生产车间使用的固定资产折旧借记“辅助生产成本”科目；公司（厂部）管理部门使用的固定资产折旧借记“管理费用”科目；销售部门使用的固定资产折旧借记“销售费用”科目。

【例 5－9】　假设宏利公司 9 月份的固定资产折旧计算如表 5－3 所示。

表 5－3　　固定资产折旧计算表　　单位：元

<table>
<tr><th rowspan="2">使用部门</th><th rowspan="2">资产项目</th><th rowspan="2">上月折旧额</th><th colspan="2">上月增加的固定资产</th><th colspan="2">上月减少的固定资产</th><th rowspan="2">本月折旧额</th><th rowspan="2">分配费用</th></tr>
<tr><th>原价</th><th>折旧</th><th>原价</th><th>折旧</th></tr>
<tr><td rowspan="3">一车间</td><td>厂房</td><td>6 000</td><td></td><td></td><td></td><td></td><td>6 000</td><td rowspan="9">制造费用</td></tr>
<tr><td>机器设备</td><td>8 000</td><td>50 000</td><td>300</td><td></td><td></td><td>8 300</td></tr>
<tr><td>小计</td><td>14 000</td><td>50 000</td><td>300</td><td></td><td></td><td>14 300</td></tr>
<tr><td rowspan="3">二车间</td><td>厂房</td><td>5 000</td><td></td><td></td><td></td><td></td><td>5 000</td></tr>
<tr><td>机器设备</td><td>10 000</td><td></td><td></td><td></td><td></td><td>10 000</td></tr>
<tr><td>小计</td><td>15 000</td><td></td><td></td><td></td><td></td><td>15 000</td></tr>
<tr><td rowspan="3">三车间</td><td>厂房</td><td>3 500</td><td></td><td></td><td></td><td></td><td>3 500</td></tr>
<tr><td>机器设备</td><td>12 000</td><td></td><td></td><td>20 000</td><td>800</td><td>11 200</td></tr>
<tr><td>小计</td><td>15 500</td><td></td><td></td><td>20 000</td><td>800</td><td>14 700</td></tr>
</table>

续 表

使用部门	资产项目	上月折旧额	上月增加的固定资产		上月减少的固定资产		本月折旧额	分配费用
			原价	折旧	原价	折旧		
厂部管理部门	房屋建筑	2 800					2 800	管理费用
	运输工具	4 200					4 200	
	小计	7 000					7 000	
合计		51 500	50 000	300	20 000	800	51 000	

说明：会计实务中，企业通常是按下列公式确定当月应计提折旧额：

当月应计提的折旧额＝上月计提的折旧额＋上月增加的固定资产应计提折旧额－上月减少固定资产应计提折旧额

宏利公司9月份的“固定资产折旧计算表”就是按上述公式编制出来的。根据该表所提供的资料，编制会计分录如下：

借：制造费用——一车间（折旧费） 14 300
　　　　　　——二车间（折旧费） 15 000
　　　　　　——三车间（折旧费） 14 700
　　管理费用——折旧费 7 000
　贷：累计折旧 51 000

学习任务（四） 了解固定资产的后续支出

问题一 什么是固定资产的后续支出？

固定资产的后续支出是指固定资产使用过程中发生的更新改造支出、修理费用等，分为资本化后续支出和费用化后续支出。

问题二 固定资产后续支出应如何核算？

（一）固定资产后续支出的处理原则

按照现行企业会计准则的规定，企业与固定资产有关的更新改造等后续支出，符合固定资产确认条件的，应当计入固定资产的成本，同时将替换部分的账面价值扣除；与固定资产有关的修理费等后续支出，不符合固定资产确认条件的，应当计入当期损益。

（二）固定资产后续支出的核算

1. 资本化后续支出的核算

资本化后续支出主要是指企业的更新改造支出，需符合固定资产的确认条件，应通过“在建工程”科目核算，其核算原理与前述“自营工程”基本相同。

2. 费用化后续支出的核算

企业发生固定资产日常维修费等费用化后续支出时，应当计入当期管理费用、制造费用或销售费用。

【例 5-10】 宏利公司对生产车间的专用设备进行日常修理，用银行存款支付专业维修服务费 3 000 元。宏利公司会计处理如下：

借：制造费用　　3 000

　贷：银行存款　　3 000

学习任务（五）　掌握固定资产处置的核算

问题一　固定资产处置包括哪些内容？

固定资产的处置包括固定资产的出售、报废、毁损、对外投资、非货币性资产交换、债务重组等。

问题二　固定资产处置业务应如何进行核算？

企业因出售、报废、毁损、对外投资、非货币性资产交换、债务重组等业务而转出的固定资产，应通过“固定资产清理”科目进行核算，具体包括以下几个环节：

（一）固定资产转入清理

企业因出售、报废、毁损、对外投资、非货币性资产交换、债务重组等业务而转出的固定资产，应按固定资产的净值，借记“固定资产清理”科目；按已提的折旧，借记“累计折旧”科目；按固定资产原值，贷记“固定资产”科目。

（二）发生清理费用等

对于固定资产清理过程中发生的清理费用以及应交的税金，应借记“固定资产清理”科目，贷记“银行存款”、“应交税费”等科目。

（三）收回出售固定资产的价款、残料的变价收入等

企业出售固定资产所得的价款、报废固定资产的残料收入等，应借记“银行存款”、“原材料”等科目，贷记“固定资产清理”科目。

（四）保险赔偿等

应由保险公司或过失人赔偿的损失，借记“其他应收款”科目，贷记“固定资产清理”科目。

（五）结转清理净损益

固定资产清理净损益，是指固定资产清理收入扣减被清理固定资产的净值及其发生的清理费用和应交税金之后的净额，正数净额为净收益，负数净额为净损失。

固定资产清理完成后，对于清理净收益，应借记“固定资产清理”科目，贷记“营业外收入”科目；对于清理净损失则应借记“营业外支出”科目，贷记“固定资产清理”

科目。

【例5-11】　宏利公司报废设备一台，原值300 000元，已提折旧240 000元，在清理过程中，以现金支付清理费用1 000元，残料变卖收入1 800元，已存入银行。

(1) 转入清理时：

借：固定资产清理　　60 000
　　累计折旧　　240 000
　贷：固定资产　　300 000

(2) 支付清理费用时：

借：固定资产清理　　1 000
　贷：库存现金　　1 000

(3) 收到变价收入时：

借：银行存款　　1 800
　贷：固定资产清理　　1 800

(4) 结转净损失时：

借：营业外支出——处置固定资产净损失　　59 200
　贷：固定资产清理　　59 200

本例中，清理净损失为：1 800－(60 000＋1 000)＝－59 200(元)

【例5-12】　宏利公司因遭受地震而毁损一座厂房，该厂房原价3 600 000元，已计提折旧2 600 000元，未计提减值准备。其残料已入库，估计价值36 000元。发生的清理费用23 000元，以银行存款支付。应由保险公司赔偿损失600 000元，尚未收到赔偿款。

(1) 将毁损的厂房转入清理时：

借：固定资产清理　　1 000 000
　　累计折旧　　2 600 000
　贷：固定资产　　3 600 000

(2) 支付清理费用时：

借：固定资产清理　　23 000
　贷：银行存款　　23 000

(3) 材料入库时：

借：原材料　　36 000
　贷：固定资产清理　　36 000

(4) 确定应由保险公司理赔的损失时：

借：其他应收款　　600 000
　贷：固定资产清理　　600 000

(5) 结转净损失时：

借：营业外支出——非常损失　　387 000

贷：固定资产清理　　　　　　　　　　　　　　387 000

本例中，清理净损失为：(36 000＋600 000) －（1 000 000＋23 000）＝－387 000（元）

【例 5－13】 宏利公司出售一座仓库，原价为 2 000 000 元，已计提折旧 1 000 000 元，未计提减值准备，实际出售价格为 1 200 000 元，已通过银行收回价款，适用的营业税率为 5%。

(1) 将出售固定资产转入清理：

借：固定资产清理　　　　　　　　　　1 000 000

　　累计折旧　　　　　　　　　　　　1 000 000

　贷：固定资产　　　　　　　　　　　　　　2 000 000

(2) 收到出售价款时：

借：银行存款　　　　　　　　　　　　1 200 000

　贷：固定资产清理　　　　　　　　　　　　1 200 000

(3) 计算出售该固定资产应交营业税为 60 000（1 200 000×5%）元：

借：固定资产清理　　　　　　　　　　60 000

　贷：应交税费——应交营业税　　　　　　　　60 000

(4) 结转出售固定资产实现的收益：

借：固定资产清理　　　　　　　　　　140 000

　贷：营业外收入——非流动资产处置利得　　　140 000

本例中，清理净收益为：1 200 000－（1 000 000＋60 000）＝140 000（元）

学习任务（六）　掌握固定资产清查的核算

在固定资产的使用过程中，由于客观或人为的原因，会出现固定资产的账实不符。为了保证企业固定资产的安全完整，应定期或不定期地对固定资产进行清查。

问题一　固定资产清查如何进行？

企业于每年编制年度财务报告前，应当对固定资产进行全面的清查，平时可根据需要进行局部的清查。

固定资产的清查方法一般采用实地盘点法，财会人员与固定资产管理人员在实物所在处逐一清点核对，即进行账实核对。对于清查过程中发现的盘盈、盘亏的固定资产，应编制“固定资产盘盈、盘亏报告表”，据以调整固定资产的账面记录，及时查明原因，按规定程序报批处理。

问题二　固定资产清查的结果应如何核算?

(一) 固定资产盘盈

企业在财产清查中盘盈的固定资产，应作为前期差错处理，在按管理权限报经批准处理前，应先通过“以前年度损益调整”账户进行核算。

盘盈的固定资产，应按重置成本确定其人账价值，借记“固定资产”科目，贷记“以前年度损益调整”科目。审批之后，按盘盈的固定资产的净值，借记“以前年度损益调整”科目，贷记“应交税费——应交所得税”、“盈余公积”、“利润分配——未分配利润”等科目。

【例5-14】 宏利公司在财产清查中发现盘盈设备一台，其重置成本为100 000元，假定宏利公司适用的所得税率为25%，按净利润的10%计提法定盈余公积。

(1) 盘盈固定资产时：

借：固定资产　　100 000

　贷：以前年度损益调整　　100 000

(2) 确定应交纳的所得税时：

借：以前年度损益调整　　25 000

　贷：应交税费——应交所得税　　25 000

(3) 结转为留存收益时：

借：以前年度损益调整　　75 000

　贷：盈余公积——法定盈余公积　　7 500 [(100 000－25 000)×10%]

　　利润分配——未分配利润　　67 500

(二) 固定资产盘亏

企业在财产清查中盘亏的固定资产，按盘亏固定资产的净值，借记“待处理财产损溢——待处理固定资产损溢”科目；按已计提的累计折旧，借记“累计折旧”科目，按已计提的减值准备，借记“固定资产减值准备”科目；按固定资产的原价，贷记“固定资产”科目。已查明原因处理时，按可收回的保险赔款或过失人赔偿金额，借记“其他应收款”科目，按应计入营业外支出的金额，借记“营业外支出——盘亏损失”科目，贷记“待处理财产损溢——待处理固定资产损溢”科目。

【例5-15】 宏利公司在财产清查中发现盘亏一台设备，原价为20 000元，已提折旧160 000元，宏利公司会计处理如下：

(1) 盘亏固定资产时：

借：待处理财产损溢——待处理固定资产损溢　　40 000

　　累计折旧　　160 000

　贷：固定资产　　200 000

(2) 报经批准转销时：

借：营业外支出——盘亏损失　　40 000

　贷：待处理财产损溢——待处理固定资产损溢　　40 000

学习任务（七） 了解固定资产减值的核算

问题一 如何判断固定资产发生了减值？

我国会计准则规定，如果存在下列迹象时，表明固定资产可能发生了减值：

（1）固定资产的市价当期大幅度下跌，其跌幅明显高于因时间的推移或者正常使用而预计的下跌。

（2）企业经营所处的经济、技术或者法律等环境以及固定资产所处的市场在当期或者将在近期发生重大变化，从而对企业产生不利影响。

（3）市场利率或者其他市场投资报酬率在当期已经提高，从而影响企业计算资产预计未来现金流量现值的折现率，导致固定资产可收回金额大幅度降低。

（4）有证据表明固定资产已经陈旧过时或者其实体已经损坏。

（5）固定资产已经或者将被闲置、终止使用或者计划提前处置。

（6）企业内部报告的证据表明固定资产的经济绩效已经低于或者将低于预期，如资产所创造的净现金流量或者实现的营业利润远远低于预计金额等。

（7）其他表明固定资产可能已经发生减值的迹象。

在实际工作中，出现上述迹象，并不必然表明该固定资产发生减值，企业应在综合考虑各方面因素的基础上，作出职业判断。

问题二 固定资产减值准备如何核算？

固定资产在资产负债表日存在可能发生减值的迹象时，其可收回金额低于账面价值的，企业应当将固定资产的账面价值减记至可收回金额，减记的金额确认为减值损失，计入当期损益，同时计提相应的减值准备。

企业应设置“资产减值损失——固定资产减值损失”科目和“固定资产减值准备”科目核算计提固定资产减值准备。“固定资产减值准备”科目是“固定资产”科目的备抵科目，贷方登记计提的固定资产减值准备，借方登记出售、报废、毁损固定资产时转销的减值准备，期末贷方余额，反映企业已计提的固定资产减值准备。我国会计准则规定，固定资产减值一经确认，在以后会计期间不得转回。

【例5-16】 宏利公司2009年年末，根据减值测试结果，确认本年年初取得的一项固定资产可收回金额为12 000 000元，其账面价值为13 000 000元，固定资产可收回金额低于其账面价值1 000 000元。

借：资产减值损失——固定资产减值损失　　1 000 000

　贷：固定资产减值准备　　1 000 000

学习任务（八）　了解固定资产的明细分类核算

为了详细核算和监督固定资产的增减变动情况，企业应在做好固定资产总分类核算基础上，设置“固定资产卡片”、“固定资产登记簿”等进行固定资产的明细分类核算。而对经营租入的固定资产，应另设“固定资产备查簿”进行登记。

问题一　固定资产卡片账如何设置？

固定资产卡片是进行固定资产明细分类核算的账簿，它是按每一独立的固定资产项目为对象分别设置的。企业每新增一项固定资产都应根据有关凭证为其建立一张卡片，并按固定资产的类别和使用单位顺序排列。固定资产投资转出、出售或报废清理时，应根据有关凭证将相应的卡片注销，另行保管。卡片通常一式两份，分别由固定资产使用部门和财会部门保管，其格式如表 5－4 和表 5－5 所示。

表 5－4　　固定资产卡片（正面）

名称			停用记录						
规格型号			原因	日期	原因	日期	原因	日期	备注
制造厂商									
制造日期									
制造号码									
使用年限									
购置日期									
原值									
其中：安装费					大修记录				
净残值率						日期	凭证号	摘要	金额
折旧	年	月							
折旧额									

表 5－5　　　　　　　　　　　固定资产卡片（背面）

	名称	规格	数量			安装地址	用途	变动年月
附属物品					设备变动			
部件备品	名称	规格	数量	单价	最大外形	长	厘米	清理记录
						宽	厘米	清理日期
						高	厘米	累计折旧额
								清理费用
						总重量	公斤	变价收入
会计科长		动力设备科长				复核	登记	设卡日期

企业为防止固定资产卡片丢失，固定资产管理部门还应设置“固定资产卡片登记簿”，逐一登记卡片的开设和注销情况。

问题二　固定资产登记簿如何设置？

财会部门为了分类反映固定资产的使用、保管和增减变动情况，并控制固定资产卡片，还应设置“固定资产登记簿”，即固定资产的二级账。固定资产登记簿是按固定资产类别、使用部门和每项固定资产进行明细分类核算的。每年年初按其类别、使用部门将固定资产的年初余额计入登记簿，每月将固定资产的增减情况序时登记，只记金额，不记数量，并结出月末余额，以反映各类固定资产的使用及其增减变动和结存情况，其格式如表 5－6 所示。

表 5－6　　　　　　　　　　　固定资产登记簿

日期		摘要	凭证号	增加									减少						余额
月	日			外购	自建	投资者投入	融资租入	接受捐赠	盘盈	改扩建	其他	合计	出售	盘亏	投资转出	毁损	其他	合计	

固定资产卡片、固定资产登记簿与固定资产总分类账应定期进行核对。固定资产登记簿上各类固定资产余额的合计数必须与固定资产总分类账上的余额核对相符；固定资产卡片上的分类合计数必须与固定资产登记簿上各类固定资产的余额核对相符。这样才能保证会计记录的正确性和全面性，做到账实相符。

模块二　无形资产核算实务

学习任务（一）　了解无形资产的基本知识

无形资产属于企业的长期资产，是一种以知识形态体现的经济资源。在知识经济时代，随着科学技术的不断发展，无形资产已成为反映企业核心竞争能力的重要资源指示。因此，合理确认、准确计量无形资产，也是会计核算的重要内容。

问题一　什么是无形资产？

无形资产是指企业拥有或控制的没有实物形态的可辨认的非货币性资产。无形资产具有以下三个主要特征：

（一）不具有实物形态

无形资产是不具有实物形态的非货币性资产，它不像存货、固定资产等有形资产具有实物形体。

（二）具有可辨认性

资产满足下列条件之一的，符合无形资产定义中的可辨认性标准：

（1）能够从企业中分离或者划分出来，并能单独或者与相关合同、资产或负债一起，用于出售、转移、授予许可、租赁或者交换。

（2）源自合同性权利或者其他法定权利，无论这些权利是否可以从企业或者其他权利和义务中转移或者分离。

（三）属于非货币性资产

无形资产属于非货币性资产且能在多个会计期间为企业带来经济利益。无形资产的使用年限在1年以上，其价值将在各个收益期间逐渐摊销。

问题二　无形资产包括哪些具体内容？

无形资产主要包括专利权、非专利技术、商标权、著作权、特许权和土地使用权等。

（一）专利权

专利权是指国家法律赋予专利发明者或者权利受让人对其发明成果在一定年限内所享有的独占权或专有权，包括发明专利权、实用新型专利权和外观设计专利权。专利权受法律保护。我国《专利法》规定了各类专利的保护年限，发明专利的保护期限为20年，实用新型专利和外观设计专利的保护期限为10年。

（二）非专利技术

非专利技术又称专有技术、技术秘密，是指未公开、未申请专利的知识和诀窍，主要包括：工业专有技术、商业（贸易）专有技术和管理专有技术。非专利技术与专利技术有很大的区别：首先，非专利技术具有保密性，而专利技术则是在专利法规定范围内公开的；其次，专利技术有明确的法律保护期限，非专利技术没有法律保护期限，只要能够保密下去，企业就可以长期占有其利益。

（三）商标权

商标是商品的标记，是商品生产者或经营者为了把自己的商品与他人的同类商品区别开来，在商品上使用的一种特殊标记。这种标记一般是由文字、图案或两者组合而成。商标权是商标注册后，商标所有者依法享受的权益，包括排他专用权（或独占权）、转让权、许可使用权、继承权等。商标权和专利权都属于知识产权中的工业产权，它和专利权一样需要经过申请、审批、核准、公告等法定程序才能获得。商标不能成为无形资产，只有商标权才构成无形资产。我国法律规定商标的有效期限为10年，到期可以申请续展。

（四）著作权

著作权也称版权，是指著作人对其文学、艺术、科学等作品所享有的专有权。著作权包括人身权和财产权两种不同的民事权利，其中人身权主要包括发表权、署名权、修改权以及保护作品完整权。而财产权主要指使用权和获得报酬权等。

（五）特许权

特许权又称特许经营权和专营权，是指企业在某一地区经营或销售某种特定商品的权利或是一家企业接受另一家企业使用其商标、商号、技术秘密等的权利。前者一般是指政府机关授权、准许企业使用或在某一地区享有经营某种业务的特权，如水、电、邮电通信等专营权、烟草专卖权等；后者指企业间依照签订的合同，有期限或无期限使用另一家企业的某些权利，如商业连锁店的分店使用总店名称等。

（六）土地使用权

土地使用权是指企业经国家土地管理机关批准享有的在一定期间内对国有土地进行开发、利用和经营的权利。我国实行的是国有土地所有权与使用权相分离的制度。企业通过向国家支付土地出让金获得土地使用权，而不拥有土地所有权。

学习任务（二）　掌握无形资产的核算

问题一　无形资产核算应设置哪些科目？

为了核算无形资产的取得、摊销和处置等情况，企业应当设置“无形资产”、“累计摊销”等科目。

（一）“无形资产”科目

“无形资产”科目核算企业持有的无形资产成本，借方登记取得的无形资产的成本；贷方登记处置转出的无形资产的成本；期末借方余额反映企业无形资产的成本。该科目应按无形资产的具体内容设置明细科目进行明细分类核算。

（二）“累计摊销”科目

“累计摊销”科目属于“无形资产”的调整科目，用以核算企业使用寿命有限的无形资产计提的累计摊销，贷方登记企业计提的无形资产摊销，借方登记处置无形资产转出的累计摊销，期末贷方余额，反映无形资产的累计摊销额。

问题二　取得无形资产应如何核算？

无形资产应当按照成本进行初始计量。企业取得无形资产的主要方式有外购、自行研发、投资者投入等。取得的方式不同，其账务处理也有所差别。

（一）外购无形资产

企业外购的无形资产，其成本包括购买价款、相关税费以及直接归属于使该资产达到预定用途所发生的其他支出。

【例5-17】　宏利公司以银行存款购入一项非专利技术，支付买价及相关费用435 000元。

借：无形资产——非专利技术　　　　435 000

　贷：银行存款　　　　　　　　　　　　435 000

（二）自行研发的无形资产

企业自行研发无形资产发生的研发支出，应区分研究阶段和开发阶段进行不同的账务处理。属于研究阶段发生的支出不构成无形资产的入账价值，应当于发生时作为费用计入当期损益，借记“研发支出——费用化支出”科目，贷记“银行存款”、“应付职工薪酬”、“原材料”等科目。属于开发阶段发生的支出，不能满足资本化条件的，其账务处理与研究阶段支出的账务处理相同。若开发阶段发生的支出，满足资本化条件的应予以资本化，借记“研发支出——资本化支出”科目，贷记“银行存款”、“应付职工薪酬”、“原材料”等科目。当无形资产研发成功时，应将研发支出转入无形资产，借记“无形资产”科目，贷记“研发支出——资本化支出”科目。

【例5-18】　宏利公司自行研发一项技术，在研究阶段发生调研费60 000元，在开发阶段发生各项支出 2 800 000 元，其中符合资本化条件的支出有 2 300 000 元，所有支出均以银行存款支付，一年后该项技术研制成功。

(1) 研究阶段发生支出时：

借：研发支出——费用化支出　　60 000

　贷：银行存款　　60 000

(2) 开发阶段发生支出时：

借：研发支出——资本化支出　　2 300 000

　　　　　——费用化支出　　500 000

　贷：银行存款　　2 800 000

(3) 开发成功时：

借：无形资产　　2 300 000

　贷：研发支出——资本化支出　　2 300 000

(三) 投资者投入的无形资产

企业接受投资者投入的无形资产，应当按照投资合同或协议约定的价值，借记“无形资产”科目，贷记“实收资本”科目。

【例 5-19】 宏利公司接受 A 公司一项非专利技术投资，投资协议注明该项非专利技术的约定价值为 400 000 元。

借：无形资产——非专利技术　　400 000

　贷：实收资本　　400 000

问题三　无形资产摊销如何核算？

企业应当于取得无形资产时分析判断其使用寿命。使用寿命有限的无形资产应进行摊销，其残值应当视为零，使用寿命不确定的无形资产不应摊销。无形资产的摊销期限，通常依据合同规定的受益年限或法律规定的保护年限来确定。当合同规定的受益年限小于法律规定的保护年限时，以合同规定的受益年限作为摊销期限；当合同规定的受益年限超出了法律规定的保护年限时，以法律规定的保护年限作为摊销期限。

企业应当按月对无形资产进行摊销，摊销方法包括直线法、生产总量法等。企业选择的无形资产摊销方法，应当反映与该无形资产有关的经济利益的预期实现方式，无法可靠确定预期实现方式的，应当采用直线法。目前，国际上普遍采用直线法。

企业自用的无形资产，其摊销金额计入管理费用；出租的无形资产，其摊销金额计入其他业务成本；无形资产包含的经济利益通过所生产的产品或其他资产实现的，其摊销金额计入相关资产成本。

【例 5-20】 宏利公司以银行存款购入某项专利技术用于生产 A 产品，成本为 480 000元，同时购入某项商标使用权，成本为 768 000 元，合同规定的受益年限均为 8 年。

(1) 取得无形资产时：

借：无形资产——专利权　　480 000

无形资产——商标权　　768 000

贷：银行存款　　1 248 000

(2) 按月摊销时：

借：制造费用——专利权摊销　　5 000 (480 000÷8÷12)

管理费用——商标权摊销　　8 000 (768 000÷8÷12)

贷：累计摊销　　13 000

【例 5-21】 宏利公司将其自行开发的一项非专利技术出租给B公司，该非专利技术成本为576 000元，双方约定租赁期限为4年，每月摊销时的会计处理如下：

借：其他业务成本　　12 000 (576 000÷4÷12)

贷：累计摊销　　12 000

问题四 无形资产处置应如何核算？

无形资产的处置主要是指无形资产对外出租、出售、对外捐赠，或者是无法为企业带来未来经济效益时，应予以转销并终止确认。

(一) 无形资产出租

企业将所拥有的无形资产的使用权让渡给他人并收取租金，属于与企业日常活动相关的其他经营活动取得的收入，在满足收入准则规定的确认标准的情况下，应确认相关的收入和成本。出租无形资产时，取得的租金收入，借记“银行存款”等科目，贷记“其他业务收入”等科目；摊销出租无形资产的成本并发生与转让有关的各种费用支出时，借记“其他业务成本”科目，贷记“累计摊销”科目。

【例 5-22】 宏利公司将一项专利技术出租给另一个企业使用，该专利技术账面余额为500 000元，摊销期为10年，出租该无形资产每年可取得收入100 000元。

(1) 取得租金收入时：

借：银行存款　　100 000

贷：其他业务收入　　100 000

(2) 摊销无形资产的成本时：

借：其他业务成本　　50 000

贷：累计摊销　　50 000

(二) 无形资产出售

企业出售无形资产，表明企业放弃该无形资产的所有权，一方面，应确认因转让而取得的收入；另一方面，应将无形资产的摊余价值予以转销。如果可出售的无形资产已计提了减值准备，在出售时还应将已计提的减值准备转销。同时，按现行税法的规定，出售无形资产还应按实际转让收入的5%计算缴纳营业税。

企业出售无形资产的净收益，作为非流动资产处置利得，记入“营业外收入——处置非主流资产利得”科目；出售无形资产的净损失，作为非流动资产处置损失，记入“营业外支出——处置非流动资产损失”科目。

【例 5-23】 宏利公司将其拥有的一项专利权出售给 C 公司，取得收入 200 000 元，应缴纳营业税等相关税费 10 000 元，该专利权的成本为 500 000 元，累计摊销金额为 300 000元，已计提的减值准备为 60 000 元。

借：银行存款　　200 000
　　累计摊销　　300 000
　　无形资产减值准备　　60 000
　贷：无形资产——专利权　　500 000
　　　应交税费——应交营业税　　10 000
　　　营业外收入——处置非流动资产利得　　50 000

（三）无形资产报废

无形资产未来发挥作用的期限以及未来能否给企业带来经济利益，由于受到很多不可预知因素的影响而变得具有很大的不确定性。如果在无形资产使用的某一期间，由于各种因素的影响使得无形资产预期不能为企业带来未来经济利益，则该无形资产应转入报废处理。处置无形资产的损失计入营业外支出。

【例 5-24】 宏利公司某专利权成本为 800 000 元，该专利权的残值为 0，摊销期限为 10 年，采用直线法进行摊销，已摊销 5 年，已累计计提减值准备 50 000 元。假定使用该专利权生产的产品被另一产品替代而没有了市场，预期该专利权不能再为企业带来经济利益，企业决定将该专利权予以报废处理。

借：累计摊销　　400 000（800 000÷10×5）
　　无形资产减值准备　　50 000
　　营业外支出——处置非流动资产损失　　350 000
　贷：无形资产——专利权　　800 000

问题五　无形资产发生减值如何核算？

在资产负债表日如果判断无形资产存在可能发生减值的迹象，其可收回金额低于其账面价值，则表明无形资产发生了减值。

无形资产发生了减值，企业应将该无形资产的账面价值减记至可收回金额，减记的金额确认为资产减值损失，计入当期损益。借记“资产减值损失——计提的无形资产减值准备”科目，贷记“无形资产减值准备”科目。

“无形资产减值准备”科目属于资产类科目，核算企业无形资产的减值准备，可按无形资产项目进行明细核算。资产减值损失一经确认，在以后会计期间不得转回。

【例 5-25】 宏利公司一项专利技术在资产负债表日的账面价值为 800 000 元，经减值测试，市场上以另一项技术生产的产品销售势头良好，已经对以该专利技术生产的产品产生重大不利影响，该专利技术的可收回金额为 650 000 元。

借：资产减值损失——计提的无形资产减值准备　150 000（800 000－650 000）
　贷：无形资产减值准备　　150 000

模块三 其他资产核算实务

学习任务（一） 了解其他资产的内容

其他资产是指除货币资金、交易性金融资产、应收及预付账款、存货、长期股权投资、固定资产、无形资产等以外的长期资产，如长期待摊费用、其他长期资产等。

学习任务（二） 掌握长期待摊费用的核算

问题一 什么是长期待摊费用？

长期待摊费用是指企业已经支出，但由于数额较大，应由本期和以后各期负担的摊销期限在一年以上的各项费用，如以经营租赁方式租入固定资产发生的改良支出等。

长期待摊费用虽然也列为资产类项目，但它与一般资产相比有很大的不同，表现在：

第一，长期待摊费用本身没有交换价值，不能转让，也不能用于清偿债务；而长期待摊费用以外的其他各种资产都具有交换价值，既可以转让，也可以用于清偿债务。

第二，长期待摊费用在本质上是一种费用，由于支出数额较大，需要分期摊销。

问题二 长期待摊费用如何核算？

为了正确反映长期待摊费用的发生和摊销情况，企业应设置“长期待摊费用”科目。

【例 5 - 26】 2009 年 10 月 8 日，宏利公司对以经营租赁方式租入的办公楼进行装修，该办公楼的租赁期为 5 年。装修时领用原材料 500 000 元，该材料的进项税额 85 000 元，以银行存款支付装修人员工资 100 200 元。2009 年 12 月 20 日办公楼装修完工。

（1）领用材料时：

借：长期待摊费用　　585 000
　贷：原材料　　500 000
　　　应交税费——应交增值税（进项税额转出）　　85 000

（2）支付装修人员工资时：

借：长期待摊费用　　100 200
　贷：银行存款　　100 200

（3）2009 年 12 月摊销时：

借：管理费用——修理费　　11 420
　贷：长期待摊费用　　11 420

本例中，月摊销额＝（585 000＋100 200）÷5÷12＝11 420（元）

小贴士

经营租赁方式租入固定资产的改良支出，不属于资本化支出，因而不能计入固定资产价值，只能作为一项长期待摊费用，通过分期摊销计入有关成本费用科目。

小结

固定资产是指为生产产品、提供劳务、出租或经营管理而持有的使用年限超过一个会计年度的有形资产，其特征是：为生产经营而持有、使用期限超过一个会计年度。

企业通过不同方式取得的固定资产，其成本构成的具体内容有所不同。外购固定资产的成本包括购买价款、相关税费（如不允许抵扣的进项税额、进口关税、运杂费、安装费等）；建造的固定资产其成本应为建造该资产达到预定可使用状态前所发生的必要支出。

固定资产成本应在预计的有效使用期内，以计提折旧的方式计入各期成本费用，从各期收入中逐步得到补偿。常用的固定资产折旧方法有：直线法、工作量法、双倍余额递减法和年数总和法。直线法的特点是：在固定资产的有效使用期内，各期的折旧额是相同的。工作量法一般适用于企业中那些价值较高且各期工作量不太均衡的固定资产。双倍余额递减法和年数总和法属于加速折旧方法，其特点是在固定资产使用的前期计提折旧较多而在后期计提折旧较少，各年的折旧额呈递减趋势，适用于更新换代较快的固定资产。

固定资产的后续支出是指固定资产使用过程中发生的更新改造支出、修理费等。

企业发生固定资产出售、报废、毁损、对外投资等处置业务，应对其清理过程进行核算，固定资产清理过程中发生的净损益计入营业外收入或营业外支出。

企业盘盈的固定资产，应作为以前年度损益调整处理；企业盘亏的固定资产，在报经有关部门审批后，作为营业外支出处理。

无形资产是指企业拥有或者控制的没有实物形态可辨认的非货币性资产，包括专利权、非专利技术、商标权、特许权、著作权、土地使用权等。对使用寿命有限的无形资产，其应摊销金额应该在使用寿命内系统、合理地按月摊销；使用寿命不确定的无形资产不应摊销。

在资产负债表日，如果固定资产、无形资产可收回金额低于其账面价值，应确认减值损失。

其他资产是指货币资金、交易性金融资产、应收及预付账款、存货、长期股权投资、固定资产、无形资产等资产以外的资产。如长期待摊费用、银行冻结存款、诉讼中的财产等。

思考与实训

一、问答题

1. 什么是固定资产？其特点是什么？
2. 固定资产与低值易耗品的区别与联系是什么？
3. 固定资产是如何分类的？
4. 怎样理解固定资产折旧的性质？影响折旧的因素都有哪些？
5. 采用加速折旧法计提固定资产折旧对企业有什么影响？
6. 什么是无形资产？它有哪些特征？
7. 无形资产发生减值应如何进行会计处理？
8. 无形资产开发阶段发生的支出是否应全部资本化？为什么？

二、判断题

1. 外购固定资产的成本应包括购入固定资产所支付的进项税额。（ ）
2. 采用双倍余额递减法和年数总和法计提折旧，各期的折旧额是相同的。（ ）
3. 固定资产出售、报废和毁损，均应通过“固定资产清理”账户核算。（ ）
4. 企业购入需要安装的固定资产，必须通过“在建工程”账户核算。（ ）
5. 固定资产大修理费用应当做费用化的后续支出进行处理。（ ）
6. 无形资产是指企业拥有或者控制的没有实物形态的可辨认的非货币性资产。（ ）
7. 固定资产折旧方法的选择，不但影响资产负债表中的资产总额，也影响到利润表中的利润净额。（ ）
8. 已提足折旧继续使用的固定资产不再提取折旧，未提足折旧提前报废的固定资产，应补提折旧。（ ）
9. 企业取得使用寿命有限的无形资产均应按直线法摊销。（ ）
10. 出售无形资产的净收益计入其他业务收入。（ ）
11. 无形资产减值损失应计入营业外支出。（ ）
12. 无形资产减值损失一经确定，在以后会计期间不得转回。（ ）
13. 以经营租赁方式租入的固定资产发生的改良支出应计入固定资产成本。（ ）

三、单项选择题

1. 下列固定资产应计提折旧的是（ ）。

A. 当月购入并投入使用的机器　　B. 未使用的设备

C. 已经提足折旧额继续使用的厂房　　D. 季节性停用的设备

2. 某设备的账面原价为 8 000 000 元，预计使用年限为 5 年，预计净残值为 200 000 元，采用双倍余额递减法计提折旧，该设备在第 2 年应计提的折旧额为（ ）。

A. 1 952 000 元　　B. 1 920 000 元

C. 1 872 000 元　　D. 1 242 000 元

3. 盘盈固定资产的入账价值按（　　）入账。

A. 净值　　B. 市价　　C. 重置成本　　D. 市价减折旧

4. 某公司接受 A 公司投入设备一台，原价 40 000 元，账面净值 25 000 元，双方协议价值为 32 000 元。则该公司接受设备投资时，“实收资本”账户的入账金额为（　　）。

A. 30 000 元　　B. 32 000 元　　C. 40 000 元　　D. 25 000 元

5. 确认固定资产减值损失时，应借记（　　）科目。

A. 制造费用　　B. 管理费用

C. 资产减值损失　　D. 固定资产减值准备

6. 在固定资产清理过程中发生的净损失应计入（　　）。

A. 其他业务成本　　B. 营业外支出

C. 销售费用　　D. 管理费用

7. 根据《企业会计准则》的规定，下列项目中不应作为无形资产的是（　　）。

A. 非专利技术　　B. 土地使用权　　C. 特许权　　D. 商誉

8. 企业为自行建造厂房而购入的钢筋水泥等物资验收入库时，应通过（　　）科目核算。

A. 原材料　　B．工程物资　　C. 在建工程　　D. 固定资产

9. 企业自行研发并经法律程序申请取得的无形资产，其申请登记费应计入（　　）。

A. 管理费用　　B. 无形资产

C. 其他业务成本　　D. 销售费用

10. 企业对以经营租赁方式租入的固定资产进行装修，其装修支出，应计入（　　）。

A. 长期待摊费用　　B. 管理费用

C. 制造费用　　D. 销售费用

11. 企业出售无形资产发生的净损失，应当计入（　　）。

A. 主营业务成本　　B. 其他业务成本

C. 管理费用　　D. 营业外支出

12. 企业出租无形资产取得的收入，应当计入（　　）。

A. 主营业务收入　　B. 其他业务收入

C. 投资收益　　D. 营业外支出

四、多项选择题

1. 固定资产具有的特征是（　　）。

A. 为生产经营而持有，而不是为了出售　　B. 使用期限超过一个会计年度

C. 没有实物形态　　D. 单位价值在 2 000 元以上

2. 下列固定资产中，应计提折旧的是（　　）。

A. 融资租入的设备　　B. 经营租入的厂房

C. 未使用的房屋　　D. 未使用的机器

3. 在采用自营方式建造固定资产的情况下，下列项目中应计入固定资产成本的有（　　）。

A. 领用工程材料的成本　　B. 工程人员的工资

C. 领用本企业产品的实际成本　　D. 企业管理人员的工资

4. 下列项目中会影响固定资产处置净损益的因素有（　　）。

A. 清理费用　　B. 营业税

C. 残值收入　　D. 固定资产账面净值

5. 下列各项中，会引起固定资产账面价值发生增减变动的有（　　）。

A. 接受固定资产捐赠　　B. 融资租入固定资产

C. 盘亏固定资产　　D. 出售固定资产

6. 无形资产的特征为（　　）。

A. 有实物形态　　B. 不具有实物形态

C. 具有可辨认性　　D. 属于非货币性长期资产

7. 关于固定资产的后续支出，下列说法正确的有（　　）。

A. 会计核算时应区分为资本化支出和费用化支出

B. 资本化的后续支出必须计入固定资产的成本

C. 固定资产进行更新改造所发生的支出属于资本化支出

D. 企业办公楼的修理费属于费用化支出。

8. 关于企业内部研究、开发项目支出的确认和计量，下列说法中错误的有（　　）。

A. 企业研究阶段的支出应全部费用化，计入当期损益

B. 企业研究阶段的支出应全部资本化，计入无形资产成本

C. 企业开发阶段的支出应全部费用化，计入当期损益

D. 企业开发阶段的支出应全部资本化，计入无形资产成本

9. 下列各项中，会引起无形资产账面价值发生增减变动的有（　　）。

A. 计提无形资产减值准备　　B. 摊销无形资产成本

C. 转让无形资产所有权　　D. 无形资产自行研究阶段的各项支出

10. 下列各项中不应计入外购无形资产初始成本的是（　　）。

A. 购买价款

B. 使该项资产达到预定用途所发生的支出

C. 无形资产达到预定用途以后发生的费用

D. 为引入新产品进行宣传发生的广告费

五、业务核算题

（一）A 单位为一般纳税企业，2009 年 1 月发生下列经济业务：

1. 购入不需要安装的生产用设备一台，买价 60 000 元，增值税 10 200 元，另发生包装费 550 元，运费 1 350 元，上述款项通过银行支付，设备已交付使用。

2. 购入需要安装的生产用设备一台，买价 87 500 元，增值税 14 875 元，另发生包装

费 340 元，运费 1 560 元，设备安装过程中发生安装调试费用 14 000 元，上述款项已通过银行支付。1 个月后设备安装完毕，交付使用。

3. 接受其他单位投资转入设备一台，投资方账面原值为 200 000 元，已经提取折旧 50 000元，双方协议价值为 130 000 元。

要求：

根据以上经济业务编制会计分录。

（二）B 企业有生产设备一台，原价 68 000 元，预计残值 2 960 元，清理费用 1 280 元，预计使用 5 年。

要求：

分别采用直线法、双倍余额递减法和年数总和法计算该设备各年的年折旧额。

（三）某企业 2009 年 12 月 1 日"固定资产"账户的余额为 10 000 000 元，其中，生产车间使用的固定资产价值为 6 000 000 元，管理部门使用的固定资产价值为 3 000 000 元，销售部门使用的固定资产价值为 10 000 000 元。12 月 10 日，生产车间新增设备一台，原价为 190 000 元，12 月 16 日，管理部门使用的设备报废一批，价值 60 000 元。该企业采用平均年限法计提折旧，年折旧率为 5.1%。

要求：

根据上述资料计提该企业 12 月的折旧额，并编制相应的会计分录。

（四）C 公司发生下列经济业务：

1. 公司对管理部门的设备进行大维修，领用维修用备件费用 28 400 元，以银行存款支付维修费用 106 000 元，全部支出在两年内摊销；

2. 公司生产车间当月发生固定资产经常性修理费用 680 元，以现金支付。

3. 公司报废设备一台，原值 60 000 元，已经提取折旧 30 000 元，以银行存款支付清理费用 2 000 元。该资产由于事故原因提前报废，可获保险公司赔偿 10 000 元，赔偿款暂未收到。

4. C 公司 12 月 31 日，对固定资产进行逐项检查。某生产设备原值 100 000 元，已经提取折旧 50%，预计净残值 2 880 元。由于技术陈旧，估计其可收回金额为 20 000 元。

要求：

根据以上经济业务编制会计分录。

（五）E 公司发生下列经济业务：

1. 购入专利技术一项，价款和其他相关支出共计 450 000 元，以银行存款支付。

2. 对购入的专利权按月摊销（采用直线法进行摊销），有效使用期限为 10 年。

3. 以接受 A 公司一项专利权作为投资，双方协议价值为 360 000 元。

4. 出售一项商标权，账面金额 138 000 元，累计摊销 68 000 元，取得转让收入 80 000 元已存入银行，营业税率为 5%，该资产未计提减值准备。

5. 向某公司租入一座营业和办公用房，租期为 5 年。从起租日开始，E 公司对营业和办公用房进行装修，以银行存款支付装修费用 600 000 元。此项装修费用自营业开始在 5

年内按月摊销。

要求：

根据以上经济业务编制会计分录。

案例分析

2009年12月，宏利公司新购进一台生产设备，取得的增值税专用发票内列：价款300 000元，增值税额51 000元。价税款已用银行存款支付，另用现金支付该设备的运费890元，设备已投入使用。会计小李审核相关原始凭证后，对该业务进行了处理：

1.12月10日，编制会计分录如下：

借：固定资产——生产经营用固定资产　　351 890

　贷：银行存款　　351 000

　　　库存现金　　890

2.12月末将该设备视为在用固定资产计提折旧。

假如你是公司会计主管，请审核小李上述会计处理的正确性。如不正确，请说明理由。

项目六　资金核算岗位实务

任务引入

筹集一定数量的资金是企业进行一系列经营活动的先决条件，而合理的资金投向是企业在未来一定时期内获取更多收益的保障。学会用别人的钱做自己的事将是企业家的重要任务，也是企业资金核算人员的职责所在。

学习目标

1. 熟悉企业资金筹集的渠道和方式，掌握资金投向的基本原则及其策略
2. 能够对投资者投入资本、银行借款、发行债券等筹资业务进行正确的会计处理
3. 能够对企业对外投资业务进行正确的会计处理

模块一　资金筹集核算实务

对任何一个处于生存和发展状态的企业来讲，筹资是其进行一系列经营活动的先决条件，不能筹集到一定数量的资金，企业就无法取得预期的经济效益。筹集资金是企业资金运作的起点。通过一定的渠道，采取适当的方式，组织资金的供应，是资金核算岗位的一项重要内容。

学习任务（一）　熟悉企业筹资的方式

目前，我国企业的筹资方式主要有以下几种。

（一）吸收直接投资

吸收直接投资是指企业按照“共同投资、共同经营、共担风险”的原则直接吸收国家、法人和个人投入资金的一种筹资方式。

吸收直接投资的优点包括：

第一，有利于增强企业信誉。吸收直接投资所筹集的资金属于自有资金，能增强企业

的信誉和借款能力。

第二，有利于尽快形成生产能力。企业在吸收直接投资时，投资者可以用现金、厂房、机器设备、无形资产等作价出资。企业可以直接获取投资者的先进设备和先进技术，有利于尽快形成生产能力。

第三，有利于降低财务风险。企业可以视利润情况决定是否以及如何向投资者支付报酬，而且不存在到期还本的压力。

但吸收直接投资的资金成本较高且容易分散企业的控制权。

小知识

什么是资金成本

资金成本是指企业为筹集和使用资金而付出的代价。资金成本包括资金筹集费用和资金占用费用两部分。资金筹集费用指资金筹集过程中支付的各种费用，如发行股票，发行债券支付的印刷费、律师费、公证费、担保费及广告宣传费。需要注意的是，企业发行股票和债券时，支付给发行公司的手续费不作为企业资金筹集费用。因为此手续费并未通过企业会计账务处理，企业是按发行价格扣除发行手续费后的净额入账的。资金占用费用是指占用他人资金应支付的费用，或者说是资金所有者凭借其对资金所有权向资金使用者索取的报酬。如股东的股息、红利、债券及银行借款需支付的利息。

（二）发行普通股票

发行普通股票是股份有限公司筹集权益资金最常见的方式。股份有限公司通过向社会公众公开发行股票筹集生产经营所需的长期资金，其优点是：没有固定利息负担，没有固定到期还本压力，能增加公司的信誉等。但股票发行必须依照法定程序，在经过有关机构的批准后才能进行，而且资金成本较高，容易分散控制权。

相关链接

公司股票类别

股份有限公司发行的股票，按股东享有的权利，可以分为普通股股票和优先股股票两大类。

1. 普通股股票

普通股股票是股份有限公司的基本股份。普通股股东的权利主要有以下几项：

（1）投票表决权。股份有限公司的重大事项，一般由股东大会投票表决决定。普通股股东有权参加股东大会，每持一份普通股股份，拥有一份投票权。

（2）优先认股权。当股份有限公司增发股票时，普通股股东有按其持股比例优先认购新股的权利，以保持其在公司股份中的比例。

(3) 收益分配权。

(4) 剩余财产权。当股份有限公司清算时，全部财产变卖以后所得收入，在偿还债务和优先股股东的投资以后，如果有剩余，将按普通股股东的持股比例予以分配。

2. 优先股股票

优先股股票是处于公司债券和普通股股票之间的混合性证券。优先股股票规定有固定的股利率，与普通股票相比，一般不具有投票表决权和优先认股权。其之所以“优先”，主要是在收益和剩余财产的分配方面具有优先权。

（三）银行借款

银行借款就是由企业根据借款合同从银行或其他非银行金融机构借入所需资金的一种筹资方式。与其他筹资方式相比，银行借款的优点为：筹资速度快（借款手续比发行股票、债券简单，得到借款所花费的时间较短）；筹资成本较低（借款利率一般较债券利率低）；借款弹性大等。

（四）发行债券

公司债券是指公司依照法定程序发行的、约定在一定期间还本付息的有价证券。发行公司债券是公司筹集负债资金的重要方式之一。债券筹资的主要优点是：筹资对象广，市场大；债券筹资成本比股票筹资的成本低（这是因为债券发行成本较低，债券利息在税前支付）；债券筹资不会影响企业的管理控制权。但是，债券筹资的风险较高，因为债券有固定的到期日，并要支付固定的利息。一旦企业不能支付到期的本息，债权人有权提出要求企业破产。债券筹资限制条件较多，降低了公司经营的灵活度。

（五）融资租赁

融资租赁是指出租人在承租人给予一定报酬的条件下，授予承租人在约定的期限内占有和使用财产（如厂房、大型机器设备等）权利的一种契约性行为。融资租赁以融资为目的，可以满足企业对资产的长期需要。该融资方式的优点在于：筹资速度快、限制条款少、设备淘汰风险小、财务风险小和税收负担轻。其缺点是：租金总额通常高于资产的购买成本，承租人无法享受租赁资产（如土地、房产）发生的增值等。

（六）利用商业信用

商业信用是指商品交易中的延期付款或延期交货（预收货款）所形成的借贷关系，是企业之间的一种直接信用关系。商业信用融资，是一种形式多样、适用范围很广的一种短期资金筹措方式。

上述前两项方式筹措的资金为自有资金，其他四种方式筹措的资金为借入资金。

学习任务（二） 掌握投资者投入资本的核算

我国有关法律规定，投资者设立企业首先必须投入资本。《企业法人登记管理条例》

规定：企业申请开业，必须具备国家规定的与其生产经营和服务规模相适应的资金。

问题一　接受投资者投入资本应如何核算？

（一）设置“股本”或“实收资本”科目

为了反映和监督投资者投入资本的增减变动情况，股份有限公司应通过“股本”科目核算，其他各类企业应通过“实收资本”科目核算。企业收到投资者投入的资本，应借记“银行存款”、“固定资产”、“无形资产”、“原材料”等科目，贷记“实收资本”或“股本”等科目。

（二）区分不同投资方式进行账务处理

1. 接受现金资产投资

（1）股份有限公司接受现金资产投资

向社会公开发行股票是股份有限公司筹集股本的基本途径。股份有限公司发行股票时，既可以按面值发行，也可以溢价发行（我国目前不准折价发行）。股份有限公司在核定的股本总额及核定的股份总额的范围内发行股票时，应按实际收到的现金资产金额，借记“银行存款”科目，按其发行股票的面值，贷记“股本”科目，按照实际收到的现金金额与股票面值的差额，贷记“资本公积——股本溢价”科目。

【例6-1】　某公司发行普通股票30 000 000股，每股面值1元，每股发行价为5元。假定股票发行成功，股款150 000 000元已全部收到（不考虑发行费用）。

借：银行存款　　　　150 000 000
　贷：股本　　　　　　30 000 000
　　　资本公积——股本溢价　　120 000 000

（2）股份有限公司以外的企业接受现金资产投资

股份有限公司以外的企业接受现金资产投资，在账务处理上，与股份有限公司是一致的，只是所使用的科目名称有所区别，在股份有限公司中用“股本”科目，股份有限公司以外的企业使用“实收资本”科目。

【例6-2】　A、B、C共同投资设立D有限责任公司，注册资本为3 000 000元，A、B、C持股比例分别为50%、30%、20%。按照章程规定，A、B、C投入资本分别为1 500 000元、900 000元和600 000元。D公司已如期收到投资者一次缴足的款项。

借：银行存款　　　　3 000 000
　贷：实收资本——A　　　　1 500 000
　　　　　　　——B　　　　900 000
　　　　　　　——C　　　　600 000

2. 接受非现金资产投资

企业接受非现金资产投资时，应按投资合同或协议约定价值确定非现金资产价值和在注册资本中应享有的份额（投资合同或协议约定价值不公允的除外）。

（1）接受投入固定资产

【例6-3】　A有限责任公司于设立时收到B公司作为资本投入的不需要安装的设备

一台，合同约定该设备的价值为 500 000 元，增值税进项税额为 85 000 元。假设合同约定的固定资产价值与公允价值相符，不考虑其他因素。

借：固定资产　　500 000

　　应交税费——应交增值税（进项税额）　　85 000

贷：实收资本——B 公司　　585 000

(2) 接受存货投资

【例 6－4】　A 有限公司收到 B 公司按合资协议投入的原材料一批，该批材料协议约定价值（不含可抵扣的增值税进项税部分）为 200 000 元，增值税进项税为 34 000 元。A 有限公司已开具了增值税专用发票。假设合同约定的存货价值与公允价值相符，不考虑其他因素。

借：原材料　　200 000

　　应交税费——应交增值税（进项税额）　　34 000

　贷：实收资本——B 公司　　234 000

(3) 接受无形资产投资

【例 6－5】　C 有限责任公司于设立时，收到 A 公司作为资本投入的专利技术一项，该专利技术投资合同约定价值为 180 000 元。假设合同约定的无形资产价值与公允价值相符，不考虑其他因素。

借：无形资产——专利技术　　180 000

　贷：实收资本——A 公司　　180 000

问题二　实收资本（或股本）发生增减变动应如何核算？

一般情况下，企业的实收资本（或股本）应相对固定不变，但在某些特定情况下，实收资本（或股本）也可能发生增减变化。

【例 6－6】　承【例 6－2】，为扩大经营规模，经批准，D 公司注册资本扩大为 4 000 000元，A、B、C 按照原出资比例分别追加投资 500 000 元、300 000 元和 200 000 元。D 公司如期收到 A、B、C 追加的现金投资，D 公司的会计分录为：

借：银行存款　　1 000 000

　贷：实收资本——A　　500 000

　　　　　　　——B　　300 000

　　　　　　　——C　　200 000

【例 6－7】　承【例 6－2】，因扩大经营规模需要，经批准，D 公司按原出资比例将资本公积 800 000 元转增资本。

借：资本公积　　800 000

　贷：实收资本——A　　400 000

　　　　　　　——B　　240 000

　　　　　　　——C　　160 000

【例6-8】 承【例6-2】，因扩大经营规模需要，经批准，D公司按原出资比例将盈余公积500 000元转增资本。

借：盈余公积	500 000	
贷：实收资本——A		250 000
——B		150 000
——C		100 000

学习任务（三） 了解资本公积的核算

问题一 什么是资本公积？资本公积包括哪些内容？

资本公积是企业收到投资者的超出其在企业注册资本（或股本）中所占份额的投资，以及直接计入所有者权益的利得和损失等，包括：

（一）资本溢价（或股本溢价）

资本溢价（或股本溢价），是指企业收到投资者的超出其在企业注册资本（或股本）中所占份额的投资。形成资本溢价（或股本溢价）的原因有：股票溢价发行、投资者超额缴入资本等。

（二）直接计入所有者权益的利得和损失

直接计入所有者权益的利得和损失，是指不应计入当期损益、会导致所有者权益发生增减变动的、与所有者投入资本或者向所有者分配利润无关的利得或者损失。本书不涉及此方面的内容。

问题二 资本公积应如何核算？

（一）资本溢价

【例6-9】 C有限责任公司是由A、B两位股东设立的，成立时各出资200 000元。1年后，为扩大经营规模，经批准，C有限责任公司注册资本增加到600 000元，并引入D投资者加入。按照投资协议，新投资者需缴入220 000元，同时享有该公司1/3的股份。C有限责任公司已收到该现金投资。

借：银行存款	220 000	
贷：实收资本——D		200 000(600 000×1/3)
资本公积——资本溢价		20 000

（二）股本溢价

股份有限公司的股本溢价，是企业发行股票取得的实际收入超出股票面值的差额。在溢价发行股票的情况下，企业发行股票取得的收入，等于股票面值部分作为股本处理，超出股票面值的溢价收入作为股本溢价处理。

发行股票相关的手续费、佣金等交易费用，如果是溢价发行股票的，应从溢价中抵扣，冲减“资本公积——股本溢价”；无溢价发行或溢价金额不足以抵扣的，应将相关交易费用或不足抵扣的部分冲减盈余公积和未分配利润。

【例 6 - 10】 B股份有限公司首次公开发行普通股 60 000 000 股，每股面值 1 元，每股发行价为 4 元。B股份有限公司以银行存款支付手续费、咨询费共计 8 000 000 元。

(1) 收到发行收入时：

借：银行存款　　240 000 000

　贷：股本　　60 000 000

　　资本公积——股本溢价　　180 000 000

(2) 支付发行费用时：

借：资本公积——股本溢价　　8 000 000

　贷：银行存款　　8 000 000

(三) 资本公积转增资本

经股东大会或类似机构决议，用资本公积转增资本时，应冲减资本公积，同时按转增前的实收资本（或股本）的结构或比例，将转增的金额记入“实收资本”（或“股本”）科目下各所有者的明细分类账。

有关会计处理，参见本项目【例 6 - 7】。

学习任务（四）　掌握借入款项的核算

问题一　向银行借款需经过哪些程序？

第一，申请借款。企业需要向银行说明借款的用途、借款的期限及其借款金额等。

第二，银行审查。银行在确定是否给企业贷款前，一般要对企业的信用等级进行评估，调查核实企业借款的合法性、安全性和抵押物（银行对财务风险大、信誉不好的企业发放贷款，往往需要抵押品的担保）的情况。

第三，签订借款合同。合同中需注明借款金额、借款利率、借款期限、偿还条件和付息方式等。

第四，取得借款。银行按借款合同给企业发放贷款，企业按借款用途使用资金。

第五，还本付息。企业要履行借款合同的约定，到期支付借款的本金和利息。

问题二　银行借款应如何核算？

(一) 短期借款

短期借款是指企业从银行或其他金融机构借入的偿还期在 1 年以内（特殊情况下在超过 1 年的一个营业周期以内，下同）的款项。

1. 短期借款的取得

企业从银行取得短期借款时，应借记“银行存款”科目，贷记“短期借款”科目。

“短期借款”科目应按债权人以及借款种类、还款时间设置明细账。

【例 6-11】 宏利公司 4 月 1 日从银行取得偿还期为 6 个月的借款 800 000 元，年利率为 6%，每季度结息一次。

借：银行存款　　800 000
　贷：短期借款　　800 000

2. 短期借款的利息费用

在实际工作中，银行一般于季末收取短期借款利息。按照权责发生制原则，当月应负担的利息费用，即使在当月没有支付，也应作为当月的利息费用处理，应在月末估计当月的利息费用数额进行预提，借记“财务费用”科目，贷记“应付利息”科目。在实际支付利息的月份，应根据已经预提的数额，借记“应付利息”科目；实际支付的利息大于预提数的差额，为当月应负担的利息费用，借记“财务费用”科目；根据实际支付的利息，贷记“银行存款”科目。

【例 6-12】 承【例 6-11】资料，该公司采用预提法进行利息费用的核算。

(1) 4、5 各月预提利息费用 4 000 元。

借：财务费用——利息　　4 000
　贷：应付利息　　4 000

(2) 6 月份实际支付借款利息 12 500 元。

借：应付利息　　8 000
　　财务费用——利息　　4 500
　贷：银行存款　　12 500

3. 短期借款的偿还

企业在短期借款到期偿还本金时，应借记“短期借款”科目，贷记“银行存款”科目。

【例 6-13】 宏利公司向银行借入的 800 000 元短期借款到期，该公司开出支票予以偿还。

借：短期借款　　800 000
　贷：银行存款　　800 000

（二）长期借款

1. 长期借款的性质

长期借款是企业从银行或其他金融机构借入的期限在 1 年以上（不含 1 年）的各种借款，一般用于固定资产的购建、改扩建工程、大修理工程以及为了保持长期经营能力等方面。

2. 长期借款的核算

企业应通过“长期借款”科目核算长期借款的借入、归还等情况。该科目可按照贷款单位和贷款种类设置明细账进行明细核算。该科目的贷方登记长期借款本息的增加金额，借方登记本息的减少金额，贷方余额表示企业尚未偿还的长期借款本息金额。

(1) 取得长期借款

【例 6-14】 宏利公司从银行取得长期借款 3 000 000 元，用于企业的经营周转，期限为 3 年，年利率为 10%，按复利计息，每年计息一次，到期一次归还本息，借入项款已存入开户银行。

借：银行存款　　　　　　　　　　　　3 000 000

　贷：长期借款——本金　　　　　　　　　　3 000 000

(2) 长期借款的利息

长期借款计算确定的利息费用，应当按以下原则计入有关成本、费用：属于企业筹建期间的，计入管理费用；属于生产经营期间的，计入财务费用。如果长期借款用于购建固定资产的，在固定资产尚未达到预定可使用状态前，所发生的应当资本化的利息支出数，计入在建工程成本；固定资产达到预定可使用状态后所发生的利息支出，以及按规定不予以资本化的利息支出，计入财务费用。长期借款按合同利率计算确定的应付未付利息，借记“在建工程”、“财务费用”等科目，贷记“应付利息”（分期付息方式）或“长期借款——利息”（到期一次付息方式）科目。

【例 6-15】 承【例 6-14】，宏利公司分别在第一、二、三年年末计提借款利息。

(1) 第一年年末计息时：

第一年的利息＝3 000 000×10%＝300 000（元）

借：财务费用——利息　　　　　　　　　300 000

　贷：长期借款——利息　　　　　　　　　　300 000

(2) 第二年年末计息时：

第二年的利息＝（3 000 000＋300 000）×10%＝330 000（元）

借：财务费用——利息　　　　　　　　　330 000

　贷：长期借款——利息　　　　　　　　　　330 000

(3) 第三年年末计息时：

第三年的利息＝（3 000 000＋300 000＋330 000）×10%＝363 000（元）

借：财务费用——利息　　　　　　　　　363 000

　贷：长期借款——利息　　　　　　　　　　363 000

(3) 到期偿还长期借款

企业归还长期借款的本金时，应按归还的金额，借记“长期借款——本金”科目，贷记“银行存款”科目；按偿还的利息，借记“长期借款——利息”（一次付息方式）科目或“应付利息”（分期付息方式）科目，贷记“银行存款”科目。

【例 6-16】 承【例 6-15】，宏利公司以银行存款偿还到期长期借款的本息。

3 年累计利息＝300 000＋330 000＋363 000＝993 000（元）

应归还本利和＝3 000 000＋993 000＝3 993 000（元）

借：长期借款——本金　　　　　　　　3 000 000

　　　　　——利息　　　　　　　　　　993 000

贷：银行存款　　　　　　　　　　　　　　3 993 000

学习任务（五）　掌握应付债券的核算

问题一　应付债券的性质是什么？

债券是依照法定程序发行的、约定在一定期限内还本付息的一种有价证券。应付债券是企业因发行债券、筹措（长期）资金而形成的一种非流动负债。

企业发行债券通常须经董事会及股东大会正式核准。若向社会公众公开发行，则须经有关证券管理机构核准。

问题二　债券发行通常有几种情况？

债券发行有溢价发行、折价发行和按面值发行三种情况。企业债券按其面值发行的，称为面值发行，即平价发行；债券以低于其面值的价格发行的，称为折价发行；而溢价发行则是指债券以高于其面值的价格发行。企业债券发行价格的高低一般取决于债券票面金额、票面利率、发行当时的市场利率以及债券期限的长短等因素。本书只介绍按面值发行的应付债券的核算。

问题三　债券发行应如何核算？

企业应设置"应付债券"科目，并在该科目下设置"面值"、"利息调整"、"应计利息"等明细科目，用以核算应付债券的发行、计提利息、还本付息等情况。该科目贷方登记应付债券的本金和利息，借方登记归还的债券本金和利息，期末贷方余额表示企业尚未偿还的长期债券。

（一）发行债券

企业按面值发行债券时，应按实际收到的金额，借记"银行存款"科目；按债券面值，贷记"应付债券——面值"科目；存在差额的，还应借记或贷记"应付债券——利息调整"科目。

【例 6－17】　宏利公司于 2007 年 4 月 1 日按面值发行二年期、到期一次还本付息、年利率为 9%（不计复利）、面值总额为 8 000 000 元的债券，用以购建固定资产。假定债券发行完毕，发行收入已存入银行，不考虑发行费用及其他因素。

借：银行存款　　　　　　　　　　　　8 000 000

　贷：应付债券——面值　　　　　　　　　8 000 000

（二）债券利息的计算与会计处理

企业债券发行之后，应按期确认债券利息。在债券按面值发行的情况下，各期应确认利息等于债券的票面利息。至于债券利息的归属，应当按照与长期借款相一致的原则计入有关成本费用，借记"财务费用"、"在建工程"等科目，贷记"应付利息"（分期付息、到期一次还本的债券）科目，或贷记“应付债券——应计利息”（到期一次还本付息的债券）科目。

【例6-18】 承【例6-17】，宏利公司发行债券所得资金用以建造固定资产。至2007年12月31日时工程尚未完工，计提本年长期债券利息，并按《企业会计准则》的规定将该债券利息予以资本化，计入在建工程成本。

2007年应付债券利息＝8 000 000×9%÷12×9＝540 000（元）

借：在建工程——建造工程　　540 000

　贷：应付债券——应计利息　　540 000

【例6-19】 承【例6-17】、【例6-18】，固定资产建造工程于2008年12月底完工，并已交付使用。宏利公司年末计提债券利息，并将债券利息计入固定资产价值。

2008年应付债券利息＝8 000 000×9%＝720 000（元）

借：在建工程——建造工程　　720 000

　贷：应付债券——应计利息　　720 000

【例6-20】 承【例6-17】～【例6-19】，2009年4月1日，宏利公司以银行存款偿还债券本金和利息。

2009年债券应计利息＝8 000 000×9%÷12×3＝180 000（元）

债券本金和利息＝8 000 000＋540 000＋720 000＋180 000＝9 440 000（元）

借：应付债券——面值　　8 000 000

　　应付债券——应计利息　　1 260 000

　　财务费用——利息　　180 000

　贷：银行存款　　9 440 000

本例中，2009年债券利息180 000元不再资本化而将其费用化，理由是：公司利用发行债券所得资金进行的固定资产建造工程于2008年年底完工，而且固定资产已交付使用。按照现行会计准则的规定，固定资产达到预定可使用状态后所发生的利息支出，应当计入财务费用。

模块二　投资核算实务

学习任务（一）　熟悉投资的基本知识

问题一　什么是投资？

投资的概念有广义和狭义之分。广义的投资泛指企业投入财力，以期未来一定期间内获取更多收益的活动，如企业购买原材料和固定资产、开发利用资源、研制新产品、更新改造厂房设备等项内容。狭义的投资则是指企业向那些并非本单位使用的财产项目投入资金，并以利息、使用费、股利或租金收入等形式获取收益，使资金增值的行为，如购买其他企业的股票与债券，以各项资产对外联营投资等。本书取狭义的投资概念，主要介绍对外投资的基本原则、策略及其核算问题。

问题二　企业对外投资应遵循哪些基本原则？

企业通过各种渠道筹集的资金如何使用、投向哪里才会取得最大的经济效益，其总体原则应与企业的整体经营方针相一致，具体说来在进行投资时应遵循下列原则：

（一）效益性原则

在市场经济体制下，企业经营的重要目标之一是取得盈利。企业在进行对外投资决策时应综合考虑各方面的因素，正确选择投资机会和投资对象，以获得较好的效益。在对外投资时，应对资金使用的不同方向进行预测，考察资金投资到其他方面可能取得的利润和可能带来的风险，企业预期的利润应是在一定投资风险下的平均利润率。

（二）分散风险原则

企业的投资收益与风险是相伴而生的。一般说来，风险越大，报酬率就越高；风险越小，报酬率就越低。企业在进行对外投资时各投资对象的风险是不同的，如债券投资风险小于股票投资风险，基础产业投资风险小于高技术产业投资风险。企业在对外投资时为减少投资风险，应把资金分布在不同的投资项目上（即鸡蛋不能都放在一个篮子里），进行不同的投资组合。

（三）弹性原则

不同投资具有不同的投资收益率和投资风险，伴随着投资收益率和投资风险的变动，就要求投资结构能够被调整或者说要具有弹性。为此，必须做到弹性投资与固定投资相结合。所谓弹性投资就是容易转换、可以迅速收回的投资，大多数的金融投资都是弹性投资。固定投资是指期限较长、不易转换收回的投资。两者结合起来，不仅可以增加投资的种类，而且可以改变各种投资的数量比例，也就使得投资具有种类转换弹性和数量转换弹性。

问题三　企业对外投资应采取哪些策略？

企业有选择地对外投资是必要的，但不能盲目对外投资。企业对外投资时应采取相应的策略，包括：

（一）投资组合策略

采取投资组合策略，其具体方式包括：

1. 多元化投资

多元化投资，即把企业资金打散，分别投资于不同的地方，对投资进行空间范围内的量化控制。

2. 平均货币资金投资

这种组合是指企业用固定数量的货币资金，定期地、不间断地购买某种股票或基金，对投资进行时间范围内的量化控制。

3. 固定比率投资

由于股票、债券基金和其他投资在风险与回报率两方面各有不同特征，为了保持投资组合的平衡，企业一般应在股票、债券和其他投资之间设定一个固定的比率，以便达到预期的目标。

（二）投资定位策略

采取投资定位策略，主要应进行以下几个方面的分析定位：

1. 目标定位

投资定位策略，首先要明确的就是对外投资的目标。企业的对外投资目标应从企业长期发展战略中引伸出来，符合企业的长期发展战略，在全面分析市场未来发展趋势基础上寻找未来最适合自己发展的商机。

2. 环境定位

企业财务环境、投资环境与投资能力共同构成企业对外投资的土壤，对企业投资环境的正确认识将有助于企业发现新的发展机遇及沉着应对面临的威胁，从而有利于对外投资项目的成功展开。

3. 投资能力定位

进行投资能力定位将有助于全面认识企业，确定企业投资是否可行，规模是否科学、合理。

总之，企业在进行对外投资时，应注意遵循上述基本原则并采用科学的策略方法，以便形成一个最佳的决策方案，提高投资回报率。

学习任务（二） 掌握投资业务的核算

问题一 投资有哪些分类？

如前所述，投资是企业为了获得收益或实现资本增值向被投资单位投放资金的经济行为。企业对外进行的投资，从性质上划分，可以分为债权性投资和权益性投资；从管理层持有意图划分，可以分为交易性投资、可供出售投资、持有至到期投资等。本书重点介绍交易性投资和权益性投资。

问题二 什么是交易性投资？会计上应如何核算？

（一）交易性投资的概念及其目的

交易性投资是指企业以赚取差价为目的而买卖股票、债券、基金和权证的经济行为，属于短期投资。企业为了近期内出售而持有的股票、债券、基金和权证等，会计上称为交易性金融资产。

（二）交易性金融资产的核算

1. 应设置的主要会计科目

（1）“交易性金融资产”科目

该科目用以核算企业为交易目的所持有的债券、股票、基金等交易性金融资产的公允价值。借方登记交易性金融资产的取得成本、资产负债表日其公允价值高于账面余额的差额等；贷方登记资产负债表日其公允价值低于账面余额的差额，以及企业出售交易性金融资产时结转的成本和公允价值变动损益。企业应按交易性金融资产的类别和品种（如股票、债券、基金、权证等），分别设置“成本”和“公允价值变动”明细账进行明细核算。

小知识

什么是公允价值

某一资产或负债在某一时点上的公允价值，是指社会大众普遍认同和接受的价值。这个价值必须是有活跃市场、能够让市场所接受的价值，就如同证券交易市场上的股价、房地产交易市场上的房价等。它反映的是某一个时点上某项资产的公允价值。在不同的时点上公允价值是不一定相同的。公允价值也可理解为“市场价”。

（2）“公允价值变动损益”科目

该科目用以核算企业交易性金融资产等的公允价值变动而形成的应计入当期损益的利得或损失。贷方登记资产负债表日企业持有的交易性金融资产等的公允价值高于账面余额的差额；借方登记资产负债表日企业持有的交易性金融资产等的公允价值低于账面余额的差额。

（3）“投资收益“科目

该科目用以核算企业持有交易性金融资产等的期间内取得的投资收益以及处置交易性金融资产等实现的投资收益或投资损失，贷方登记企业出售交易性金融资产等实现的投资收益，借方登记企业出售交易性金融资产等发生的投资损失。

2. 交易性金融资产取得的核算

企业取得交易性金融资产时，应当按照该金融资产取得时的公允价值作为其初始成本确认金额，计入“交易性金融资产——成本”科目。取得交易性金融资产所支付的价款中包含的已经宣告发放但尚未发放的股利或已到付息期尚未领取的债券利息，应当单独确认为应收项目，并通过“应收股利”、“应收利息”科目反映。

取得交易性金融资产所发生的交易费用（如印花税、手续费、佣金等），应当在发生时计入投资收益。

【例 6－21】　宏利公司 2009 年 2 月 10 日购入 S 公司股票 3 000 股，每股购买价格 10 元，另支付交易手续费及印花税等计 230 元，款项以存入证券公司的投资款支付。

借：交易性金融资产——S公司股票（成本）　　30 000
　　投资收益　　230
　贷：其他货币资金——存出投资款　　30 230

【例6-22】　宏利公司2009年3月25日购入G公司债券850 000元，以进行交易为目的，不准备持有到期。购买价中包含已到付息期但尚未领取的债券利息2 000元，购买该债券支付交易费用850元，款项以银行存款支付。

借：交易性金融资产——G公司债券（成本）　　848 000
　　应收利息——G公司　　2 000
　　投资收益　　850
　贷：银行存款　　850 850

3. 交易性金融资产持有期间收到的股利、股息

交易性金融资产在持有期间可以凭持有的交易性金融资产依法获得相关的股利或债券利息收入。

在会计处理上，交易性金融资产持有期间被投资单位宣告发放的现金股利，或在资产负债表日按分期付息、一次还本债券的票面利率计算的利息，应作为交易性金融资产持有期间实际实现的投资收益，借记“应收股利”或“应收利息”科目，贷记“投资收益”科目。

【例6-23】　承【例6-21】，S公司2009年3月1日宣告发放股利，每股1元，宏利公司持有S公司股票3 000股，应收股利3 000元，该股利于3月15日实际收到，并存入投资款专户。

（1）3月1日，S公司宣告发放股利时：

借：应收股利——S公司　　3 000
　贷：投资收益　　3 000

（2）3月15日，宏利公司实际收到股利时：

借：其他货币资金——存出投资款　　3 000
　贷：应收股利——S公司　　3 000

4. 交易性金融资产的期末计价

在资产负债表日，交易性金融资产应当按照公允价值计量。交易性金融资产公允价值高于其账面价值时，应按其差额借记“交易性金融资产——公允价值变动”科目，贷记“公允价值变动损益”科目；交易性金融资产公允价值低于其账面价值时，应按其差额做相反记录。

【例6-24】　承【例6-21】，宏利公司2009年12月31日记录的持有S公司3 000股股票的账面价值（成本）为30 000元，该股票按当日收盘价为每股8元计算的公允价值为24 000元，应调低该股票账面价值6 000元。

借：公允价值变动损益——交易性金融资产变动损益　　6 000
　贷：交易性金融资产——S公司股票（公允价值变动）　　6 000

【例 6-25】　承【例 6-22】，宏利公司 2009 年 12 月 31 日记录的持有 G 公司债券的账面价值（成本）为 848 000 元，该债券按当日收盘价计算的公允价值为 849 000 元，应调增债券账面价值 1 000 元。

借：交易性金融资产——G 公司债券（公允价值变动）　1 000

　贷：公允价值变动损益——交易性金融资产变动损益　1 000

5. 交易性金融资产的出售

交易性金融资产出售时，应当将该金融资产出售时的公允价值与其初始成本金额之间的差额确认为投资收益，同时调整公允价值变动损益。

出售交易性金融资产时，企业按实际收到的金额，借记“银行存款”、“其他货币资金”等科目，按该金融资产的账面余额，贷记“交易性金融资产——成本”科目，按两者的差额借记（出售收入小于账面价值的差额）或贷记（出售收入大于账面价值的差额）“投资收益——交易性金融资产投资收益”科目。同时，将原计入该金融资产的公允价值变动转出，借记或贷记“公允价值变动损益”科目，贷记或借记“投资收益”科目。

【例 6-26】　承【例 6-21】和【例 6-24】，假定 2010 年 3 月 31 日，宏利公司将持有的 S 公司 3 000 股股票出售，出售收入为 38 000 元，款项存入证券公司投资专户，以备购买其他交易性金融资产。

借：其他货币资金——存出投资款　38 000

　交易性金融资产——S 公司股票（公允价值变动）　6 000

　贷：交易性金融资产——成本　30 000

　　投资收益——交易性金融资产投资收益　14 000

同时：

借：投资收益——交易性金融资产投资收益　6 000

　贷：公允价值变动损益——交易性金融资产变动损益　6 000

在本例中，以上两笔分录反映该交易性金融资产投资实际实现投资收益 8 000 元，该投资收益由两部分构成：一是出售该交易性金融资产售价高于账面价值的差额 14 000 元；二是本期实现的原来已经作为公允价值变动反映的损失 6 000 元。

问题三　长期股权投资应如何核算？

（一）长期股权投资的性质

长期股权投资是指通过投出各种资产取得被投资企业股权且不准备随时出售的投资，其主要目的是为了长远利益而影响、控制其他在经济业务上相关联的企业。

（二）投资企业与被投资企业的关系

按照投资企业对被投资企业的影响程度，投资企业与被投资企业的关系可以分为以下几种类型：

1. 控制

控制是指投资企业有权决定被投资企业的财务和经营决策，并能据以从该企业的经营活动中获取利益。一般来说，企业的重大财务和经营决策需要股东大会半数以上表决权通过，因此投资企业持有被投资企业半数以上表决权资本，通常认为对被投资企业具有控制权。此外，如果投资企业未持有被投资企业半数以上表决权资本，但能够通过章程、协议、法律等其他方式拥有半数以上表决权，或能够任免董事会多数成员，或在董事会中拥有半数以上投票权等，也视为对被投资企业拥有控制权。拥有控制权的投资企业一般称为母公司；被母公司控制的企业，一般称为子公司。

2. 共同控制

共同控制是指按照合同约定与其他投资者对被投资企业所共有的控制。一般来说，具有共同控制权的各投资方所持有的表决权资本相同。在这种情况下，被投资企业的重要财务和经营决策只有在分享控制权的投资方一致同意时才能通过。被各投资方共同控制的企业，一般称为投资企业的合营企业。

3. 重大影响

重大影响是指对一个企业的财务和经营决策有参与的权利，但并不能够控制或者与其他方一起共同控制这些决策的制定。一般来说，投资企业在被投资企业的董事会中派有董事，或能够参与被投资企业的财务和经营决策的制定，则对被投资企业形成重大影响。被投资企业如果受到投资企业的重大影响，一般称为投资企业的联营企业。

4. 无重大影响

无重大影响是指投资企业对被投资企业不具有控制和共同控制权，也不具有重大影响。

（三）长期股权投资的核算

1. 设置“长期股权投资”科目

“长期股权投资”科目核算企业持有的长期股权投资，借方登记长期股权投资取得时的成本以及采用权益法核算时按被投资企业实现的净利润计算的应分享的份额；贷方登记收回长期股权投资的价值或采用权益法时被投资企业宣告分派现金股利或利润时企业按持股比例计算应享有的份额，及被投资企业发生净亏损时按持股比例计算的应分担的份额；期末借方余额，反映企业持有的长期股权投资的价值。

2. 长期股权投资核算的成本法

（1）成本法的含义

成本法是指长期股权投资应按初始投资成本计价，一般不予变更，只有在追加投资或收回投资时才调整长期股权投资成本的核算方法。

小知识

长期股权投资初始投资成本的确定

除企业合并形成的长期股权投资外，以支付货币资金取得的长期股权投资，应当按照实际支付的购买价款以及与取得该长期股权投资直接相关的费用、税金及其他必要支出作为长期股权投资的初始投资成本。

此外，企业取得长期股权投资实际支付的价款或买价中包含的已宣告但尚未发放的现金股利或利润，应作为应收项目处理，不构成长期股权投资的成本。

(2) 成本法的适用范围

成本法一般适用于下列两种情况：

一是投资企业能够对被投资企业实施控制的长期股权投资，即投资企业对子公司的长期股权投资。

投资企业对子公司的长期股权投资采用成本法核算，在编制合并财务报表时应按照权益法进行调整。

二是投资企业对被投资企业不具有控制、共同控制或重大影响，并且在活跃市场中没有报价、公允价值不能可靠计量的长期股权投资。

(3) 取得长期股权投资的成本法核算

取得长期股权投资时，应按照初始投资成本计价。除企业合并形成的长期股权投资外，以支付现金、非现金资产等其他方式取得的长期股权投资，应按照上述规定的可计入长期股权投资初始投资成本的金额，借记"长期股权投资"科目，贷记"银行存款"等科目。

【例 6-27】 宏利公司 2007 年 6 月 10 日购入 A 公司普通股股票 100 000 股，占 A 公司普通股股本的 10%，每股买入价为 10 元（其中含有 0.1 元的已宣告分派的现金股利），用银行存款支付买价 1 000 000 元，手续费 8 000 元，共计 1 008 000 元。

(1) 计算初始投资成本：

股票成交金额（100 000×10）	1 000 000
加：相关税费	8 000
减：已宣告分派的现金股利（100 000×0.1）	10 000
	998 000

(2) 编制购入股票的会计分录：

借：长期股权投资——投资成本　　998 000

　　应收股利——A 公司　　10 000

　贷：银行存款　　1 008 000

(4) 持有期间投资收益的确认

长期股权投资持有期间被投资企业宣告发放现金股利或利润时，企业按应享有的部分确认为投资收益，借记"应收股利"科目，贷记"投资收益"科目。属于被投资企业在取得本企业投资前实现的净利润的分配额（即清算性股利），应作为投资成本的收回，借记"应收股利"科目，贷记"长期股权投资"科目。

【例 6-28】 宏利公司收到 A 公司发放的购买日以后形成的净利润所分配的现金股

利 6 000 元，存入银行。

借：银行存款　　6 000

　贷：投资收益　　6 000

【例 6-29】 宏利公司持有 B 公司的股票 30 000 股（2007 年 1 月购入），占 B 公司股本的 5%，实际成本为 150 000 元，2007 年 12 月实收股利 9 000 元；2008 年 12 月实收股利 12 000 元，现（2009 年 12 月）收到 B 公司发放的现金股利 15 000 元存入银行。B 公司 2006 年未分配利润为 100 000 元；2007 年净利润为 200 000 元，发放股利 180 000 元；2008 年净利润为 250 000 元，发放股利 240 000 元；2009 年净利润为 210 000 元，发放股利 300 000 元。

购入股票后累计实收股利＝9 000＋12 000＋15 000＝36 000（元）

购入股票后 B 公司净利润中本企业所占的份额＝(200 000＋250 000＋210 000)×5%＝33 000（元）

收回的清算性股利＝36 000－33 000＝3 000（元）

借：银行存款　　15 000

　贷：长期股权投资——投资成本　　3 000

　　投资收益　　12 000

(5) 长期股权投资的处置

处置长期股权投资时，按实际取得的价款与长期股权投资账面价值的差额确认为投资收益，并同时结转已计提的长期股权投资减值准备。其会计处理是：企业处置长期股权投资时，按实际收到的金额，借记“银行存款”等科目；按原已计提的减值准备，借记“长期股权投资减值准备”科目；按该项长期股权投资的账面余额，贷记“长期股权投资”科目；按尚未领取的现金股利或利润，贷记“应收股利”科目；按其差额，贷记或借记“投资收益”科目。

【例 6-30】 宏利公司将其作为长期持有的东方股份有限公司 20 000 股股票，以每股 18 元的价格卖出，支付相关税费 1 800 元。卖出股票价款 358 200 元已存入银行。该长期股权投资账面价值 300 000 元，假定没有计提减值准备。

借：银行存款　　358 200

　贷：长期股权投资——投资成本　　300 000

　　投资收益　　58 200

3. 长期股权投资核算的权益法

(1) 权益法的含义

权益法是指长期股权投资的账面价值要随着被投资企业的所有者权益变动而相应变动，大体上反映在被投资企业所有者权益中所占的份额。

(2) 权益法的适用范围

投资企业对被投资企业具有共同控制或重大影响时，长期股权投资应当采用权益法核算。

在实际工作中，企业对其合营企业、联营企业的长期股权投资，均采用权益法核算。

（3）权益法核算的科目设置

采用权益法进行长期股权投资的核算，应在“长期股权投资”科目下，设置“投资成本”、“损益调整”、“所有者权益其他变动”等明细科目。其中，“投资成本”明细科目反映购入股权时在被投资企业按公允价值确定的所有者权益中占有的份额；“损益调整”明细科目反映购入股权以后随着被投资企业留存收益的增减变动而享有份额的调整数；“所有者权益其他变动”明细科目反映购入股权以后随着被投资企业资本公积的增减变动而享有份额的调整数。

（4）取得长期股权投资的权益法核算

长期股权投资的初始投资成本大于投资时应享有被投资企业可辨认净资产公允价值份额的差额，不调整长期股权投资的初始投资成本，借记“长期股权投资——投资成本”科目，贷记“银行存款”等科目；长期股权投资的初始投资成本小于投资时应享有被投资企业可辨认净资产公允价值份额的，借记“长期股权投资——投资成本”科目，贷记“银行存款”等科目，按其差额，贷记“营业外收入”科目。

小知识

什么是可辨认净资产公允价值

可辨认净资产的公允价值，是指被投资企业可辨认资产的公允价值减去负债及或有负债公允价值后的余额。如某公司 2009 年 12 月 31 日流动资产、固定资产、无形资产等可辨认资产的公允价值为 92 000 000 元，其流动负债、长期负债及或有负债的公允价值为 52 000 000元，则该公司可辨认净资产的公允价值为 4 000（9 200—5 200）万元。

【例 6－31】 宏利公司于 2007 年 1 月 1 日购入联营企业 B 公司 40％的股权，实际支付价款 4 000 000 元；购买日，B 公司所有者权益账面价值 9 000 000 元，公允价值 10 500 000元，假定 B 公司所有者权益均为可辨认资产。

宏利公司享有 B 公司可辨认净资产公允价值的份额＝10 500 000×40％＝4 200 000（元）

借：长期股权投资——投资成本　　4 200 000

　贷：银行存款　　4 000 000

　　　营业外收入　　200 000

本例中，长期股权投资的初始成本 4 000 000 元小于应享有被投资企业可辨认净资产公允价值份额 4 200 00 元，其差额 200 000 元计入营业外收入。

小思考

假如【例 6－31】中宏利公司 2007 年 1 月 1 日购入联营企业 B 公司 40％的股权，实际支付价款为 4 800 000 元，其他条件不变。想一想，宏利公司应如何进行会计处理？

（5）权益法下投资损益的确认

持有长期股权投资期间，如被投资企业实现了净利润，投资企业应按照享有被投资企业净利润的份额确认为投资收益，借记“长期股权投资——损益调整”科目，贷记“投资收益”科目；如被投资企业发生净亏损，则作相反的会计分录，借记“投资收益”科目，贷记“长期股权投资——损益调整”科目（但以“长期股权投资”科目的账面价值减记至零为限）。

【例 6－32】 承【例 6－31】，2007 年 B 公司实现净利润 1 000 000 元，宏利公司按照持股比例 40％确认投资收益 400 000 元。

借：长期股权投资——损益调整　　400 000

　贷：投资收益　　400 000

被投资企业以后宣告发放现金股利或利润时，投资企业计算应分得的份额，借记“应收股利”科目，贷记“长期股权投资——损益调整”科目。收到被投资企业宣告发放的股票股利，不进行账务处理，但应在备查簿中登记。

【例 6－33】 承【例 6－32】，2008 年 3 月 1 日收到 B 公司分来 2007 年度净利润 200 000元。

借：银行存款　　200 000

　贷：长期股权投资——损益调整　　200 000

（6）持有长期股权投资期间被投资企业所有者权益的其他变动

在持股比例不变的情况下，被投资企业除净损益以外所有者权益的其他变动，投资企业按持股比例计算应享有的份额，借记或贷记“长期股权投资——其他权益变动”科目，贷记或借记“资本公积——其他资本公积”科目。

【例 6－34】 承【例 6－31】，2007 年 B 公司可供出售金融资产的公允价值增加了 300 000元，宏利公司按照持股比例确认相应的资本公积为 120 000 元。

借：长期股权投资——其他权益变动　　120 000

　贷：资本公积——其他资本公积　　120 000

（7）长期股权投资的处置

处置长期股权投资时，按实际取得的价款与长期股权投资账面价值的差额确认为投资收益，并同时结转已计提的长期股权投资减值准备。其会计处理是：按实际收到的金额借记“银行存款”等科目；按原已计提的减值准备，借记“长期股权投资减值准备”科目；按该项长期股权投资的账面余额，贷记“长期股权投资”科目；按尚未领取的现金股利或利润，贷记“应收股利”科目；按其差额，贷记或借记“投资收益”科目。

同时，还应结转原记入资本公积的相关金额，借记或贷记“资本公积——其他资本公积”科目，贷记或借记“投资收益”科目。

【例6-35】 承【例6-31】～【例6-34】，2008年12月20日，宏利公司出售B公司的所有股权，收到款项5 000 000元。

借：银行存款　　　　　　　　　　　　　5 000 000
　贷：长期股权投资——投资成本　　　　　　4 200 000
　　长期股权投资——损益调整　　　　　　200 000（400 000—200 000）
　　长期股权投资——其他权益变动　　　　120 000
　　投资收益　　　　　　　　　　　　　　480 000

同时：

借：资本公积——其他资本公积　　　　　　120 000
　贷：投资收益　　　　　　　　　　　　　　120 000

（四）长期股权投资减值

1. 长期股权投资减值金额的确定

（1）企业对子公司、合营企业及联营企业的长期股权投资在资产负债表日存在可能发生减值的迹象时，其可收回金额低于账面价值的，应当将该长期股权投资的账面价值减至可收回金额，减记的金额确认为减值损失，计入当期损益，同时计提相应的减值准备。

（2）企业对被投资企业不具有控制、共同控制或重大影响、且在活跃市场中没有报价、公允价值不能可靠计量的长期股权投资，应当将该长期股权投资在资产负债表日的账面价值，与按照类似金融资产当时市场收益率对未来现金流量折现确定的现值之间的差额，确认为减值损失，计入当期损益。

2. 长期股权投资减值的核算

企业计提长期股权投资减值准备，应当设置“长期股权投资减值准备”科目核算。企业按应减记的金额，借记“资产减值损失——计提的长期股权投资减值准备”科目，贷记“长期股权投资减值准备”科目。长期股权投资减值损失一经确认，在以后会计期间不得转回。

小结

筹资是企业进行一系列经营活动的先决条件。企业可采用的筹资方式主要有：吸收投资者的直接投资、发行股票、银行借款、发行债券、融资租赁和利用商业信用等。企业筹集资金是要付出一定的代价的，因此，企业应对各种筹资方式进行分析、对比，选择经济、可行的筹资方式。对于已发生的各种筹资业务如投资者投入资本、银行借款（短期借款和长期借款）、发行股票或债券等，要按照会计准则的规定进行及时、正确的会计处理。银行借款和应付债券的利息费用，如符合费用化条件应计入“财务费用”或“管理费用”

（筹建期间发生的利息支出）科目；如符合资本化条件则应计入“在建工程”、“研发支出”等科目。

投资是指企业为了获取收益或实现资本增值向被投资企业投出资金的经济行为。从性质上可分为债权性投资（债券投资）和权益性投资（股票投资、联营投资），从管理层持有意图上可分为交易性投资、持有至到期投资等。投资方式不同，其收益和风险也有所不同。企业应坚持效益性、分散风险等基本原则，选择合适的投资品种和投资对象；采取合理投资定位、优化投资组合等投资策略，以谋求最大的投资效益。资金核算人员应按照会计准则的规定，对交易性金融资产、长期股权投资等的取得、处置、减值等业务进行及时、正确的核算。长期股权投资的核算，应区分为成本法和权益法，应掌握各自的适用范围以及两种核算方法在科目设置、初始成本和投资收益确认上的区别。

思考与实训

一、问答题

1. 我国企业有哪些筹资方式？资金成本包括哪些内容？

2. 购入交易性金融资产的交易费用如何处理？

3. 企业对外投资应遵守的基本原则和策略有哪些？

4. 在不同情况下如何确认长期股权投资的初始投资成本？

5. 长期股权投资的成本法和权益法在核算上的区别有哪些？

二、判断题

1. 股份有限公司接受投资者投入的资本是通过“股本”科目核算的。（　）

2. 银行借款和应付债券的利息费用，发生时均应计入财务费用。（　）

3. 就投资而言，“鸡蛋不能放在同一个篮子里”是为了获取更大的投资收益。（　）

4. 长期股权投资的初始成本应包括买价和相关的交易税费。（　）

5. 采用权益法核算的长期股权投资的初始投资成本大于投资时应享有被投资单位可辨认净资产公允价值份额的，其差额计入长期股权投资。（　）

6. 采用成本法核算长期股权投资，投资企业收到被投资企业在取得本企业投资前实现净利润的分配额，应确认为投资收益。（　）

三、单项选择题

1. 下列不属于企业筹资渠道的是（　）。

A. 发行股票　　B. 银行借款

C. 利用商业信用　　D. 经营租赁

2. 2007 年 2 月 2 日，A 公司支付 8 300 000 元取得一项股权投资作为交易性金融资产核算，支付价款中包含已宣告尚未领取的现金股利 200 000 元，另支付交易费用 50 000 元。A 公司该项交易性金融资产的入账价值为（　）万元。

A. 810　　B. 815　　C. 830　　D. 835

3. A公司出资6 000 000元，取得了B公司60%的控股权，A公司对该项长期股权投资应采用（　　）核算。

A. 权益法　　B. 成本法

C. 市价法　　D. 成本与市价孰低法

4. 长期股权投资采用成本法核算时，下列各项目中，会引起长期股权投资增加的有（　　）。

A. 追加投资　　B. 实际收到现金股利

C. 被投资单位实现净利润　　D. 被投资单位宣告发放现金股利

5. 长期股权投资采用权益法核算时，初始投资成本大于应享有被投资单位所有者权益份额之间的差额，正确的会计处理是（　　）。

A. 冲减留存收益　　B. 冲减资本公积

C. 不进行调整　　D. 计入营业外收入

6. 长期股权投资采用成本法核算，在被投资单位宣告分配现金股利时，投资企业的会计处理是（　　）。

A. 借记“应收股利”科目，贷记“投资收益”科目

B. 借记“长期股权投资”科目，贷记“投资收益”科目

C. 借记“银行存款”科目，贷记“投资收益”科目

D. 借记“银行存款”科目，贷记“应收股利”科目

四、多项选择题

1. 我国企业筹资方式主要有（　　）。

A. 银行借款　　B. 发行债券

C. 融资租赁　　D. 吸收直接投资

2. 下列项目中，不应计入交易性金融资产取得成本的是（　　）。

A. 支付的不含应收股利的购买价款

B. 支付的交易费用

C. 支付给代理机构的佣金

D. 支付的已到付息期但尚未领取的利息

3. 下列可供出售金融资产的表述中，正确的有（　　）。

A. 可供出售的金融资产发生的减值损失应计入当期损益

B. 可供出售金融资产的公允价值变动损益应计入当期损益

C. 取得可供出售金融资产发生的交易费用应直接计入资本公积

D. 处置可供出售金融资产时，以前期间因公允价值变动计入资本公积的金额应转入当期损益

4. 长期股权投资的权益法的适用范围是（　　）。

A. 投资企业能够对被投资企业实施控制的长期股权投资

B. 投资企业对被投资企业不具有共同控制或重大影响，并且在活跃市场中没有报价，

公允价值不能可靠计量的长期股权投资

C. 投资企业对被投资企业具有共同控制的长期股权投资

D. 投资企业对被投资企业具有重大影响的长期股权投资

5. 长期股权投资采用权益法核算时，应计入“长期股权投资——损益调整”科目的有（　）。

A. 被投资企业发生亏损　　B. 被投资企业实现净利润

C. 投资企业接受固定资产捐赠　　D. 投资企业收到分得的现金股利

五、业务核算题

（一）A股份有限公司发生下列筹资业务：

1. 委托某证券公司代理发行普通股股票10 000 000股，每股面值2元，按每股价格4.8元发行。证券公司按发行收入的1%收取手续费，从溢价收入中扣除，发行股票收入款项已划入企业基本存款账户。

2. 2008年10月1日，从银行取得一笔生产周转用短期借款1 000 000元，期限6个月，年利率为8%，本金到期后一次归还，利息分月预提，按季支付。

(1) 10月1日，取得借款存入银行。

(2) 10月、11月末分别预提应付利息。

(3) 12月末支付10～12月份利息共计20 000元。

(4) 2009年4月1日，以银行存款偿还借款本金1 000 000元。

3. 2006年7月1日发行面值总额为3 000 000元的债券用于生产线建造工程，债券期限为3年，票面年利率为10%，到期一次还本付息（债券发行费用略）。

(1) 2006年7月20日将发行债券的收入款项存入银行。

(2) 2006年12月31日计算当年债券应付利息。

(3) 2007年12月31日计算当年债券应付利息（生产线工程于2007年年底完工并交付使用）。

(4) 2008年12月31日计算当年债券应付利息。

(5) 2009年6月30日计算当年债券应付利息。

(6) 2009年7月1日，以银行存款偿还债券本息。

要求：

根据提供的经济业务编制会计分录。

（二）某有限责任公司由A、B、C共同出资设立，持股比例分别为50%、30%和20%。

1. 收到A投资者投入货币资金149 000元，同时收到作为资本投入的不需要安装的生产设备一台，合同约定的价值为300 000元，增值税进项税额为51 000元。

2. 收到B投资者投入货币资金66 000元，同时收到作为资本投入的原材料一批，该批材料协议约定价值为200 000元，已开具的增值税专用发票上列明的增值税额为34 000元，材料已验收入库。

3. 收到C投资者作为资本投入的商标使用权一项，投资合约定价值为200 000元。

4. 因扩大经营规模需要，经批准，公司按原出资比例将资本公积100 000元转增资本。

要求：

根据提供的经济业务编制会计分录。

（三）A公司发生下列投资业务：

1. 2007年4月30日，从二级市场购入B公司股票2 000 000股作为可供出售金融资产，每股20元（含已宣告但尚未发放的现金股利2元），另发生交易费用20 000元，以银行存款支付购买股票款及交易费用。

2. 2007年5月15日，收到现金股利4 000 000元。

3. 2007年12月31日，B公司股票每股市场价格为18.6元。

4. 2008年1月6日，出售B公司股票1 000 000股，每股售价18.8元（不考虑交易费用）。

要求：

根据提供的经济业务编制会计分录。

（四）B股份有限公司（以下简称B公司）2007—2009年投资业务有关的资料如下：

1. 2007年1月1日，B公司以银行存款10 000 000元，购入C股份有限公司（以下简称C公司）股票，占C公司有表决权股份的30%，对C公司的财务和经营政策具有重大影响，不考虑相关费用。2007年1月1日，C公司所有者权益账面价值为30 000 000元，公允价值为29 000 000元，假定C公司所有者权益均为可辨认资产。

2. 2007年度，C公司实现净利润12 000 000元。

3. 2008年5月2日，C公司宣告发放2007年度的现金股利3 000 000元，并于2008年5月20日实际发放。

4. 2008年度，C公司发生净亏损6 000 000元。

5. 2008年12月31日，B公司预计对C公司长期股权投资的可收回金额为9 000 000元。

要求：

根据提供的经济业务编制会计分录。

（五）A公司发生下列投资业务：

1. 2006年1月1日，A公司开出支票8 000 000元，收购了B公司60%的表决权股份，B公司所有者权益账面价值为15 000 000元。

2. 2006年6月5日，B公司宣告分派2005年度现金股利1 200 000元，2006年B公司实现净利润2 500 000元。

3. 2007年6月5日，B公司宣告分派现金股利2 000 000元，2007年度B公司实现净利润3 000 000元。

4. 2008年6月5日，B公司宣告分派现金股利1 800 000元。

要求：

根据提供的经济业务编制会计分录。

案例分析

宏利公司近期因扩大生产经营规模，急需 3 000 000 元资金购买生产设备。为此，公司召集财务科、设备科等有关科室的中层干部讨论筹资方案，与会人员七嘴八舌，有人说向银行借款，有人说发行债券或股票，也有人说通过融资租赁，等等。假如你是一位资金核算员，你会从哪些角度来考虑筹资方案？筹集到的资金如何使用才会发挥最大的效益？

项目七　收入、费用和利润核算岗位实务

任务引入

宏利公司收到外单位捐赠的一批货物，会计小李认为是企业的一项收入而计入了“其他业务收入”科目，会计主管审核时指出小李的账务处理不正确，应将接受捐赠的收入作为企业的营业外收入而不是其他业务收入，小李不以为然，认为计入哪个收入类科目并不重要，因为它对企业利润没有影响。情况果真如此吗？企业的收入有哪些分类？利润是如何形成的？实现的利润怎样分配呢？

通过本章的学习，你会找到相应的答案。

学习目标

1. 了解企业收入的类别
2. 能够对企业各种收入进行正确的计量与核算
3. 熟悉费用的内容并掌握费用的核算
4. 了解利润的构成内容
5. 掌握利润形成及其利润分配的核算

模块一　收入核算实务

学习任务（一）　认识企业的收入

问题一　什么是收入？

收入是指企业在日常活动中形成的，会导致所有者权益增加的，与所有者投入资本无关的经济利益的总流入。如工业企业的收入也就是工业企业通过产品销售等活动而获得的经济上的回报，包括产品销售收入、提供劳务收入和让渡资产使用权收入等。

问题二　收入具有哪些特点？应如何分类？

（一）收入的特点

1. 收入是从企业的日常活动中产生的，而不是偶发的交易或事项中产生的

日常活动产生的收入是指企业为完成其经营目标所从事的经常性活动而实现的收入，如工业企业生产并销售产品、商业企业销售商品、咨询公司提供咨询服务、软件公司为客户开发软件等实现的收入。另外，企业发生的与经常性活动相关的其他活动，如工业企业对外出售不需用的原材料、对外转让无形资产使用权等形成的经济利益的总流入也构成收入。企业发生的既不属于经常性活动也不属于与经常性活动相关的其他活动，如工业企业处置固定资产、无形资产等形成的经济利益的总流入属于营业外收入。

2. 收入会导致企业所有者权益的增加

收入可能表现为企业资产的增加，如增加银行存款、应收账款等；也可能表现为企业负债的减少，如减少预收账款等；或两者兼而有之，如销售商品的收入实现时，其取得的销售收入，部分冲减预收账款，部分增加银行存款。根据“资产－负债＝所有者权益”的等式，企业所取得的收入一定能增加企业的所有者权益。

3. 收入只包括本企业经济利益的流入，不包括为第三方或客户代收的款项

代收的款项，一方面增加本企业的资产，另一方面增加本企业的负债，因此不增加企业的所有者权益，也不属于本企业的经济利益，不能作为本企业的收入。

（二）收入的分类

1. 按企业从事日常活动的性质划分

收入按企业从事日常活动性质的不同，分为：

（1）商品销售收入

商品销售收入是指企业通过销售商品实现的收入。这里的商品包括企业为销售而生产的产品和为销售而购进的货物。

（2）提供劳务收入

提供劳务收入是指企业通过提供劳务而实现的收入。比如，企业通过提供运输、培训、产品安装等劳务所实现的收入。

（3）让渡资产使用权收入

让渡资产使用权收入是指通过让渡资产使用权实现的收入。让渡资产使用权收入主要是指金融企业对外贷款形成的利息收入及企业转让无形资产（如商标权、专利权）等资产的使用权形成的使用费收入。

2. 按企业经营业务的主次划分

收入按企业经营业务的主次不同，分为主营业务收入和其他业务收入。

（1）主营业务收入

主营业务收入是指企业为完成其经营目标所从事的经常性活动而实现的收入。主营业务收入一般占企业总收入的比重较大，对企业的经济效益产生较大影响。

(2) 其他业务收入

其他业务收入是指企业为完成其经营目标所从事的与经常性活动相关的活动实现的收入。其他业务收入属于企业日常活动中次要交易实现的收入，一般占企业收入的比重较小。

对工业企业而言，企业实现的材料销售收入、包装物租金收入、固定资产租金收入、无形资产使用费收入等，属于其他业务收入。

问题三　企业的商品销售收入如何确认？

商品销售收入同时满足下列条件的，才能予以确认：

（一）企业已将商品所有权上的主要风险和报酬转移给购货方

企业已将商品所有权上的主要风险和报酬转移给购货方，是指与商品所有权有关的主要风险和报酬同时转移给购货方。其中，与商品所有权有关的风险，是指商品可能发生减值或毁损等形成的损失；与商品所有权有关的报酬，是指商品价值增值或通过使用商品等形成的经济利益。

判断企业是否已将商品所有权上的主要风险和报酬转移给购货方，应当关注交易的实质而不是形式，同时考虑所有权凭证的转移或实物的交付。如果与商品所有权有关的任何损失均不需要销货方承担，与商品所有权有关的任何经济利益也不归销货方所有，就意味着商品所有权上的主要风险和报酬转移给了购货方。

某些情况下，没有交付实物但已转移商品所有权凭证，商品所有权上的主要风险和报酬也会随之转移，企业只保留了次要风险和报酬，如交款提货方式销售商品。有时，已交付实物但尚未转移商品所有权凭证，商品所有权上的主要风险和报酬实际并未随之转移，如采用支付手续费方式委托代销商品。

（二）企业既没有保留通常与所有权相联系的经营管理权，也不再对已售出的商品实施有效控制

通常情况下，企业售出商品后不再保留与商品所有权相联系的继续管理权，也不再对售出商品实施有效控制，商品所有权上的主要风险和报酬已经转移给购货方，这时应在发出商品时确认收入。如果商品售出后，企业仍然保留与商品所有权相联系的继续管理权，则说明此项销售交易不能成立，不应确认为商品销售收入。同样的道理，如果商品售出后，企业仍对商品可以实施有效控制，也说明销售不能成立，不应确认商品销售收入，如售后租回业务等。

（三）收入的金额能够可靠地计量

收入的金额能够可靠地计量，是指收入的金额能够合理地估计。如果收入的金额不能够合理估计，就无法确认收入。企业销售商品时，商品价格通常已经确定。但是，由于销售商品过程中某些不确定因素的影响，也有可能存在商品销售价格发生变动的情况。在这种情况下，新的商品销售价格未确定前，通常不应确定商品销售收入。

（四）相关的经济利益很可能流入企业

相关的经济利益很可能流入企业，是指商品销售价款收回的可能性大于不能收回的可能性，即商品销售价款收回的可能性超过50%。企业在确定销售商品价款收回的可能性时，应当结合以前和买方的直接经验、政府有关政策、其他方面取得的信息等因素进行分析。企业销售的商品符合合同或协议要求，已将发票账单交付买方，买方承诺付款，通常表明满足本确认条件（相关的经济利益很可能流入企业）。

（五）相关的已发生或将发生的成本能够可靠地计量

通常情况下，销售商品相关的已发生的或将发生的成本能够合理地估计，如库存商品的成本、商品运输费用等。如果库存商品是本企业生产的，其生产成本能够可靠计量；如果是外购的，购买成本能够可靠计量。有时，销售商品相关的已发生的或将发生的成本不能够合理地估计，此时企业不应确认收入，若已收到价款，应将已收到的价款确认为负债。

小贴士

熟悉商品销售收入的确认条件，是正确核算商品销售收入的关键点。

相关链接

工商企业确认商品销售收入的几种具体情形

(1) 采用交款提货方式，企业应在开出发票账单收到货款时确认为收入。

(2) 采用预收款方式销售商品，企业通常应在实际发出商品时确认收入，在此之前预收的货款应确认为负债。

(3) 采用托收承付方式或委托收款方式销售商品的，应当在发出商品办妥托收手续时确认收入。

(4) 采用支付手续费方式代销商品的，应在收到受托方的代销清单时确认收入。

学习任务（二） 掌握收入的核算

问题一　商品销售收入业务应如何核算？

（一）一般商品销售业务的核算

在进行商品销售的会计处理时，首先要考虑商品销售收入是否符合收入确认条件。符合收入五项确认条件的，企业应按已收或应收的合同或协议价款，加上应收取的增值税额，借记“银行存款”、“应收账款”、“应收票据”等科目；按确定的收入金额，贷记“主营业务收入”等科目；按应收取的增值税额，贷记“应交税费——应交增值税（销项税额）”科目。同时结转相关销售成本，借记“主营业务成本”科目，贷记“库存商品”等科目。

【例 7-1】　2009 年 9 月 1 日，宏利公司销售 500 套运动服给 A 公司，每套售价 200 元，增值税率为 17%，款项已办妥托收手续，每套运动服的生产成本为 178 元。

借：应收账款——A 公司　　117 000

　贷：主营业务收入　　100 000

　　　应交税费——应交增值税（销项税额）　　17 000

同时：

借：主营业务成本　　89 000

　贷：库存商品——运动服　　89 000

（二）销售商品涉及现金折扣、商业折扣、销售折让的核算

企业销售商品有时会遇到现金折扣、商业折扣、销售折让等问题，应分不同情况处理：

1. 现金折扣

现金折扣是指债权人为鼓励债务人在规定的期限内提早付款而向债务人提供的债务扣除。企业销售商品涉及现金折扣的，应当按照扣除现金折扣前的金额确定销售收入金额。现金折扣在实际发生时计入财务费用，核算举例详见本书“项目二中的【例 2-3】”。

2. 商业折扣

商业折扣是指企业为促进商品销售而在商品标价上给予的价格扣除。企业销售商品涉及商业折扣的，应当按照扣除商业折扣后的金额确定商品销售收入金额。

【例 7-2】　2009 年 9 月 10 日，宏利公司销售货物 500 套给 B 公司，双方商定在每套正常销售价格 480 元的基础上给予 5%的价格折扣，增值税率为 17%，价税款已存入银行，该批货物的成本为 210 000 元。

借：银行存款　　266 760

　贷：主营业务收入　　228 000

　　　应交税费——应交增值税（销项税额）　　38 760

同时：

借：主营业务成本　　210 000

　贷：库存商品　　210 000

本例中，确认的商品销售收入为 228 000 元［500×480×(1－5%)］，相应的增值税额为 38 760 元［500×480×(1－5%)×17%］。

3. 销售折让

销售折让是指企业因售出商品的质量不合格等原因而在售价上给予的减让。对于销售折让，企业应分不同情况进行处理。

(1) 已确认收入的售出商品发生销售折让时，通常应当在发生时冲减当期商品销售

收入。

【例7-3】 承【例7-1】，2009年9月28日，宏利公司接到A公司投诉电话，A公司称其9月1日向宏利公司购进的运动服中有50套存在质量问题，要求退货或给予价格上的减让。经宏利公司质检人员查实，该50套运动服确实有质量问题，经协商每套给予A公司30元的价格减让，现已开具红字发货票，并以银行存款退还A公司价格减让款1 500元及销项税额255元。

借：主营业务收入　　　　1 500

　贷：应交税费——应交增值税（销项税额）　　　　255（红字）

　　银行存款　　　　1 755

（2）已确认收入的销售折让属于资产负债表日后事项的，应当按照有关资产负债表日后事项的相关规定进行处理（因该种情况的会计处理较为复杂，本书暂不涉及）。

（三）销售退回的核算

销售退回，是指企业售出的商品由于质量、品种不符合要求等原因而发生的退货。对于销售退回，企业应分不同情况进行会计处理：

（1）对于未确认收入的售出商品发生销售退回的，企业应按已计入“发出商品”科目的商品成本金额，借记“库存商品”科目，贷记“发出商品”科目。

（2）对于已确认收入的售出商品发生退回的，企业一般在发生时冲减当期商品销售收入，同时冲减当期商品销售成本。该项销售退回已发生现金折扣的，应同时调整相关财务费用的金额；如该项销售退回允许扣减增值税额的，应同时调整“应交税费——应交增值税（销项税额）”科目的相应金额。

【例7-4】 承【例7-1】和【例7-3】资料，销售给A公司的50套有质量问题的运动服，如宏利公司同意对方退货，宏利公司在收到A公司退回的50套运动服后，开具红字销售货发票，冲减商品销售收入10 000元，销项税额1 700元。退货款以银行存款支付。

借：主营业务收入　　　　10 000

　贷：应交税费——应交增值税（销项税额）　　　　1 700（红字）

　　银行存款　　　　11 700

同时：

借：主营业务成本　　　　8 900（红字）

　贷：库存商品——运动服　　　　8 900（红字）

（3）已确认收入的售出商品发生的销售退回属于资产负债表日后事项的，应当按照有关资产负债日后事项的相关规定进行会计处理。

（四）采用支付手续费方式委托代销商品的核算

1. 委托方的核算

采用支付手续费代销方式下，委托方在发出商品时，商品所有权上的主要风险和报酬并未转移给受托方，委托方在发出商品时通常不应确认商品销售收入。发出商品时，借记

“发出商品”科目，贷记“库存商品”科目；在收到受托方开出的代销清单时确认商品销售收入，借记“应收账款”或“银行存款”科目，贷记“主营业务收入”、“应交税费——应交增值税（销项税额）”科目，同时将应支付的代销手续费计入销售费用。

2. 受托方的核算

受托方可通过“受托代销商品”、“受托代销商品款”等科目，对受托代销商品进行核算。确认代销手续费收入时，借记“受托代销商品款”科目，贷记“其他业务收入”等科目。

【例7-5】 2009年9月2日，宏利公司委托C公司销售商品200件，商品已经发出，每件成本为60元。合同约定C公司应按每件100元出售，宏利公司按售价的10%向C公司支付手续费。2009年9月28日，收到C公司开具的代销清单，C公司实际销售代销商品100件。2009年10月8日收到C公司的代销商品款（已扣除代销手续费）。

（1）宏利公司（委托方）的会计处理

1）9月2日，向C公司发出200件商品时：

借：发出商品——C公司　　12 000

　贷：库存商品　　12 000

2）9月28日收到代销清单，向C公司开具增值税专用发票，并计算应付代销手续费时：

借：应收账款——C公司　　11 700

　贷：主营业务收入　　10 000

　　　应交税费——应交增值税（销项税额）　　1 700

同时：

借：主营业务成本　　6 000

　贷：发出商品——C公司　　6 000

借：销售费用　　1 000（100×100×10%）

　贷：应收账款——C公司　　1 000

3）2009年10月8日，收到C公司的代销款时：

借：银行存款　　10 700

　贷：应收账款——C公司　　10 700

（2）C公司（受托方）的会计处理

1）收到代销商品时，按规定售价：

借：受托代销商品　　20 000

　贷：受托代销商品款　　20 000

2）对外销售时：

借：银行存款　　11 700

　贷：受托代销商品　　10 000

　　　应交税费——应交增值税（销项税额）　　1 700

3）收到委托方增值税专用发票时：

借：应交税费——应交增值税（销项税额）　　1 700

　贷：应付账款——宏利公司　　1 700

4）支付货款并计算代销手续费时：

借：受托代销商品款　　10 000

　　应付账款——宏利公司　　1 700

　贷：银行存款　　10 700

　　　其他业务收入——代销手续费收入　　1 000

小贴士

“发出商品”科目用以核算企业商品已转移至其他单位，但商品所有权上的主要风险和报酬并未随之转移的经济事项。

问题二　其他业务收入应如何核算？

（一）应设置的会计科目

1.“其他业务收入”科目

为了核算企业出租固定资产、转让无形资产、出售包装物、销售原材料等除主营业务以外的其他经营活动实现的收入及其结转等情况，应设置“其他业务收入”科目。该科目贷方登记企业实现的各项其他业务收入，借方登记期末转入“本年利润”科目的数额，结转后该科目无余额。

2.“其他业务成本”科目

为了核算企业除主营业务活动以外的其他经营活动所发生的成本及其结转情况，应设置“其他业务成本”科目。该科目借方登记企业各项其他业务所发生的支出，包括销售原材料的成本、出租固定资产的累计折旧、出租无形资产的累计摊销、出租包装物的成本或摊销额等；贷方登记期末转入“本年利润”科目的其他业务成本数额，结转后该科目无余额。

（二）主要会计处理

企业在确认其他业务收入时，按售价和应收取的增值税金额（如果有），借记“银行存款”、“应收账款”等科目；按确认的其他业务收入，贷记“其他业务收入”科目；如果是增值税一般纳税企业，且其他业务涉及增值税的（如销售材料），还应贷记“应交税费——应交增值税（销项税额）”科目。

结转销售材料的实际成本、计提出租固定资产的折旧、摊销出租无形资产的成本、结转或摊销出租包装物的成本时，借记“其他业务成本”科目，贷记“原材料”、“累计折旧”、“累计摊销”、“周转材料”等科目。

【例 7-6】　宏利公司销售多余原材料一批，开出的增值税专用发票上注明的售价 20 000元，增值税 3 400 元，款项尚未收到。该批材料的计划成本 17 000 元，应负担的材料成本差异为 200 元（超支）。

（1）确认销售材料的收入时：

借：应收账款　　23 400
　贷：其他业务收入——原材料出售收入　　20 000
　　　应交税费——应交增值税（销项税额）　　3 400

（2）结转已售材料的成本时：

借：其他业务成本　　17 200
　贷：原材料　　17 000
　　　材料成本差异　　200

【例 7-7】　转让一项无形资产的使用权，收取的价款 4 000 元，已存入银行（适用的营业税率为 5%）。另外，转让无形资产过程中，用现金支付咨询费 850 元。

借：银行存款　　4 000
　贷：其他业务收入——无形资产使用费收入　　4 000
借：其他业务成本　　850
　贷：库存现金　　850
借：营业税金及附加　　200
　贷：应交税费——应交营业税　　200

模块二　费用核算实务

学习任务（一）　认识费用

问题一　什么是费用？费用有哪些特点？

费用是指企业在日常活动中发生的、会导致所有者权益减少的、与向所有者分配利润无关的经济利益的总流出。费用具有以下特点：

（一）费用是企业日常活动中发生的经济利益的总流出

工业企业制造并销售产品、商业企业购买并销售商品、咨询公司提供咨询服务、租赁公司出租资产等活动中发生的经济利益的总流出构成费用。工业企业对外出售不需用的原材料结转的材料成本等，也构成费用。

费用形成于企业日常活动的特征使其与产生于非日常活动的损失相区分。企业从事或发生的某些活动或事项也能导致经济利益流出企业，但不属于企业的日常活动。例如，企业处置固定资产、无形资产等非流动资产，因违约支付罚款，对外捐款，因自然灾害等非常原因造成财产毁损等，这些活动或事项形成的经济利益的总流出属于企业的损失而不是费用。

（二）费用会导致企业所有者权益的减少

费用既可能表现为资产的减少，如减少银行存款、库存商品等；也可能表现为负债的增加，如增加应付职工薪酬、应交税费等。根据“资产－负债＝所有者权益”的会计等式，费用一定会导致企业所有者权益的减少。

企业经营管理中的某些支出并不减少企业的所有者权益，也就不构成费用。例如，企业以银行存款偿还一项负债，只是一项资产和一项负债的等额减少，对所有者权益没有影响，因此，不构成企业的费用。

（三）费用与向所有者分配利润无关

向所有者分配利润或股利属于企业利润分配的内容，不构成企业的费用。

问题二　费用的主要内容有哪些？

企业的费用主要包括主营业务成本、其他业务成本、营业税金及附加、销售费用、管理费用和财务费用等。

学习任务（二）　掌握费用的核算

问题一　主营业务成本、其他业务如何核算？

（一）主营业务成本

主营业务成本是指企业销售商品、提供劳务等经常性活动所发生的成本。企业一般在确认销售商品、提供劳务等主营业务收入时或在月末，将已销售商品、已提供劳务的成本结转入主营业务成本。

有关主营业务成本的核算举例见【例7－1】和【例7－2】。

（二）其他业务成本

其他业务成本是指企业除主营业务活动以外的其他经营活动所发生的成本。

有关其他业务成本的核算举例见【例7－6】和【例7－7】。

（三）营业税金及附加

营业税金及附加是指企业经营活动应负担的相关税费。

有关营业税金及附加的核算举例参见“项目二中的【例2－28】和【例2－30】”。

问题二　销售费用如何核算？

1. 销售费用的内容

销售费用是指企业在销售商品过程中发生的各项费用，包括企业在销售商品过程中发生的包装费、保险费、展览费和广告费、商品维修费、预计产品质量保证损失、运费、装卸费等费用，以及企业发生的为销售本企业商品而专设的销售机构的职工薪酬、业务费、折旧费、固定资产修理费等费用。

2. 销售费用的核算

企业应通过“销售费用”科目，核算销售费用的发生和结转情况。该科目借方登记企业所发生的各项销售费用，贷方登记期末转入“本年利润”科目的销售费用，结转后该科目应无余额。该科目应按销售费用的费用项目进行明细核算。

【例 7-8】　宏利公司为宣传新产品发生广告费 80 000 元，用银行存款支付。

借：销售费用——广告费　　80 000

　贷：银行存款　　80 000

【例 7-9】　宏利公司销售部 8 月份共发生费用 220 000 元，其中：应付销售人员薪酬 100 000 元，计提销售部专用办公设备折旧费 50 000 元，用银行存款支付业务费 70 000 元。

借：销售费用——销售人员工资　　100 000

　　　　　　——折旧费　　50 000

　　　　　　——业务费　　70 000

　贷：应付职工薪酬　　100 000

　　　累计折旧　　50 000

　　　银行存款　　70 000

【例 7-10】　宏利公司销售一批产品，销售过程中发生运费 5 000 元、装卸费 2 000 元，均用银行存款支付。

借：销售费用——运杂费　　7 000

　贷：银行存款　　7 000

问题三　管理费用如何核算?

1. 管理费用的内容

管理费用是指企业为组织和管理生产经营活动而发生的各种管理费用，包括企业在筹建期间发生的开办费、董事会和行政管理部门在企业的经营管理中发生的或者应由企业统一负担的公司经费（包括行政管理部门职工薪酬、物料消耗、低值易耗品摊销、办公费和差旅费等）、董事会费（包括董事会成员津贴、会议费和差旅费等）、聘请中介机构费、咨询费（含顾问费）、诉讼费、业务招待费、房产税、车船使用税、土地使用税、印花税、技术转让费、矿产资源补偿费、研究费用、排污费以及企业行政管理部门使用的固定资产的折旧费和修理费等。

2. 管理费用的核算

企业应通过“管理费用”科目，核算管理费用的发生和结转情况。该科目借方登记企业发生的各项管理费用，贷方登记期末转入“本年利润”科目的管理费用，结转后该科目应无余额。该科目应按管理费用的费用项目进行明细核算。

【例 7-11】 宏利公司筹建期间发生办公费、差旅费等开办费 25 000 元，均用银行存款支付。

借：管理费用——开办费　　25 000
　贷：银行存款　　25 000

【例 7-12】 宏利公司为拓展产品销售市场发生业务招待费 50 000 元，以银行存款支付。

借：管理费用——业务招待费　　50 000
　贷：银行存款　　50 000

【例 7-13】 宏利公司就一项产品的设计方案向有关专家进行咨询，以现金支付咨询费 30 000 元。

借：管理费用——咨询费　　30 000
　贷：库存现金　　30 000

【例 7-14】 宏利公司行政部 9 月份共发生费用 224 000 元，其中：应付行政人员薪酬 150 000 元，计提行政部专用办公设备折旧费 45 000 元，报销行政人员差旅费 8 000 元（用现金支付），办公用品费 21 000 元（用银行存款支付）。

借：管理费用——管理人员工资　　150 000
　　　　　——折旧费　　45 000
　　　　　——差旅费　　8 000
　　　　　——办公用品费　　21 000
　贷：应付职工薪酬　　150 000
　　　累计折旧　　45 000
　　　库存现金　　8 000
　　　银行存款　　21 000

【例 7-15】 宏利公司以银行存款支付印花税1 200元，并计提当年应交房产税 12 000元、车船使用税 3 200 元。

借：管理费用——房产税　　12 000
　　　　　——车船使用税　　3 200
　　　　　——印花税　　1 200
　贷：应交税费——应交房产税　　12 000
　　　　　　——应交车船使用税　　3 200
　　　银行存款　　1 200

问题四　财务费用如何核算？

1. 财务费用的内容

财务费用是指企业为筹集生产经营所需资金等而发生的筹资费用，包括利息支出（减利息收入）、汇总损益以及相关的手续费、企业发生或收到的现金折扣等。

2. 财务费用的核算

企业应通过“财务费用”科目，核算财务费用的发生和结转情况。该科目借方登记企业发生的各项财务费用，贷方登记期末转入“本年利润”科目的财务费用，结转后该科目应无余额。该科目应按财务费用的费用项目进行明细核算。

【例7-16】　宏利公司于2007年1月1日向银行借入生产经营用短期借款360 000元，期限6个月，年利率为5%，该借款本金到期后一次归还，利息分月预提，按季支付。

(1) 1、2月末，预提当月份应付利息：

360 000×5%÷12=1 500（元）

借：财务费用——利息　　1 500

　贷：应付利息　　1 500

(2) 宏利公司于2007年3月31日收到银行计息通知单，支付上述借款一季度利息共计4 500元。

借：应付利息　　3 000

　　财务费用——利息　　1 500

　贷：银行存款　　4 500

【例7-17】　宏利公司于2007年1月1日平价发行公司债券，面值500 000 000元，期限2年，年利率为6%，到期后本息一次归还。债券发行过程中，以银行存款支付手续费2 500 000元。有关手续费的会计分录如下：

借：财务费用——手续费　　2 500 000

　贷：银行存款　　2 500 000

模块三　利润核算实务

学习任务（一）　认识企业的利润

问题一　什么是利润?

利润是指企业在一定会计期间的经营成果，包括收入减去费用后的净额、直接计入当期利润的利得和损失等。

直接计入当期利润的利得和损失，是指应当计入当期损益、会导致所有者权益增减变动的、与所有者投入资本或者向所有者分配利润无关的利得和损失，即企业发生的营业外收入和营业外支出。

问题二　企业的利润是如何构成的？

利润按其形成过程，分为税前利润和税后利润。税前利润也称利润总额；税前利润减去所得税费用，即为税后利润，也称净利润。

（一）利润总额

利润总额＝营业利润＋营业外收入－营业外支出

其中：营业利润＝营业收入（主营业务收入＋其他业务收入）－营业成本（主营业务成本＋其他业务成本）－营业税金及附加－销售费用－管理费用－财务费用－资产减值损失＋公允价值变动收益（－公允价值变动损失）＋投资收益（－投资损失）

（二）净利润

净利润＝利润总额－所得税费用

其中，所得税费用是指企业确认的应当从当期利润总额中扣除的所得税费用。

小思考

宏利公司2010年1月各收支账户的净发生额如表7－1所示。算一算：该公司1月份的营业收入、营业利润、利润总额和净利润各是多少？

学习任务（二）　掌握企业利润形成的核算

由于影响利润形成的主营业务收入、主营业务成本、营业税金及附加、销售费用、管理费用、财务费用、资产减值损失、公允价值变动收益、投资收益等业务的核算已在本书有关内容中进行了介绍，故下面重点就营业外收入、营业外支出及所得税费用的核算予以说明。

问题一　什么是营业外收入？营业外收入的具体内容有哪些？

营业外收入是指企业发生的与其日常经营活动无直接关系的各项利得，主要包括：

（一）非流动资产处置利得

非流动资产处置利得，即指企业处置各项非流动资产取得的收入扣除所处置的非流动资产的账面价值及所发生的相关税费后的净收益，包括固定资产处置所得和无形资产出售利得。

（二）盘盈利得

盘盈利得，主要指对于现金等清查盘点中盘盈的现金等，在无法查明原因报经批准后作为盘盈利得计入营业外收入。

（三）罚没利得

罚没利得，即指企业获得的各种罚款收入在弥补由于对方违反合同或协议而造成的经济损失后的罚款净收入。

（四）确实无法支付而按规定程序经批准后转作营业外收入的应付款项

（五）捐赠利得

捐赠利得，即指企业接受外单位捐赠形成的利得。

问题二　营业外收入业务应如何核算？

为了核算企业发生的各项营业外收入，应设置“营业外收入”科目。企业取得营业外收入时，应借记有关科目，贷记“营业外收入”科目；期末结转时，借记“营业外收入”科目，贷记“本年利润”科目，结转后该科目应无余额。

【例 7-18】　2009 年 9 月 20 日，因 A 公司不遵守合同的规定，被法院判决支付 10 000元违约金给宏利公司，另宏利公司当月确认一项确实无法支付的应付账款，账面价值为 50 000 元。

（1）宏利公司收到 A 公司违约金时：

借：银行存款　　　　10 000

　贷：营业外收入——罚没利得　　　　10 000

（2）确认确实无法支付的应付账款时：

借：应付账款　　　　50 000

　贷：营业外收入——无法支付的应付账款　　　　50 000

问题三　什么是营业外支出？企业的哪些支出属于营业外支出？

营业外支出是指企业发生的与其日常经营活动无直接关系的各项损失，主要包括：

（一）处置非流动资产损失

处置非流动资产损失，即指企业处置各项非流动资产所取得的收入扣除所处置的非流动资产的账面价值及所发生的相关税费后的净损失，包括处置固定资产损失、处置无形资产损失等。

（二）固定资产盘亏损失

固定资产盘亏损失，即指对于财产盘点中盘亏的固定资产，在查明原因报批后处理时按确定的损失计入营业外支出的净额。

（三）罚款支出

罚款支出，即指企业由于违反税收法规、经济合同等而支付的各种滞纳金和罚款。

（四）非常损失

非常损失，即指对于因客观因素（如自然灾害）造成的损失在扣除保险公司赔偿后应计入营业外支出的净损失。

（五）捐赠支出

捐赠支出，即指企业对外进行的公益性和非公益性捐赠支出金额。

问题四　营业外支出业务应如何核算？

为了核算企业发生的各项营业外支出，应设置“营业外支出”科目。企业发生营业外支出时，借记“营业外支出”科目，贷记其他有关科目。期末结转时，借记“本年利润”科目，贷记“营业外支出”科目，结转后该科目应无余额。

【例 7-19】　宏利公司因水灾造成库存的原材料发生霉烂变质，该批原材料的账面价值 150 000 元，应转出的进项税额 25 500 元。应由保险公司赔偿 50 000 元，净损失 125 500元经批准作为营业外支出处理。

借：营业外支出——非常损失　125 500
　　其他应收款——保险公司　50 000
　贷：原材料　150 000
　　　应交税费——应交增值税（进项税额转出）　25 500

【例 7-20】　宏利公司因会计人员工作失误未及时缴纳税款而受到税务部门处罚，开出支票支付税款滞纳金 5 000 元。

借：营业外支出——罚款支出　5 000
　贷：银行存款　5 000

【例 7-21】　宏利公司以银行存款对外进行公益性捐赠 10 000 元。

借：营业外支出——捐赠支出　10 000
　贷：银行存款　10 000

问题五　所得税费用应如何核算？

（一）所得税与所得税费用

所得税是根据企业应纳税所得额的一定比例上交的一种税金。企业在计算确定当期所得税以及递延所得税费用（或收益）的基础上，应将两者之和确认为利润表中的所得税费用（或收益）。计算公式如下：

所得税费用＝应交所得税＋递延所得税费用（－递延所得税收益）

递延所得税费用＝递延所得税负债增加额＋递延所得税资产减少额

递延所得税收益＝递延所得税负债减少额＋递延所得税资产增加额

（二）应交所得税的计算

应交所得税是指当期发生的交易或事项按照适用的税法规定计算确定的当期应交所得税。其计算公式为：

应交所得税＝应纳税所得额×所得税率

应纳税所得额是指企业按所得税法规定的项目计算确定的收益，是计算缴纳所得税的依据。其计算公式为：

应纳税所得额=利润总额+纳税调整增加额-纳税调整减少额

纳税调整增加额主要包括：税法规定允许扣除项目中企业已计入当期费用但超过税法规定扣除标准的金额（如超过税法规定的工资支出、业务招待费支出等），以及企业已计入当期损益但税法规定不允许扣除项目的金额（如税收滞纳金、罚款、罚金、资产减值损失、非公益性捐赠支出等）。

纳税调整减少额主要包括：按税法规定允许弥补的亏损（如近5年内的未弥补亏损）和准予免税的项目（如国债利息收入）。

总之，企业应在会计税前利润的基础上，将所得税法规定的收入、费用与企业计入会计税前利润的收入、费用之间的差异进行调整，确定应纳税所得额。

【例7-22】 A企业2009年会计税前利润为426 000元，计入当年损益的国债利息收入为15 000元；公允价值变动收益为50 000元；资产减值损失为24 000元；非公益性捐赠支出为10 000元。为简化举例，假定税法不允许在所得税前抵扣所有资产减值损失，所得税税率为25%。该企业2009年应纳税所得额计算如下：

会计税前利润：	426 000元
减：国债利息收入	15 000元
加：非公益性捐赠支出	10 000元
加：资产减值损失	24 000元
减：公允价值变动收益	50 000元
应纳税所得额	395 000元

应交所得税=395 000×25%=98 750（元）

（三）所得税费用的核算

1. 计算确定所得税费用数额

企业应根据会计准则的规定，对当期所得税加以调整计算后，据以确认应从当期利润总额中扣除的所得税费用。

【例7-23】 承【例7-22】A企业递延所得税负债年初数为400 000元，年末数为500 000元，递延所得税资产年初数为250 000元，年末数为200 000元。A企业所得税费用的计算结果如下：

递延所得税费用=（500 000-400 000）+（250 000-200 000）=150 000（元）

所得税费用=当期所得税+递延所得税费用=98 750+150 000=248 750（元）

2. 所得税费用的账务处理

借：所得税费用	248 750	
贷：应交税费——应交所得税		98 750
递延所得税负债		100 000
递延所得税资产		50 000

相关链接

递延所得税资产与递延所得税负债

递延所得税资产是指按照可抵扣暂时性差异和现行税率计算确定的资产，其性质属于预付的税款，在未来期间抵扣应纳税款。期末递延所得税资产大于期初递延所得税资产的差额，应确认为递延所得税收益，冲减所得税费用，借记“递延所得税资产”，贷记“所得税费用”科目；反之，则应冲减递延所得税资产，并作为递延所得税费用处理，借记“所得税费用”科目，贷记“递延所得税资产”科目。

递延所得税负债是指按照应纳税暂时性差异和现行税率计算确定的负债，其性质属于应付的税款，在未来期间转为应纳税款。期末递延所得税负债大于期初递延所得税负债的差额，应确认为递延所得税费用，借记“所得税费用”科目，贷记“递延所得税负债”科目；反之，则应冲减递延所得税负债，并作为递延所得税收益处理，借记“递延所得税负债”科目，贷记“所得税费用”科目。

问题六　会计期末收支类科目如何结转至“本年利润”科目?

企业应设置“本年利润”科目，核算企业本年度内实现的利润总额（或亏损总额）。期末，企业将各收入类科目的余额转入“本年利润”科目的贷方；将支出类科目的余额转入“本年利润”科目的借方。结转后，“本年利润”科目如为贷方余额，反映本年度自年初开始累计实现的利润；如为借方余额反映本年度自年初开始累计发生的亏损。年度终了，应将“本年利润”科目的全部累计余额，转入“利润分配”科目。如为净利润，借记“本年利润”科目，贷记“利润分配”科目；如为净亏损，作相反的会计分录。年度结账后，“本年利润”科目应无余额。

【例 7-24】　宏利公司 2010 年 1 月末各损益类科目余额见表 7-1。

表 7-1　　**损益类科目余额表**

科目名称	借方金额	贷方金额
主营业务收入		1 600 000
其他业务收入		90 000
投资收益		5 000
营业外收入		21 000
主营业务成本	1 000 000	
其他业务成本	60 000	

续 表

科目名称	借方金额	贷方金额
营业税金及附加	10 000	
销售费用	52 000	
管理费用	60 000	
财务费用	4 000	
营业外支出	30 000	
所得税费用	164 670	
合　计	1 380 670	1 716 000

（1）结转各收入类科目时：

借：主营业务收入　　1 600 000
　　其他业务收入　　90 000
　　投资收益　　5 000
　　营业外收入　　21 000
　贷：本年利润　　1 716 000

（2）结转各费用类科目时：

借：本年利润　　1 380 670
　贷：主营业务成本　　1 000 000
　　其他业务成本　　60 000
　　营业税金及附加　　10 000
　　销售费用　　52 000
　　管理费用　　60 000
　　财务费用　　4 000
　　营业外支出　　30 000
　　所得税费用　　164 670

结转利润后，该公司 1 月份“本年利润”科目贷方余额为 335 330 元，即该公司 1 月份实现的净利润为 335 330 元。

学习任务（三）　掌握利润分配的核算

问题一　什么是利润分配？

利润分配是指企业根据国家有关规定和企业章程、投资协议等，对企业当年可供分配的利润所进行的分配。

可供分配利润＝当年实现的净利润＋年初未分配利润（－年初未弥补亏损）＋其他转入利润

问题二　企业的净利润按什么顺序进行分配？

企业利润分配的顺序依次为：

（一）提取盈余公积金

按照《公司法》有关规定，公司制企业应当按照净利润（减弥补以前年度的亏损）的10％提取法定盈余公积金。法定盈余公积累计额已达到注册资本的50％时，可以不再提取。另外，企业还可按照净利润的一定比例提取任意公积金。

（二）向投资者分配利润

问题三　利润分配应如何核算？

企业应设置“利润分配”科目，核算企业利润的分配（或亏损的弥补）情况。“利润分配”科目是“本年利润”科目的抵减科目。该科目应分别设置“提取盈余公积”、“应付利润”（或“应付股利”）、“盈余公积补亏”、“未分配利润”等明细科目进行明细核算。企业提取盈余公积、向投资者分配利润时，借记“利润分配”科目，贷记其他有关科目；用净利润补亏（弥补超过5年弥补期的亏损）或盈余公积补亏时，借记有关科目，贷记“利润分配”科目。

【例7－25】　承【例7－24】资料，宏利公司1月份的净利润为335 330元，假设以前年度未发生亏损，按当月净利润的10％提取法定盈余公积33 533元。

借：利润分配——提取盈余公积　　33 533

　贷：盈余公积——法定盈余公积　　33 533

【例7－26】　2010年3月28日，宏利公司宣告发放现金股利200 000元。

借：利润分配——应付股利　　200 000

　贷：应付股利　　200 000

问题四　年度终了，本年利润（或亏损）和已分配利润（或已弥补亏损）应如何结转？

年度终了，企业应将全年实现的净利润或发生的亏损，自“本年利润”科目转入“利润分配——未分配利润”科目，并将“利润分配”科目所属其他明细科目的余额，转入“利润分配——未分配利润”明细科目。结转后，“利润分配——未分配利润”科目如为贷方余额，表示累积未分配利润的数额；如为借方余额，则表示累积未弥补的亏损数额。

【例7－27】　某公司2009年年初“未分配利润”为640 000元。2009年12月31日，“本年利润”科目、“利润分配”各明细科目的年末余额如下：

本年利润　　32 000 000（贷方余额）

利润分配——提取盈余公积　　3 200 000（借方余额）

　　　　——应付股利　　21 000 000（借方余额）

根据上述资料编制年终结转的会计分录如下：

（1）结转本年利润时：

借：本年利润　　32 000 000

　贷：利润分配——未分配利润　　32 000 000

（2）结转利润分配时：

借：利润分配——未分配利润　　24 200 000

　贷：利润分配——提取盈余公积　　3 200 000

　　利润分配——应付股利　　21 000 000

（3）该公司“利润分配——未分配利润”科目的记录见表 7-2。

表 7-2　利润分配——未分配利润

借方		贷方	
利润分配转入	3 200 000	年初余额	640 000
	21 000 000	本年利润转入	32 000 000
		年末余额	8 440 000

相关链接

盈余公积的核算

盈余公积是企业按照规定从净利润中提取的企业积累资金。公司制企业的盈余公积包括法定盈余公积和任意盈余公积。企业提取的盈余公积经批准可用于弥补亏损、转增资本金、发放现金股利等。

企业用盈余公积补亏时，应借记“盈余公积”科目，贷记“利润分配—盈余公积补亏”科目；如将盈余公积转增资本，应借记“盈余公积”科目，贷记“股本”等科目。

小结

收入是指企业从事销售商品、提供劳务及让渡资产使用权等日常活动中所形成的经济利益的总流入，包括主营业务收入和其他业务收入，但不包括为第三方或客户代收的款项。广义上的收入还包括利得。利得源于日常活动以外的活动所形成的收益。确认商品销售收入一般要具备五个条件，不同的销售方式、不同的结算方式会使商品销售收入的具体确认时间有所不同。商品销售收入金额一般是指不含税售价金额。存在商业折扣的销售业务，应将正常售价扣除商业折扣后的净额作为商品销售收入金额。发生销售退回、销售折让的，如不属于资产负债表日后事项的，应在发生时冲减当期商品销售收入，如按规定允许扣减增值税额的，还应冲减已确认的应交增值税销项税额。有现金折扣条件销售商品的，给予购货方的现金折扣，计入财务费用。收入是企业利润的主要来源，因此，企业应想方设法扩大收入，以增加利润。

费用有狭义费用和广义费用之分。狭义费用是指企业为销售商品、提供劳务等日常活动所发生的经济利益的总流出，包括主营业务成本、其他业务成本、销售费用、管理费用、财务费用等。广义费用是指会计期间内经济利益的总流出，其表现形式为资产减少或负债增加而引起的所有者权益减少，但不包括与所有者分配等有关的资产减少或负债增加。无论广义费用还是狭义费用都会引起企业利润的减少，所以，在收入一定的情况下，尽可能地降低费用，也就成了提高企业经济效益的最主要途径。

利润是指企业在一定会计期间的经营成果，是企业收入与费用的差额，按其形成过程分为利润总额和净利润。利润总额是指企业在交纳所得税之前实现的利润，由营业利润及营业外收支净额构成；净利润是指企业利润总额扣除所得税费用后的税后利润。企业的利润一般通过“本年利润”科目核算。会计期末损益类账户发生额结转至“本年利润”科目的方法有表结法和账结法两种，本书采用的是账结法，即在每月末将收支类科目的净发生额结转至“本年利润”科目。企业的净利润要按国家有关规定和企业投资人的决议进行分配，分配的内容主要包括弥补以前年度亏损、提取盈余公积金和向投资者分配利润。为了反映企业利润分配或亏损弥补的情况，企业应设置“利润分配”科目，并设置“提取盈余公积”、“应付利润”、“未分配利润”等明细科目。年度终了，应将“本年利润”科目的余额转入“利润分配——未分配利润”科目。

思考与实训

一、问答题

1. 收入具有哪些特点？收入与利得如何区分？

2. 销售收入的确认条件是什么？商品销售收入金额如何确定？

3. 费用具有哪些特点？费用与损失如何区分？企业各项经济利益流出中，哪些构成费用，哪些不构成费用？

4. 企业的利润总额和净利润如何计算？

二、判断题

1. 销售商品采用支付手续费方式委托代销的，于发出商品时确认为收入。（　）

2. 销售商品发生的现金折扣，应于实际发生时计入财务费用。（　）

3. 企业发生的销售退回，无论是属于本年度销售的，还是以前年度销售的，都应冲减本年度的销售收入。（　）

4. 企业支付的罚款、滞纳金、赔偿款会造成企业经济利益的流出，所以发生后应计入有关费用科目。（　）

5. 应纳税所得额即企业的利润总额。(　　)

6. 所得税费用=应纳税所得额×所得税率。(　　)

7. 企业的法定盈余公积金一般是按利润总额的10%计算提取形成。(　　)

8. “利润分配”账户是“本年利润”帐户的抵减账户。(　　)

9. 年度终了，“利润分配——未分配利润“账户的余额表示企业尚未分配的利润数额。(　　)

10. 其他业务收入、营业外收入都是影响企业营业利润的因素。(　　)

三、单项选择题

1. 某企业2009年12月8日销售产品200件，不含税单价为440元，现金折扣条件为2/10，1/20，n/30，增值税率为17%。12月24日收到客户的款项。则实际收到的款项为(　　)元。

A. 88 000　　B. 86 240

C. 101 930.4　　D. 100 900.8

2. 企业收取的下列款项，不符合“收入”确认条件的是(　　)。

A. 出租固定资产收取的租金　　B. 出售固定资产收取的价款

C. 出售原材料收取的价款　　D. 出售产品收取的价款

3. 下列各项费用中，属于销售费用的是(　　)。

A. 委托代销商品手续费　　B. 银行借款利息

C. 咨询费　　D. 开办费

4. 下列项目中，不影响营业利润的是(　　)。

A. 营业外支出　　B. 其他业务成本

C. 资产减值损失　　D. 财务费用

5. 企业向投资者分配利润时，应借记(　　)科目。

A. 本年利润　　B. 利润分配

C. 主营业务收入　　D. 其他业务收入

6. 下列各项中，应计入营业外支出的是(　　)。

A. 对外捐赠支出　　B. 销售人员工资

C. 房产税　　D. 董事会费

7. “发出商品”科目，用以核算下列(　　)销售商品业务。

A. 预收账款方式　　B. 支付手续费方式委托代销

C. 交款提货　　D. 托收承付方式

8. 下列说法中正确的是(　　)。

A. 商业折扣是为了鼓励顾客尽早付款

B. 现金折扣是为了鼓励顾客尽早付款

C. 现金折扣发生时冲减销售收入

D. 销售折让应作为财务费用处理

四、多项选择题

1. 收入按企业从事日常活动的性质不同，分为（ ）。

A. 商品销售收入　　B. 营业外收入

C. 让渡资产使用权收入　　D. 提供劳务收入

2. 下列关于收入确认的表述中，正确的是（ ）。

A. 委托代销商品应于收到受托方的代销清单时确认收入

B. 采用预收款方式的，于收到预收款时确认收入

C. 采用交款提货方式的，企业应在开出发票账单收到货款时确认收入

D. 采用委托收款方式的，应当在发出商品办妥托收手续时确认收入

3. 企业的费用包括下列（ ）等内容。

A. 主营业务成本　　B. 营业外支出

C. 营业税金及附加　　D. 管理费用

4. 其他业务收入主要包括（ ）。

A. 销售原材料收入　　B. 包装物的租金收入

C. 转让无形资产使用权收入　　D、固定资产租金收入

5. 下列（ ）费用，应计入“管理费用”科目。

A. 业务招待费　　B. 印花税

C. 广告费　　D. 排污费

6. 下列计算公式中正确的有（ ）。

A. 营业利润＝营业收入－营业成本－销售费用－管理费用－财务费用

B. 利润总额＝营业利润＋营业外收入－营业外支出

C. 净利润＝营业利润－所得税费用

D. 净利润＝利润总额－所得税费用

五、业务核算题

（一）A公司为增值税一般纳税人，2010年1月发生下列经济业务：

1. 3日，向B公司销售产品一批，开出的增值税专用发票上注明的价款为8 000元，增值税额为1 360元，产品已发出，并已向银行办妥托收手续；该批产品的成本为7 500元。

2. 4日，向C公司销售产品一批，开出的增值税专用发票上注明的价款为300 000元，增值税额为51 000元，已收到C公司价税款351 000元，并将提货单交给了C公司；该批产品的成本为240 000元。

3. 5日，向利华公司销售产品一批，开出的增值税专用发票上注明的价款为200 000元，增值税额为34 000元，该批产品的成本为180 000元。由于是批量销售，公司给予购货方10%的商业折扣，并在销售合同上规定现金折扣条件为2/10、1/20、*n*/30。产品已发出，款项暂未收到。

4. 10日，收到利华公司本月5日购买产品的购货款。

5.12日，本月3日销售给B公司的产品因质量问题被退回（产品已由保管员验收），已托收的款项也遭到B公司的拒付。公司查实后，开具增值税专用发票（红字）。

6.假设本月3日销售给B公司的产品确有质量问题，经双方协商后不退货，而在价格上给予5%的折让，公司已开具增值税专用发票（红字）。12日，收到B公司扣除销售折让后的价税款8 892元。

7.委托D公司代销产品300件，产品已发出，每件成本价为100元。合同约定D公司按每件130元出售，公司按售价的10%向D公司支付手续费。

(1) 15日，向D公司发出产品300件。

(2) 30日，收到D公司代销清单，实际代销产品200件。向D公司开具增值税专用发票，价款26 000元，增值税4 420元，代销款暂未收到。

(3) 按合同约定计算应付D公司代销手续费2 600元。

8.31日，销售原材料一批，开出的增值税专用发票上注明的售价为8 000元，增值税额为1 360元，款项已由银行收妥。该批原材料的实际成本为7 300元。

（二）D公司为一家生产企业，2010年1月发生下列经济业务：

1.3日，以现金支付董事会成员津贴3 000元、聘请中介费980元、客户招待费300元，销售机构办公用品费863元、销售产品运费636元、厂部管理用设备修理费450元、银行结算手续费780元。

2.10日，欠A供应商的购货款20 000元因A供应商原因而无法支付，经公司批准转作营业外收入。

3.12日，收到B公司捐赠款120 000元，款项已存入公司账户。

4.15日，因C公司违约对D公司造成不利影响，D公司向法院提起诉讼。2月20日法院判决C公司向D公司支付100 000元罚款，款项尚未收到。

5.16日，因财务工作人员疏忽而没有按时纳税，以银行存款支付税收滞纳金3 000元。

6.21日，预提短期借款利息12 000元。

7.25日，计提本月应交房产税3 600元、车船使用税2 800元。

8.25日，向中国新疆雪灾地区捐赠100 000元，款项已通过银行转入红十字会账户。

9.30日，以银行存款支付本月水电费86 000元，其中：生产产品耗用56 000元，公司管理部门耗用25 000元，销售部门耗用5 000元。

10.30日，以银行存款支付本月排污费3 600元。

要求：

根据上述（一）、（二）所提供的经济业务编制会计分录

（三）A公司适用的所得税税率为25%，该公司采用表结法结转本年利润。2009年A公司与损益有关的资料如下：

1.“利润分配——未分配利润”科目的期初借方余额为4 000 000元（其中：3 000 000元为2007年度亏损额，1 000 000元为2008年度亏损额）。

2.结转“本年利润”科目前除“所得税费用”科目外各损益类科目的发生额如表7-3

所示。

表 7-3　　　　损益类科目发生额表

科目名称	借方发生额（万元）	贷方发生额（万元）
主营业务收入		9 600
主营业务成本	6 200	
营业税金及附加	750	
其他业务收入		600
其他业务成本	350	
公允价值变动损益	120	
资产减值损失	100	
投资收益	380	
销售费用	640	
管理费用	300	
财务费用	100	
营业外收入		860
营业外支出	120	
合　计	9 060	11 060

3. 假设纳税调整增加额为 6 000 000 元，纳税调整减少额为 8 000 000 元。

4. 假设年末递延所得税资产较年初递延所得税资产减少 1 800 000 元，年末递延所得税负债较年初递延所得税负债减少 300 000 元。

5. 公司股东大会决定分别按净利润的 10%和 5%提取法定盈余公积和任意盈余公积，向股东分配利润 5 000 000 元。不进行其他分配。

要求：

1. 计算 A 公司 2009 年度的利润总额、应纳税所得额和应交所得税。

2. 计算 A 公司 2009 年度递延所得税费用和所得税费用，并编制确认所得税费用的会计分录。

3. 将各损益类科目余额结转至“本年利润”科目。

4. 计算 A 公司 2009 年度实现的净利润并编制结转利润的会计分录。

5. 计算应提取的盈余公积并编制利润分配的会计分录。

6. 向投资者分配利润 3 000 000 元，款暂未付。

7. 编制将“利润分配”各明细科目的余额转入“利润分配——未分配利润”明细科目的会计分录。

8. 用“三栏式”账页登记“利润分配——未分配利润”明细账户，并结出该账户的年末余额。

说明：“盈余公积”、“应交税费”、“利润分配”科目需写出明细科目，金额单位可用万元表示。

案例分析

A、B两公司2009年12月20日签订一项购销合同。合同规定：A公司销售甲产品100件给B公司，单位售价6 800元，增值税率17%，自签订合同之日起3天内，B公司预付30%的货款给A公司，A公司收到预付款后10天内发货。12月23日A公司收到B公司预付的货款204 000元。A公司会计李冰将B公司的预付货款确认为12月份的收入，并同时结转了相应的成本。另外，12月28日，A公司收到银行转来第四季度存款利息收入12 000元，会计李冰将该收入记入“其他业务收入”科目。

试分析A公司会计李冰对上述两笔业务处理的正确性及其对企业利润总额的影响。

项目八　总账报表岗位实务

任务引入

在企业日常的会计核算中，企业所发生的各项经济业务都已按照一定的会计程序，在有关的账簿中进行了全面、连续、分类的记录和计算。但是，这些日常核算资料数量太多，而且比较分散，不能集中、概括地反映企业的财务状况和经营成果。为此，就有必要定期地将日常会计核算资料加以分类、汇总，按照一定的形式编制成财务报表，总括、综合地反映企业的经济活动过程和结果，为有关方面进行管理和决策提供所需的信息。

总账报表岗位的主要工作任务包括：遵循国家统一的会计准则规定的编制基础、编制依据、编制要求和方法，及时、正确地编制各种财务报表，对企业生产经营活动及其财务情况进行分析，并撰写财务分析报告。

学习目标

1. 理解财务报表的意义
2. 掌握“资产负债表”和“利润表”、“现金流量表”的编制原理
3. 能够正确编制“资产负债表”和“利润表”
4. 学会“现金流量表”主要项目的编制方法
5. 能够撰写月度、季度的简要财务分析报告和年度财务分析报告

模块一　财务报表的基本知识

学习任务（一）　理解编制财务报表的意义

问题一　什么是财务报表？

财务报表也称会计报表，是对企业财务状况、经营成果和现金流量的结构性表述。

问题二　为什么要编制财务报表？

财务报表是提供会计信息的一种重要手段。企业编制财务报表，对于改善企业外部有

关方面的经济决策环境和加强企业内部经营管理，具有重要作用。具体来说，财务报表的作用主要表现在以下几个方面：

（1）为企业的投资者（包括潜在的投资者）和债权人（包括潜在的债权人）了解有关企业经营成果、财务状况及现金流量情况，进行正确的投资决策和信贷决策提供依据。

（2）为企业管理者考核和分析财务计划或预算完成情况、总结经济工作的成绩和存在的问题、评价经济效益提供依据。

（3）为政府及其有关部门考核企业受托经济责任的履行情况、掌握财经法规制度执行情况、加强宏观经济管理、调控经济活动、优化资源配置提供依据。

学习任务（二）　熟悉财务报表的组成和分类

问题一　财务报表由哪几部分内容组成?

一套完整的财务报表至少应当包括资产负债表、利润表、现金流量表、所有者权益（股东权益，下同）变动表以及附注。

资产负债表、利润表和现金流量表分别从不同角度反映企业财务状况、经营成果和现金流量。资产负债表反映企业在某一特定日期所拥有的资产、需偿还的债务以及股东（投资者）拥有的净资产情况。利润表反映企业在一定期间的经营成果，即利润或亏损的情况，表明企业的获利能力。现金流量表反映企业在一定会计期间现金和现金等价物流入和流出的情况。

所有者权益变动表反映构成所有者权益的各组成部分当期的增减变动情况，包括企业的净利润及其分配情况。

附注是财务报表不可或缺的组成部分，是对资产负债表、利润表、现金流量表和所有者权益变动表等报表中列示项目的文字描述或明细资料，以及对未能在这些报表中列示的项目的说明等。

问题二　财务报表有哪些分类?

财务报表可以按照不同的标准进行分类。

（一）按财务报表编报期间分类

按财务报表编报期间的不同，可以分为中期财务报表和年度财务报表。中期财务报表是以短于一个完整会计年度的报告期间为基础的财务报表，包括月报、季报和半年报等。

（二）按财务报表编报主体分类

按财务报表编报主体的不同，可以分为个别财务报表和合并财务报表。个别财务报表是由企业在自身会计核算基础上对账簿记录进行加工而编制的财务报表，它主要用于反映企业自身的财务状况、经营成果和现金流量情况。合并财务报表是以母公司和子公司组成的企业集团为会计主体，根据母公司和所属子公司的财务报表，由母公司编制的综合反映企业集团财务状况、经营成果和现金流量的财务报表。

学习任务（三） 掌握财务报表的编制要求

问题一 总账报表会计在编制财务报表前应做好哪些工作?

企业编制财务报表，应当以真实的交易、事项以及完整、准确的账簿记录等资料为依据，并遵循国家统一的会计准则规定的编制基础、编制依据、编制原则和方法。总账报表会计在编制财务报表前，应当做好下列几项工作：

（1）检查当期发生的全部经济业务和转账业务是否都已登记入账，然后在此基础上，按期结账，结清各个科目的本期发生额和期末余额，编制总账科目余额试算平衡表。

（2）核对各总账科目余额是否与其所属明细账余额之和一致，保证账账相符。

（3）编制年度财务报表前，应当全面清查资产、核实债务，查明财产物资的实存数量与账面数量是否一致、各项结算的拖欠情况及其原因、材料物资的实际储备情况、各项投资是否达到预期的目的、固定资产的使用情况及其完好程度等。

问题二 编制财务报表有哪些基本要求?

企业应当按照国家统一的会计制度规定的报表格式和内容，根据登记完整、核对无误的会计账簿记录及其他有关资料编制财务报表。为了充分发挥财务报表的作用，企业编制的财务报表必须符合以下基本要求：

（一）内容完整

无论是编制中期财务报表还是年度财务报表，企业应当按照国家的要求编报所有应编报的报表及其附注，每一份报表需填报的内容做到无一遗漏，不得漏报或任意取舍。

（二）数据真实

对外提供的财务报表主要满足不同的报表使用者对信息资料的要求，便于使用者根据提供的财务信息作出决策、判断，因此，财务报表所提供的数据必须做到真实可靠。

（三）编报及时

财务报表只有及时编制和报送，才能有利于信息使用者及时有效地掌握企业的财务状况、经营成果和现金流量等信息，为相关决策提供依据。

另外，财务报表编制后，总账报表会计还应检查财务报表之间、财务报表各项目之间，凡有对应关系的数字是否相互一致；财务报表中本期与上期的有关数字是否相互衔接。

模块二　资产负债表

学习任务（一）　了解资产负债表的基本知识

问题一　什么是资产负债表？

资产负债表是总括反映企业在某一特定日期的全部资产、负债和所有者权益的报表。由于该表反映了一个企业在特定日期的财务状况，因而又可称为财务状况表。

资产负债表是根据“资产＝负债＋所有者权益”这一会计基本等式而编制的。它所提供的企业特定日期的财务状况，主要包括以下内容：

（1）企业所拥有的各种经济资源（资产）

（2）企业所负担的债务（负债）以及企业的偿债能力（包括短期与长期的偿债能力）

（3）企业所有者在企业里所持有的权益（所有者权益）

（4）企业未来财务状况的变动趋势

问题二　资产负债表的结构是怎样的？

我国企业的资产负债表采用账户式结构。账户式资产负债表分为左右两方。左方为资产类项目，大体按资产流动性大小排列：流动性大的资产如“货币资金”、“交易性金融资产”等排在前面；流动性小的资产如“长期股权投资”、“固定资产”等排在后面。右方为负债及所有者权益类项目，一般按要求清偿时间的先后顺序排列：“短期借款”、“应付票据”、“应付账款”等需要在一年以内或长于一年的一个正常营业周期内偿还的流动负债排在前面；“长期借款”等在一年以上才需偿还的非流动负债排在中间；在企业清算之前不需要偿还的所有者权益项目排在后面。

账户式资产负债表的资产各项目的合计数等于负债和所有者权益各项目的合计数，即资产负债表左方和右方平衡。因此，通过账户式资产负债表，可以反映资产、负债、所有者权益之间的内在联系，即“资产＝负债＋所有者权益”。

我国企业资产负债表格式如表 8－1 所示。

表 8-1　　资产负债表

编制单位：宏利公司　　2009 年 12 月 31 日　　单位：元

资　产	年初余额	期末余额	负债和股东权益	年初余额	期末余额
流动资产：			流动负债：		
货币资金	1 816 100	1 247 667	短期借款	530 000	330 000
交易性金融资产	50 000	52 000	应付票据	250 000	100 000
应收票据	80 000	0	应付账款	760 000	675 000
应收账款	392 000	492 940	预收账款	0	0
预付账款	185 000	84 000	应付职工薪酬	51 000	50 500
应收股利	0	0	应交税费	40 800	105 617
应收利息	0	0	应付利息	12 000	24 000
其他应收款	4 500	4 500	应付股利	0	81 145
存货	348 200	516 910	其他应付款	65 200	65 200
一年内到期的非流动资产	0	0	一年内到期的非流动负债	850 000	400 000
流动资产合计	2 875 800	2 398 017	流动负债合计	2 559 000	1 831 462
非流动资产：			非流动负债：		
持有至到期投资	0	0	长期借款	950 000	1 220 500
长期股权投资	295 500	295 500	应付债券	0	0
长期应收款	0	0	长期应付款	0	0
固定资产	2 309 000	3 290 100	专项应付款	0	0
在建工程	1 600 000	670 000	预计负债	0	0
工程物资	0	152 100	递延所得税负债	8 000	17 900
固定资产清理	0	0	其他非流动负债	0	0
无形资产	960 000	880 000	非流动负债合计	958 000	1 238 400
研发支出	0	20 000	负债合计	3 517 000	3 069 862
商誉	0	0	股东权益：		
长期待摊费用	150 000	100 000	实收资本	4 200 000	4 200 000
递延所得税资产	0	0	资本公积	233 300	233 300
其他非流动资产	0	0	减：库存股	0	0
非流动资产合计	5 314 500	5 407 700	盈余公积	150 000	171 555
			未分配利润	90 000	131 000
			股东权益合计	4 673 300	4 735 855
资产合计	8 190 300	7 805 717	负债和股东权益合计	8 190 300	7 805 717

学习任务（二）　掌握资产负债表的编制方法

问题一　资产负债表各项目的“年初余额”如何填列？

资产负债表各项目均需填列“年初余额”和“期末余额”两栏。其中，“年初余额”栏内各项数字，应根据上年末资产负债表的“期末余额”栏内所列数字填列。

问题二　资产负债表各项目的“期末余额”如何填列？

资产负债表各项目的“期末余额”主要有以下几种填列方法：

（一）根据总账科目期末余额直接填列

如“交易性金融资产”、“应收票据”、“应收利息”、“固定资产清理”、“短期借款”、“应付票据”、“应付职工薪酬”、“应交税费”、“应付利息”、“应付股利”、“其他应付款”、“实收资本”、“资本公积”、“盈余公积”等项目，应根据各相关总账科目余额直接填列。

【例8-1】　根据表8-6“科目余额表”资料，宏利公司2009年12月31日确定资产负债表（表8-1）中下列项目的期末金额如下：

(1)“交易性金融资产”项目金额为52 000元

(2)“长期待摊费用”项目金额为100 000元

(3)“短期借款”项目金额为330 000元

(4)“应付职工薪酬”项目金额为50 500元

(5)“实收资本”项目金额为4 200 000元

（二）根据若干个总账科目期末余额计算填列

1.“货币资金”项目

“货币资金”项目，应根据“库存现金”、“银行存款”和“其他货币资金”科目余额之和计算填列。

【例8-2】　根据表8-6“科目余额表”资料，宏利公司2009年12月31日“库存现金”科目余额为4 600元，“银行存款”科目余额为1 219 067元，“其他货币资金”科目余额为24 000元。

该公司2009年12月31日资产负债表中“货币资金”项目的金额为：

$$4\,600+1\,219\,067+24\,000=1\,247\,667\text{（元）}$$

2.“存货”项目

“存货”项目，应根据“材料采购”（或“在途物资”、“商品采购”）、“原材料”、“库存商品”、“委托加工物资”、“周转材料”、“材料成本差异”（或“商品进销差价”）、“存货跌价准备”、“生产成本”、“自制半成品”、“产成品”等科目借贷余额的差额计算填列。

【例8-3】　根据表8-6“科目余额表”资料，宏利公司2009年12月31日“材料采购”科目余额为200 000元，“原材料”科目余额为30 000元，“周转材料”科目余额为20 000元，“库存商品”科目余额为283 600元，“材料成本差异”科目余额为1 000元(借方)，“存货跌价准备”科目余额为17 690元(贷方)。

该公司2009年12月31日资产负债表中“存货”项目的金额为：

200 000＋30 000＋20 000＋283 600＋1 000－17 690＝516 910（元）

(三) 根据若干个明细科目期末余额计算填列

1.“应收账款”项目

“应收账款”项目，应根据“应收账款”、“预收账款”总账科目所属明细科目的借方余额之和计算填列。

2.“预付账款”项目

“预付账款”项目，应根据“预付账款”、“应付账款”总账科目所属明细科目的借方余额之和计算填列。

3.“应付账款”项目

“应付账款”项目，应根据“应付账款”、“预付账款”总账科目所属明细科目的贷方余额之和计算填列。

4.“预收账款”项目

“预收账款”项目，应根据“预收账款”、“应收账款”总账科目所属明细科目的贷方余额之和计算填列

【例8－4】 某公司2008年12月31日结账后有关科目所属明细科目借贷方余额如表8－2所示。

表8－2 **有关科目所属明细科目余额表** 单位：元

科目名称	明细科目借方余额合计	明细科目贷方余额合计
应收账款	1 200 000	200 000
预付账款	800 000	120 000
应付账款	500 000	1 600 000
预收账款	700 000	1 000 000

该公司2008年12月31日资产负债表中相关项目的金额为：

(1)“应收账款”项目金额为：1 200 000＋700 000＝1 900 000（元）

(2)“预付账款”项目金额为：800 000＋500 000＝1 300 000（元）

(3)“应付账款”项目金额为：120 000＋1 600 000＝1 720 000（元）

(4)“预收账款”项目金额为：200 000＋1 000 000＝1 200 000（元）

(四) 根据总账科目和明细科目期末余额分析计算填列

(1)“一年内到期的非流动资产”项目。“一年内到期的非流动资产”项目，应根据“持有至到期投资”、“长期应收款”科目所属明细科目余额中将于一年内到期的数额之和计算填列。

(2)“持有至到期投资”项目。“持有至到期投资”项目，应根据“持有至到期投资”总账科目余额扣除一年内到期的长期债券投资的数额填列。

(3)“一年内到期的非流动负债”项目。“一年内到期的非流动负债”项目，应根据“长期借款”、“应付债券”、“长期应付款”等总账科目所属明细科目余额中将于一年内到期的数额之和计算填列。

(4)“长期借款”、“应付债券”、“长期应付款”等项目，应分别根据“长期借款”、“应付债券”、“长期应付款”等总账科目余额扣除一年内到期的数额填列。

【例8-5】 某公司长期借款情况如表8-3所示。

表8-3　长期借款情况明细表

借款起始日期	借款期限（年）	金额（元）
2008年7月1日	2年	3 000 000
2007年1月1日	3年	1 000 000
2006年4月1日	3年	1 800 000
合　计	—	5 800 000

该公司2008年12月31日资产负债表中“长期借款”项目金额为：

3 000 000＋1 000 000＝4 000 000（元）

本例中，企业应当根据“长期借款”总账科目余额5 800 000元，减去一年内到期的长期借款1 800 000元，作为资产负债表中“长期借款”项目的金额，即4 000 000元。2006年4月1日借入的款项1 800 000元，属于将在一年内到期的长期借款，应当填列在流动负债下的“一年内到期的非流动负债”项目中。

（五）根据有关科目期末余额减去其备抵科目期末余额后的净额填列

如资产负债表中的“应收账款”、“长期股权投资”、“固定资产”、“无形资产”、“未分配利润”等项目，应当根据“应收账款”、“长期股权投资”、“固定资产”、“无形资产”、“本年利润”等科目的期末余额分别减去“坏账准备”、“长期股权投资减值准备”、“累计折旧”、“固定资产减值准备”、“累计摊销”、“无形资产减值准备”、“利润分配”等相应备抵科目余额后的净额填列。

【例8-6】 宏利公司2009年12月31日，“应收账款”科目所属各明细科目的期末借方余额合计503 000元，“坏账准备”中有关应收账款计提的坏账准备为10 060元，假定“预收账款”科目所属各明细科目无借方余额。

该公司2009年12月31日资产负债表中“应收账款”项目的“期末金额”为：

503 000－10 060＝492 940（元）

【例8-7】 宏利公司2009年12月31日，“长期股权投资”科目余额为300 000元，“长期股权投资减值准备”科目余额为4 500元（贷方）。

该公司2009年12月31日资产负债表中“长期股权投资”项目的“期末金额”为：

300 000－4 500＝295 500（元）

【例 8－8】 宏利公司 2009 年 12 月 31 日，“无形资产”科目余额为 1 200 000 元，“累计摊销”科目余额为 320 000 元（贷方）。

该公司 2009 年 12 月 31 日资产负债表中“无形资产”项目的“期末金额”为：

1 200 000－320 000＝880 000（元）

特别提示：在学习资产负债表的编制方法时，重点要掌握上述（二）～（五）所列特殊项目的填列方法，只有掌握了这些特殊项目的填列方法，资产负债表的编制也就无忧了。

模块三　利润表

学习任务（一）　了解利润表的结构

问题一　什么是利润表？

利润表是用来反映企业在某一会计期间的经营成果的一种财务报表。

通过利润表，可以反映企业在一定会计期间收入、费用、利润（或亏损）的数额、构成情况，帮助财务报表使用者全面了解企业的经营成果，分析企业的获利能力以及预测未来一定时期内的赢利趋势，从而为其作出经济决策提供依据。

问题二　利润表采用怎样的结构？

我国利润表一般采用多步式结构，多步式利润表的结构如表 8－4 所示。

表 8－4　　**利润表**

编制单位：宏利公司　　2009 年度　　单位：元

项目	本年金额	上年金额
一、营业收入	1 500 000	1 200 000
减：营业成本	900 000	750 000
营业税金及附加	21 250	18 000
销售费用	28 000	25 000
管理费用	224 700	191 000
财务费用	56 500	50 000
资产减值损失	38 250	25 000
加：公允价值变动收益	2 000	1 000
投资收益	40 000	50 000

续　表

项目	本年金额	上年金额
二、营业利润	273 300	192 000
加：营业外收入	—	30 000
减：营业外支出	70 000	65 000
三、利润总额	203 300	157 000
减：所得税费用	59 600	48 000
四、净利润	143 700	109 000
五、每股收益		
(一) 基本每股收益		
(二) 稀释每股收益		

学习任务（二）　掌握利润表的编制方法

问题一　企业利润是如何形成的？

表 8-4 的项目排列顺序实际上反映了企业利润的形成过程，具体分为三个步骤：

我国企业利润表的主要编制步骤和内容如下：

第一步，以营业收入为基础，减去营业成本、营业税金及附加、销售费用、管理费用、财务费用、资产减值损失，加上公允价值变动收益（减去公允价值变动损失）和投资收益（减去投资损失），计算出营业利润。

营业利润＝营业收入－营业成本－营业税金及附加－销售费用－管理费用－财务费用－资产减值损失＋公允价值变动收益（－公允价值变动损失）＋投资收益（－投资损失）

第二步，以营业利润为基础，加上营业外收入，减去营业外支出，计算出利润总额。即：

利润总额＝营业利润＋营业外收入－营业外支出

第三步，以利润总额为基础，减去所得税费用，计算出净利润（或亏损）。即：

净利润＝利润总额－所得税费用

问题二　利润表各项目如何填列？

利润表各项目均需填列“本期金额”和“上期金额”两栏。其中“上期金额”栏内各项数字，应根据上年该期利润表的“本期金额”栏内所列数字填列。“本期金额”栏内各期数字，除“基本每股收益”、“稀释每股收益”项目外，应当按照收支科目的发生额分析填列。如“营业收入”项目，根据“主营业务收入”、“其他业务收入”科目的发生额之和填列；“营业成本”项目，根据“主营业务成本”、“其他业务成本”科目的发生额之和填列。其他项目均按照各科目的发生额填列。

【例 8-9】 宏利公司 2009 年有关收支科目的净发生额（单位：元）如下：

主营业务收入	1 500 000（贷方）	销售费用	28 000（借方）
投资收益	40 000（贷方）	财务费用	56 500（借方）
公允价值变动损益	2 000（贷方）	资产减值损失	38 250（借方）
主营业务成本	900 000（借方）	营业外支出	70 000（借方）
营业税金及附加	21 250（借方）	所得税费用	59 600（借方）
管理费用	224 700（借方）		

（假设该公司 2009 年度没有发生其他业务收入和其他业务支出）。

宏利公司根据上述资料，编制 2009 年度“利润表如表 8-4 所示。

模块四　现金流量表

学习任务（一）　了解现金流量表的基本知识

问题一　什么是现金流量表？

现金流量表是反映企业在一定会计期间现金及现金等价物流入和流出的报表。我国现金流量表的格式如表 8-8 所示。

报表使用者利用现金流量表，可以评估企业以下几方面的事项：

①企业在未来会计期间产生净现金流量的能力

②企业偿还债务及支付企业所有者的投资报酬（如股利）的能力

③企业的利润与经营活动所产生的净现金流量发生差异的原因

④会计年度内影响或不影响现金的投资活动与筹资活动

问题二　现金流量表中的“现金”是指什么？

现金流量表所指的现金是广义的现金概念，包括：

（一）库存现金

库存现金是指企业持有的可随时用于支付的纸币与硬币。

（二）银行存款

银行存款是指企业存放在金融企业中随时可以用于支付的存款。如果存在金融企业的款项不能随时用于支付，例如，不能随时支取的定期存款，不能作为现金流量表中的现金。

（三）其他货币资金

其他货币资金是指企业存在金融企业有特定用途的资金，如外埠存款、银行汇票存款、银行本票存款、信用证保证金存款、信用卡存款等。

（四）现金等价物

现金等价物是指企业持有的期限短（通常是指从购买日起 3 个月内到期）、流动性强、易于转换为已知金额的现金、价值变动风险很小的债券投资。权益性投资（如股票投资）变现的金额通常不确定，因而不属于现金等价物。

问题三　企业产生的现金流量怎样分类？

企业在一定期间内产生的现金流量一般分为以下三类：

（一）经营活动产生的现金流量

经营活动是指企业发生的投资活动和筹资活动以外的所有交易和事项。经营活动产生的现金流量包括销售商品或提供劳务、购买货物、接受劳务、制造产品、广告宣传、推销产品、支付工资和缴纳税款等流入和流出的现金及现金等价物。

（二）投资活动产生的现金流量

投资活动是指企业长期资产的购建和不包括在现金等价物范围内的投资及其处置活动。投资活动产生的现金流量主要包括购建固定资产、处置子公司及其他营业单位等流入和流出的现金及现金等价物。

（三）筹资活动产生的现金流量

筹资活动是指导致企业资本及债务规模和构成发生变化的活动。筹资活动产生的现金流量主要包括吸收投资、发行股票、发行债券、偿还债务、分配利润等流入和流出的现金及现金等价物。偿还应付账款、应付票据等应付款项属于经营活动，不属于筹资活动。

对于企业日常活动之外不经常发生的特殊项目，如自然灾害损失、保险赔款、捐赠等，应当归并到现金流量表的相关类别中，并单独反映。

学习任务（二）　掌握现金流量表主要项目的填列方法

问题一　经营活动产生的现金流量如何填列？

企业应当采用直接法列示经营活动产生的现金流量。采用直接法报告企业经营活动产生的现金流量时，各个现金流入与流出项目的数据可以从会计记录中直接获得，也可以在利润表上营业收入、营业成本等数据的基础上，通过调整获得。

相关链接

直接法与间接法

经营活动产生的现金流量可以采用直接法和间接法两种方法反映。

1. 直接法。直接法是通过现金流入和现金流出的主要类别来反映企业经营活动产生的现金流量。在我国，直接法下经营活动产生的现金流量，其现金流入可分为：销售商品、提供劳务收到的现金，收到的税费返还，收到的其他与经营活动有关的现金等类别；现金流出可分为：购买商品、接受劳务支付的现金，支付给职工以及为职工支付的现金，支付的各种税费，支付的其他与经营活动有关的现金等类别。

2. 间接法。间接法是以本期净利润为起算点，调整不涉及现金的收入、费用、营业外收入等有关项目的增减变动，据此计算出经营活动产生的现金流量。

1. "销售商品、提供劳务收到的现金"项目

该项目反映企业销售商品、提供劳务实际收到的现金（含销售收入和应向购买者收取的增值税额），包括本期销售商品、提供劳务收到的现金，以及前期销售的商品和前期提供劳务本期收到的现金和本期预收的账款，扣除本期退回本期销售的商品和前期销售本期退回的商品支付的现金。企业销售材料和代购代销业务收到的现金，也在本项目反映。

确定本项目的金额通常可以利润表上的"营业收入"为起点进行调整。

（1）由于本项目包括应向购买者收取的增值税销项税额，所以应在营业收入的基础上加上本期的增值税销项税额。

（2）由于企业的商品销售和劳务供应往往并非都是现金交易，因而应加上应收账款与应收票据的减少数，或减去应收账款与应收票据的增加数。

（3）如果企业有预收货款业务，还应加上预收账款增加数，或减去预收账款减少数。

（4）如果企业采用备抵法核算坏账，且本期发生了坏账，或有坏账回收，则应减去本期确认的坏账，加上本期坏账回收。因为发生坏账减少了应收账款余额，但没有实际的现金流入；坏账回收有现金流入，但与营业收入无直接关系，且不影响应收账款余额。

（5）如果企业本期有应收票据贴现，发生了贴现息，则应减去应收票据贴现息，因为贴现息代表了应收票据的减少，并没有相应的现金流入。

（6）如果企业发生了按税法规定应视同销售的业务，如将商品用于工程项目，则相应的增值税销项税额应该减去，因为这部分增值税销项税额没有相应的现金流入，也与应收账款或应收票据无关。

综合以上分析，可列出下列算式：

$$\text{销售商品、提供劳务收到的现金}=\text{营业收入}+\text{增值税销项税额}\begin{cases}+\text{应收账款（应收票据）减少数}\\-\text{应收账款（应收票据）增加数}\end{cases}$$

$$\left\{\begin{array}{l}\text{＋预收账款增加数}\\ \text{－预收账款减少数}\end{array}\right.\text{－坏账＋坏账回收－}\begin{array}{c}\text{应收票据}\\ \text{贴现息}\end{array}\text{－}\begin{array}{c}\text{视同销售业务的}\\ \text{销项税额}\end{array}$$

2. “收到的税费返还”项目

该项目反映企业收到返还的各种税费，如收到的增值税、消费税、营业税、所得税、教育费附加返还等。

确定该项目的金额，需要分析“应交税费”科目下属各明细科目的贷方发生额。

3. “收到的其他与经营活动有关的现金”项目

该项目反映企业除了上述各项目外，收到的其他与经营活动有关的现金流入，如罚款收入、流动资产损失中由个人赔偿的现金收入等。

4. “购买商品、接受劳务支付的现金”项目

该项目反映企业因购买商品、接受劳务实际支付的现金，包括本期购入商品、接受劳务支付的现金（包括支付的增值税进项税额），以及本期支付前期购入商品、接受劳务的未付款项和本期预付款项。本期发生的购货退回收到的现金应从本项目内扣除。

确定本项目的金额通常以利润表上的“营业成本”为基础进行调整。

(1) 由于本项目包括支付的增值税进项税额，所以应在营业成本的基础上加上本期的增值税进项税额。

(2) 营业成本与购买商品并无直接关系，就商品流通企业而言，营业成本加上存货增加数或减去存货减少数，便可大致确定本期购进商品的成本。

(3) 本期购进商品成本并不等于本期购进商品支付的现金，因为可能存在赊购商品或预付货款的情形。故应加上应付账款与应付票据的减少数，或减去应付账款与应付票据的增加数；应加上预付账款的增加数，减去预付账款的减少数。

(4) 对于工业企业来说，存货包括材料、在产品与产成品等，也就是说存货的增加并非都与购进商品（材料）相联系。本期发生的应计入产品成本的工资费用、折旧费用等也会导致存货增加，但与商品购进无关，因而应进一步扣除计入本期生产成本的非材料费用。

综合以上分析，可列出下列算式：

$$\begin{array}{c}\text{购买商品、接受}\\ \text{劳务支付的现金}\end{array}\text{＝营业成本＋增值税进项税额}\left\{\begin{array}{l}\text{＋存货增加数}\\ \text{－存货减少数}\end{array}\right.$$

$$\left\{\begin{array}{l}\text{＋应付账款（应付票据）减少数}\\ \text{－应付账款（应付票据）增加数}\end{array}\right.\left\{\begin{array}{l}\text{＋预付账款增加数}\\ \text{－预付账款减少数}\end{array}\right.\text{－}\begin{array}{c}\text{计入本期生产成}\\ \text{本的非材料费用}\end{array}$$

5. “支付给职工以及为职工支付的现金”项目

该项目反映企业实际支付给职工以及为职工支付的现金，包括本期实际支付给职工的工资、奖金、各种津贴和补贴等，以及为职工支付的其他费用。不包括支付的在建工程人员和离退休人员的各项费用。企业支付给离退休人员的各项费用，在“支付的其他与经营活动有关的现金”项目中反映；支付的在建工程人员的工资，在投资活动产生的现金流量部分的“购建固定资产、无形资产和其他长期资产所支付的现金”项目反映。

企业为职工支付的养老、失业等社会保险基金、补充养老保险、住房公积金、支付给

职工的住房困难补助、企业为职工缴纳的商业保险金，以及企业支付给职工或为职工支付的其他福利费用等，应按职工的工作性质和服务对象，分别在本项目和“购建固定资产、无形资产和其他长期资产所支付的现金”项目反映。

6.“支付的各项税费”项目

该项目反映企业当期实际上缴税务部门的各种税金，以及支付的教育费附加、印花税、房产税、土地增值税、车船使用税、预缴的营业税等，不包括计入固定资产价值、实际支付的耕地占用税等。

本项目的金额可通过分析“应交税费”科目所属的各明细科目的借方发生额计算得到。

7.“支付的其他与经营活动有关的现金”项目

该项目反映企业除上述各项目外，支付的其他与经营活动有关的现金流出，如罚款支出、支付的差旅费、业务招待费、保险费和离退休人员的各项费用等。

确定本项目的金额，可以在利润表上的“销售费用”与“管理费用”两个项目的基础上进行分析调整，扣除折旧费用、无形资产摊销等无相应现金流出的项目。

问题二　投资活动产生的现金流量如何填列？

现金流量表中的投资活动包括不属于现金等价物的短期投资和长期投资的购买与处置、固定资产的购建与处置、无形资产的购置与处置等。

1. 投资活动产生的现金流入

(1)“收回投资所收到的现金”项目，反映企业出售、转让或到期收回除现金等价物以外的交易性金融资产、长期股权投资而收到的现金，以及收回持有至到期投资本金而收到的现金。不包括持有至到期投资收回的利息，以及收回的非现金资产。

(2)“取得投资收益所收到的现金”项目，反映企业因各种投资而分得的现金股利、利润、利息等。

(3)“处置固定资产、无形资产和其他长期资产所收到的现金净额”项目，反映企业处置固定资产、无形资产和其他长期资产所取得的现金，扣除为处置这些资产而支付的有关费用后的净额。由于自然灾害所造成的固定资产等长期资产损失而收到的保险赔偿收入，也在本项目反映。

(4)“收到的其他与投资活动有关的现金”项目，反映企业除了上述各项以外，收到的其他与投资活动有关的现金流入。

2. 投资活动产生的现金流出

(1)“购建固定资产、无形资产和其他长期资产所支付的现金”项目，反映企业购买、建造固定资产，取得无形资产和其他长期资产所支付的现金，不包括为购建固定资产而发生的借款利息资本化的部分，以及融资租入固定资产支付的租赁费。支付的借款利息和融资租入固定资产支付的租赁费，应在筹资活动的现金流量部分单独反映。本项目可根据“固定资产”、“在建工程”、“无形资产”、“现金”、“银行存款”等科目的记录分析填列。

（2）“投资所支付的现金”项目，反映企业对外进行权益性投资和债权性投资所支付的现金，包括企业取得的除现金等价物以外的交易性金融资产、长期股权投资、持有至到期投资所支付的现金，以及支付的佣金、手续费等附加费用。本项目可根据“长期股权投资”、“持有至到期投资”、“交易性金融资产”、“现金”、“银行存款”等科目的记录分析填列。

企业购买股票和债券时，实际支付的价款中包含的已宣告但尚未领取的现金股利或已到付息期但尚未领取的债券利息，应在投资活动产生的现金流量部分的“支付的其他与投资活动有关的现金”项目反映；收回购买股票和债券时支付的已宣告但尚未领取的现金股利或已到付息期但尚未领取的债券的利息，在投资活动产生的现金流量部分的“收到的其他与投资活动有关的现金”项目反映。

（3）“支付的其他与投资活动有关的现金”项目，反映企业除了上述各项以外，支付的其他与投资活动有关的现金流出。本项目可根据有关科目的记录分析填列。

问题三　筹资活动产生的现金流量如何填列？

1. 筹资活动产生的现金流入

（1）“吸收投资所收到的现金”项目，反映企业收到的投资者投入的现金，包括企业以发行股票、债券等方式筹集资金时实际收到的款项净额（发行收入减去支付的佣金等发行费用后的净额）。以发行股票、债券等方式筹集资金而由企业直接支付的审计、咨询等费用，在“支付的其他与筹资活动有关的现金”项目反映，不从本项目内扣除。本项目可根据“实收资本”（或“股本”）、“现金”、“银行存款”等科目的记录分析填列。

（2）“借款所收到的现金”项目，反映企业举借各种短期、长期借款所收到的现金。本项目可根据“短期借款”、“长期借款”、“现金”、“银行存款”等科目的记录分析填列。

（3）“收到的其他与筹资活动有关的现金”项目，反映企业除上述各项目外，所形成的其他与筹资活动有关的现金流入，如接受现金捐赠等。本项目可根据有关科目的记录分析填列。

2. 筹资活动产生的现金流出。

（1）“偿还债务所支付的现金”项目，反映企业以现金偿还债务的本金，包括偿还金融企业的借款本金、偿还债券本金等所导致的现金流出。企业偿还的借款利息、债券利息，在“分配股利、利润和偿付利息所支付的现金”项目反映，不包括在本项目内。本项目可根据“短期借款”、“长期借款”、“应付债券”、“现金”、“银行存款”等科目的记录分析填列。

（2）“分配股利、利润和偿付利息所支付的现金”项目，反映企业实际支付的现金股利、利润，以及支付的借款利息和债券利息等。本项目可根据“应付股利”、“财务费用”、“长期借款”、“应付债券”、“现金”、“银行存款”等科目的记录分析填列。

（3）“支付的其他与筹资活动有关的现金”项目，反映企业除了上述各项外，所形成的其他与筹资活动有关的现金流出，如捐赠现金支出等。本项目可根据有关科目的记录分析填列。

综合举例　编制资产负债表、利润表和现金流量表

（一）资料

1. 宏利公司系增值税一般纳税人，增值税税率为17%，所得税税率为25%，其2009年1月1日有关科目的余额如表8-5所示。

表8-5　　**科目余额表**

编制单位：宏利公司　　2009年1月1日　　单位：元

科目名称	借方余额	科目名称	贷方余额
库存现金	6 100		
银行存款	1 640 000		
其他货币资金	170 000		
交易性金融资产	50 000		
应收票据	80 000		
应收账款	400 000	短期借款	530 000
坏账准备	−8 000	应付票据	250 000
预付账款	185 000	应付账款	760 000
其他应收款	4 500	其他应付款	65 200
材料采购	120 000	应付职工薪酬	51 000
原材料	91 200	应交税费	40 800
周转材料	80 000	应付利息	12 000
库存商品	60 000	长期借款	1 800 000
材料成本差异	3 500	其中：一年内到期的非流动负债	850 000
存货跌价准备	−6 500	递延所得税负债	8 000
长期股权投资	300 000	实收资本	4 200 000
长期股权投资减值准备	−4 500	资本公积	233 300
固定资产	3 099 000	盈余公积	150 000
累计折旧	−600 000	利润分配（未分配利润）	90 000
固定资产减值准备	−190 000		
在建工程	1 600 000		
无形资产	1 200 000		
累计摊销	−240 000		
长期待摊费用	150 000		
合　计	8 190 300	合　计	8 190 300

2. 该公司2009年发生的经济业务如下：

（1）购入原材料一批，材料价款200 000元，增值税额34 000元，共计234 000元，原已预付材料款65 000元，余额169 000元用银行存款支付，材料未到。

（2）收到原材料一批，实际成本120 000元，计划成本115 000元，材料已验收入库，

货款已于上月支付。

（3）购入不需安装的生产设备一台，价款 90 000 元，增值税 15 300 元，运杂费 1 100 元，款项以银行存款支付，设备已交付使用。

（4）购入工程物资一批，价款 130 000 元，增值税 22 100 元，款项以银行存款支付。

（5）以银行存款支付到期的商业承兑汇票 150 000 元，偿还应付账款 85 000 元。

（6）销售产品一批，价款 400 000 元，应收取增值税 68 000 元，产品已发出，价款尚未收到。

（7）从银行借入 3 年期借款 500 000 元，借款已存入银行，该项借款用于购建固定资产。

（8）一项工程完工，计算应负担的长期借款利息 160 000 元。该项借款本息未付。

（9）新建仓库工程完工，已办理竣工手续并交付生产使用，结转仓库工程成本 1 500 000元。

（10）销售产品一批，价款 800 000 元，应收取增值税 136 000 元，价税款银行已收妥。

（11）公司出售一台不需用设备，收到价款 400 000 元，设备原价 800 000 元，已提折旧 260 000 元，已提减值准备 100 000 元，设备已交付给购入单位。

（12）收到一项长期股权投资的现金股利 40 000 元，存入银行。该项投资按成本法核算，对方公司的所得税税率与本公司一致，均为 25%。

（13）以银行存款归还短期借款本金 200 000 元、利息 10 000 元（借款利息已预提）。

（14）用银行汇票支付采购材料价款，公司收到开户银行转来银行汇票多余款收账通知，通知上所填多余款为 417 元。购入材料的价款及运费共 123 500 元，增值税额为 22 083元，材料已验收入库，该批材料的计划价格为 123 800 元。

（15）签发现金支票一张，由开户银行代发职工工资 1 037 000 元。

（16）分配应付的职工工资 1 037 000 元。其中，生产人员工资 570 000 元，车间管理人员工资 11 400 元，行政管理部门人员工资 45 600 元，在建工程应负担的工资 410 000元。

（17）用银行存款支付研发部门的新技术开发支出 20 000 元，该项支出符合资本化的条件。

（18）用银行存款支付产品展览费 15 000 元，广告费 13 000 元。

（19）生产产品领用原材料，计划成本 300 000 元；领用周转材料，计划成本 60 000 元，采用一次摊销法摊销。

（20）结转领用原材料与周转材料的成本差异，材料成本差异率为 2%。

（21）销售产品一批，价款 300 000 元，增值税额 51 000 元，收到 351 000 元的商业承兑汇票一张。

（22）公司持上述商业承兑汇票向银行办理贴现，贴现息为 24 000 元。同时将上年销售商品所收到的一张面值为 80 000 元、已到期的无息银行承兑汇票，连同解讫通知书和进账单交银行办理转账，收到银行盖章退回的进账单一联，款项银行已收妥。

（23）提预应计入本期损益的借款利息共 32 500 元。其中，短期借款利息 22 000 元，长期借款利息 10 500 元。

（24）计提固定资产折旧 120 000 元。其中，应计入制造费用 100 000 元，管理费用 20 000元。

（25）摊销无形资产 80 000 元。

（26）摊销印花税 11 000 元（支付时已计入“预付账款”账户）；摊销基本生产车间固定资产修理费 75 000 元，其中，原已列入预付账款的 25 000 元，原已列入长期待摊费用的 50 000 元。

（27）用银行存款支付本年度企业财产保险费 67 100 元。

（28）本期产品销售应缴纳的城市维护建设税 14 875 元，教育费附加 6 375 元。

（29）用银行存款缴纳增值税 120 000 元，城市维护建设税 14 875 元，教育费附加 6 375元。

（30）年末交易性金融资产的公允价值为 52 000 元，应确认公允价值变动收益 2 000元。

（31）将本期发生的制造费用 247 600 元转入产品生产成本，计算并结转本期完工产品成本 1 123 600 元（没有期初在产品，本期生产的产品全部完工入库）。

（32）结转本期产品销售成本 900 000 元。

（33）基本生产车间盘亏一台设备，原价 280 000 元，已提折旧 225 000 元，已提减值准备 25 000 元，其净损失 30 000 元作营业外支出处理。

（34）偿还长期借款本金 850 000 元。

（35）收回应收账款 360 000 元，存入银行。

（36）应收某客户的账款 5 000 元，已确定不能收回。

（37）按应收账款余额的 2%计提坏账准备。

（38）计提存货跌价准备 11 190 元。

（39）计提固定资产减值准备 20 000 元。

（40）用现金支付办公用品费 1 000 元。

（41）用现金支付职工医药费 500 元。

（42）将各收支科目的净发生额结转“本年利润”科目。

（43）计算并结转应交所得税 49 700 元，所得税费用 59 600 元，增加递延所得税负债 9 900 元（均为假设数据）。

（44）用银行存款缴纳所得税 48 500 元。

（45）提取盈余公积 21 555 元；应分配投资者利润为 81 145 元。

（46）将“本年利润”科目的余额结转至“利润分配——未分配利润”科目，同时将“利润分配”各明细科目的余额转入“未分配利润”明细科目。

备注：2009 年 12 月 31 日，将于一年内到期的非流动负债为 400 000 元。

（二）根据以上资料编制会计分录

(1) 借：材料采购　200 000
　　应交税费——应交增值税（进项税额）　34 000
　贷：银行存款　169 000
　　预付账款　65 000

(2) 借：原材料　115 000
　　材料成本差异　5 000
　贷：材料采购　120 000

(3) 借：固定资产　91 100
　　应交税费——应交增值税（进项税额）　15 300
　贷：银行存款　106 400

(4) 借：工程物资　152 100
　贷：银行存款　152 100

(5) 借：应付票据　150 000
　　应付账款　85 000
　贷：银行存款　235 000

(6) 借：应收账款　468 000
　贷：主营业务收入　400 000
　　应交税费——应交增值税（销项税额）　68 000

(7) 借：银行存款　500 000
　贷：长期借款　500 000

(8) 借：在建工程　160 000
　贷：长期借款——应付利息　160 000

(9) 借：固定资产　1 500 000
　贷：在建工程　1 500 000

(10) 借：银行存款　936 000
　贷：主营业务收入　800 000
　　应交税费——应交增值税（销项税额）　136 000

(11) 借：固定资产清理　440 000
　　累计折旧　260 000
　　固定资产减值准备　100 000
　贷：固定资产　800 000
借：银行存款　400 000
　贷：固定资产清理　400 000
借：营业外支出——处理固定资产净损失　40 000
　贷：固定资产清理　40 000

(12) 借：银行存款　　40 000
　　贷：投资收益　　40 000
(13) 借：短期借款　　200 000
　　　应付利息　　10 000
　　贷：银行存款　　210 000
(14) 借：材料采购　　123 500
　　　银行存款　　417
　　　应交税费——应交增值税（进项税额）　　22 083
　　贷：其他货币资金　　146 000
　　借：原材料　　123 800
　　贷：材料采购　　123 500
　　　　材料成本差异　　300
(15) 借：应付职工薪酬——工资　　1 037 000
　　贷：银行存款　　1 037 000
(16) 借：生产成本　　570 000
　　　制造费用　　11 400
　　　管理费用　　45 600
　　　在建工程　　410 000
　　贷：应付职工薪酬——工资　　1 037 000
(17) 借：研发支出　　20 000
　　贷：银行存款　　20 000
(18) 借：销售费用　　28 000
　　贷：银行存款　　28 000
(19) 借：生产成本　　300 000
　　贷：原材料　　300 000
　　借：制造费用　　60 000
　　贷：周转材料　　60 000
(20) 原材料应负担成本差异：300 000×2%=6 000（元）
　　周转材料应负担成本差异：60 000×2%=1 200（元）
　　借：生产成本　　6 000
　　　制造费用　　1 200
　　贷：材料成本差异　　7 200
(21) 借：应收票据　　351 000
　　贷：主营业务收入　　300 000
　　　　应交税费——应交增值税（销项税额）　　51 000

(22) 借：银行存款　　327 000
　　财务费用　　24 000
　贷：应收票据　　351 000
借：银行存款　　80 000
　贷：应收票据　　80 000
(23) 借：财务费用　　32 500
　贷：应付利息　　22 000
　　长期借款——应付利息　　10 500
(24) 借：制造费用——折旧费　　100 000
　　管理费用——折旧费　　20 000
　贷：累计折旧　　120 000
(25) 借：管理费用——无形资产摊销　　80 000
　贷：累计摊销　　80 000
(26) 借：管理费用——印花税　　11 000
　贷：预付账款　　11 000
借：制造费用——固定资产修理费　　75 000
　贷：预付账款　　25 000
　　长期待摊费用　　50 000
(27) 借：管理费用——财产保险费　　67 100
　贷：银行存款　　67 100
(28) 借：营业税金及附加　　21 250
　贷：应交税费——应交城市维护建设税　　14 875
　　——应交教育费附加　　6 375
(29) 借：应交税费——应交增值税（已交税金）　　120 000
　　——应交城市维护建设税　　14 875
　　——应交教育费附加　　6 375
　贷：银行存款　　141 250
(30) 借：交易性金融资产——公允价值变动　　2 000
　贷：公允价值变动损益　　2 000
(31) 借：生产成本　　247 600
　贷：制造费用　　247 600
借：库存商品　　1 123 600
　贷：生产成本　　1 123 600
(32) 借：主营业务成本　　900 000
　贷：库存商品　　900 000

(33) 借：累计折旧 225 000
固定资产减值准备 25 000
营业外支出 30 000
贷：固定资产 280 000
(34) 借：长期借款 850 000
贷：银行存款 850 000
(35) 借：银行存款 360 000
贷：应收账款 360 000
(36) 借：坏账准备 5 000
贷：应收账款 5 000
(37) 应补提坏账准备＝503 000×2％－3 000＝7 060（元）
借：资产减值损失——计提的坏账准备 7 060
贷：坏账准备 7 060
(38) 借：资产减值损失——计提的存货跌价准备 11 190
贷：存货跌价准备 11 190
(39) 借：资产减值损失——计提的固定资产减值准备 20 000
贷：固定资产减值准备 20 000
(40) 借：管理费用 1 000
贷：库存现金 1 000
(41) 借：应付职工薪酬——职工福利费 500
贷：库存现金 500
(42) 借：主营业务收入 1 500 000
投资收益 40 000
公允价值变动损益 2 000
贷：本年利润 1 542 000
借：本年利润 1 338 700
贷：主营业务成本 900 000
营业税金及附加 21 250
销售费用 28 000
管理费用 224 700
财务费用 56 500
资产减值损失 38 250
营业外支出 70 000
(43) 借：所得税费用 59 600
贷：递延所得税负债 9 900
应交税费——应交所得税 49 700

借：本年利润 59 600
　贷：所得税费用 59 600

(44) 借：应交税费——应交所得税 48 500
　贷：银行存款 48 500

(45) 借：利润分配——提取盈余公积 21 555
　贷：盈余公积 21 555

借：利润分配——应付利润 81 145
　贷：应付利润 81 145

(46) 借：利润分配——未分配利润 102 700
　贷：利润分配——提取盈余公积 21 555
　　——应付利润 81 145

借：本年利润 143 700
　贷：利润分配——未分配利润 143 700

(三) 根据上述会计分录，登记T形账户

库存现金

(借方)		(贷方)	
期初余额	6 100	(40)	1 000
		(41)	500
期末余额	4 600		

银行存款

(借方)		(贷方)	
期初余额	1 640 000	(1)	169 000
(7)	500 000	(3)	106 400
(10)	936 000	(4)	152 100
(11)	400 000	(5)	235 000
(12)	40 000	(13)	210 000
(14)	417	(15)	1 037 000
(22)	327 000	(17)	20 000
(22)	80 000	(18)	28 000
(35)	360 000	(27)	67 100
		(29)	141 250
		(34)	850 000
		(44)	48 500
期末余额	1 219 067		

其他货币资金

(借方)		(贷方)	
期初余额	170 000	(14)	146 000
期末余额	24 000		

交易性金融资产

(借方)		(贷方)	
期初余额	50 000		
(30)	2 000		
期末余额	52 000		

材料采购

(借方)		(贷方)	
期初余额	120 000		
(1)	200 000	(2)	120 000
(14)	123 500	(14)	123 500
期末余额	200 000		

原材料

(借方)		(贷方)	
期初余额	91 200		
(2)	115 000	(19)	300 000
(14)	123 800		
期末余额	30 000		

材料成本差异

(借方)		(贷方)	
期初余额	3 500		
		(14)	300
(2)	5 000	(20)	7 200
期末余额	1 000		

生产成本

(借方)		(贷方)	
期初余额	0		
(16)	570 000	(31)	1 123 600
(19)	300 000		
(20)	6 000		
(31)	247 600		

制造费用

(借方)		(贷方)	
(16)	11 400	(31)	247 600
(19)	60 000		
(20)	1 200		
(24)	100 000		
(26)	75 000		

周转材料

(借方)		(贷方)	
期初余额	80 000		
		(19)	60 000
期末余额	20 000		

库存商品

(借方)		(贷方)	
期初余额	60 000		
(31)	1 123 600	(32)	900 000
期末余额	283 600		

应收账款

(借方)		(贷方)	
期初余额	400 000		
(6)	468 000	(35)	360 000
		(36)	5 000
期末余额	503 000		

坏账准备

(借方)		(贷方)	
		期初余额	8 000
(36)	5 000	(37)	7 060
		期末余额	10 060

应收票据

(借方)		(贷方)	
期初余额	80 000		
(21)	351 000	(22)	351 000
		(22)	80 000
期末余额	0		

其他应收款

(借方)		(贷方)	
期初余额	4 500		
期末余额	4 500		

存货跌价准备

（借方）		（贷方）	
		期初余额	6 500
		（38）	11 190
		期末余额	17 690

固定资产

（借方）		（贷方）	
期初余额	3 099 000		
（3）	91 100	（11）	800 000
（9）	1 500 000	（33）	280 000
期末余额	3 610 100		

固定资产减值准备

（借方）		（贷方）	
		期初余额	190 000
（11）	100 000	（39）	20 000
（33）	25 000		
		期末余额	85 000

工程物资

（借方）		（贷方）	
期初余额	0		
（4）	152 100		
期末余额	152 100		

固定资产清理

（借方）		（贷方）	
（11）	440 000	（11）	400 000
		（11）	40 000

预付账款

（借方）		（贷方）	
期初余额	185 000	（1）	65 000
		（26）	11 000 25 000
期末余额	84 000		

累计折旧

（借方）		（贷方）	
		期初余额	600 000
（11）	260 000	（24）	120 000
（33）	225 000		
		期末余额	235 000

在建工程

（借方）		（贷方）	
期初余额	1 600 000		
（8）	160 000	（9）	1 500 000
（16）	410 000		
期末余额	670 000		

无形资产

（借方）		（贷方）	
期初余额	1 200 000		
期末余额	1 200 000		

累计摊销

（借方）		（贷方）	
		期初余额	240 000
		（25）	80 000
		期末余额	320 000

长期股权投资

（借方）		（贷方）	
期初余额	300 000		
期末余额	300 000		

长期股权投资减值准备

（借方）		（贷方）	
		期初余额	4 500
		期末余额	4 500

研发支出

（借方）		（贷方）	
期初余额	0		
（17）	20 000		
期末余额	20 000		

应付票据

（借方）		（贷方）	
		期初余额	250 000
（5）	150 000		
		期末余额	100 000

应付利息

（借方）		（贷方）	
		期初余额	12 000
（13）	10 000	（23）	22 000
		期末余额	24 000

递延所得税负债

（借方）		（贷方）	
		期初余额	8 000
		（43）	9 900
		期末余额	17 900

长期待摊费用

（借方）		（贷方）	
期初余额	150 000	（26）	50 000
期末余额	100 000		

应交税费

（借方）		（贷方）	
（1）	34 000	期初余额	40 800
（3）	15 300	（6）	68 000
（14）	22 083	（10）	136 000
（29）	120 000	（21）	51 000
（29）	14 875	（28）	14 875
（29）	6 375	（28）	6 375
（44）	48 500	（43）	49 700
		期末余额	105 617

应付职工薪酬

（借方）		（贷方）	
		期初余额	51 000
（15）	1 037 000	（16）	1 037 000
（41）	500		
		期末余额	50 500

短期借款

（借方）		（贷方）	
		期初余额	530 000
（13）	200 000		
		期末余额	330 000

长期借款

（借方）		（贷方）	
		期初余额	1 800 000
（34）	850 000	（7）	500 000（利息）
		（8）	160 000（利息）
		（23）	10 500（利息）
		期末余额	1 620 500

应付股利

（借方）		（贷方）	
		期初余额	0
		（45）	81 145
		期末余额	81 145

应付账款

（借方）		（贷方）	
		期初余额	760 000
（5）	85 000		
		期末余额	675 000

实收资本

（借方）		（贷方）	
		期初余额	4 200 000
		期末余额	4 200 000

其他应付款

（借方）		（贷方）	
		期初余额	65 200
		期末余额	65 200

盈余公积

（借方）		（贷方）	
		期初余额	150 000
		（45）	21 555
		期末余额	171 555

资本公积

（借方）		（贷方）	
		期初余额	233 300
		期末余额	233 300

主营业务收入

（借方）		（贷方）	
		（6）	400 000
（42）	1 500 000	（10）	800 000
		（21）	300 000

主营业务成本

（借方）		（贷方）	
（32）	900 000	（42）	900 000

营业税金及附加

（借方）		（贷方）	
（28）	21 250	（42）	21 250

营业外支出

（借方）		（贷方）	
（11）	40 000	（42）	70 000
（33）	30 000		

投资收益

（借方）		（贷方）	
（42）	40 000	（12）	40 000

销售费用

（借方）		（贷方）	
（18）	28 000	（42）	28 000

管理费用

(借方)		(贷方)	
(16)	45 600	(42)	224 700
(24)	20 000		
(25)	80 000		
(26)	11 000		
(27)	67 100		
(40)	1 000		

所得税费用

(借方)		(贷方)	
(43)	59 600	(43)	59 600

资产减值损失

(借方)		(贷方)	
(37)	7 060	(42)	38 250
(38)	11 190		
(39)	20 000		

财务费用

(借方)		(贷方)	
(22)	24 000	(42)	56 500
(23)	32 500		

公允价值变动损益

(借方)		(贷方)	
(42)	2 000	(30)	2 000

利润分配

(借方)		(贷方)	
		期初余额	90 000
(45)	21 555	(46)	21 555
(45)	81 145	(46)	81 145
(46)	102 700	(46)	143 700
		期末余额	131 000

本年利润

(借方)		(贷方)	
(42)	1 338 700	(42)	1 542 000
(43)	59 600		
(46)	143 700		

（四）根据T形账户记录，编制2009年12月31日的“科目余额表”（如表8-6所示）

表8-6　　科目余额表

编制单位：宏利公司　　2009年12月31日　　单位：元

科目名称	借方余额	科目名称	贷方余额
库存现金	4 600	短期借款	330 000
银行存款	1 219 067	应付票据	100 000
其他货币资金	24 000	应付账款	675 000
交易性金融资产	52 000	其他应付款	65 200
应收票据	0	应付职工薪酬	50 500
应收账款	503 000	应付股利	81 145
坏账准备	−10 060	应交税费	105 617
预付账款	84 000	应付利息	24 000

续　表

科目名称	借方余额	科目名称	贷方余额
其他应收款	4 500	长期借款	1 620 500
材料采购	200 000	其中：一年内到期的非流动负债	400 000
原材料	30 000	递延所得税负债	17 900
周转材料	20 000	实收资本	4 200 000
库存商品	283 600	资本公积	233 300
材料成本差异	1 000	盈余公积	171 555
存货跌价准备	−17 690	利润分配（未分配利润）	131 000
长期股权投资	300 000		
长期股权投资减值准备	−4 500		
固定资产	3 610 100		
累计折旧	−235 000		
固定资产减值准备	−85 000		
工程物资	152 100		
在建工程	670 000		
无形资产	1 200 000		
累计摊销	−320 000		
研发支出	20 000		
长期待摊费用	100 000		
合　计	7 805 717	合　计	7 805 717

（五）根据年初和年末科目余额表，编制“年末资产负债表”（如表 8-1 所示）

（六）根据本年损益类科目发生额编制“利润表”（如表 8-4 所示）

（七）编制现金流量表（采用工作底稿法）

> 工作底稿法是以工作底稿为手段，以利润表和资产负债表数据为基础，对每一项目进行分析并在工作底稿上编制调整分录，据以确定现金流量表各项目的金额，从而编制现金流量表的一种方法。

沿用本例资料以及编制的资产负债表和利润表，采用工作底稿法编制现金流量表，具体步骤如下：

第一步，将资产负债表各项目的“期初数”和“期末数”过入工作底稿的“期初数”栏和“期末数”栏；将利润表各项目的“本期数”过入工作底稿的“本期数”栏（见表 8-7）。

第二步，对当期业务进行分析并编制调整分录。编制调整分录时，要以利润表项目为基础，从“营业收入”开始，结合资产负债表项目逐一进行分析。在调整分录中，有关现金和现金等价物的事项，并不直接借记或贷记现金，而是分别计入“经营活动产生的现金流量”、“投资活动产生的现金流量”、“筹资活动产生的现金流量”有关项目，借记表示现金流入，贷记表示现金流出。

（1）分析调整营业收入

借：经营活动现金流量——销售商品收到的现金 1 732 000

　　应收账款 103 000

　贷：营业收入 1 500 000

　　　应交税费——应交增值税（销项税额） 255 000

　　　应收票据 80 000

利润表中的营业收入是按权责发生制反映的，应转换为收付实现制。为此，应调整应收账款和应收票据的增减变动。本例应收账款增加 103 000 元，应减少经营活动产生的现金流量，而应收票据减少 80 000 元均系货款，应增加经营活动产生的现金流量。

（2）分析调整营业成本

借：营业成本 900 000

　　应交税费——应交增值税（进项税额） 71 383

　　应付票据 150 000

　　应付账款 85 000

　　存货 179 900

　贷：经营活动现金流量——购买商品支付的现金 1 321 283

　　　预付账款 65 000

应付票据减少 150 000 元、应付账款减少 85 000 元、存货增加 179 900 元，表明本期用于购买存货的现金支出增加 414 900 元；预付账款减少 65 000 元，表明本期增加的存货中有 65 000 元是不涉及本期的现金支出。

（3）调整本期营业税费

借：营业税金及附加 21 250

　贷：经营活动现金流量——支付的各项税费 21 250

暂且将本期所确认的“营业税金及附加”作为“支付的各项税费”的现金流出，如有必要，后面再在此基础上作进一步调整，确定“支付的各项税费”的准确金额。

（4）分析销售费用

借：销售费用 28 000

　贷：经营活动现金流量——支付的其他与经营活动有关的现金 28 000

本例中利润表中所列销售费用与按收付实现制的确认数相同。

（5）调整本期确认的管理费用

借：管理费用 224 700

　贷：经营活动现金流量——支付的其他与经营活动有关的现金 224 700

暂且将本期确认的“管理费用”的发生额都作为“支付的其他与经营活动有关的现金”，后面再在此基础上作进一步调整。

（6）分析调整财务费用

借：财务费用　　56 500

贷：经营活动现金流量——销售商品收到的现金　　24 000

应付利息　　22 000

长期借款　　10 500

按照我国实行的会计准则与会计制度，企业在一定时期所确认的财务费用与经营活动产生的现金流量无直接关系，但宏利公司本年发生了24 000元的应收票据贴现息，它导致应收票据减少，并无相应的现金流入，而在调整分录（1）中，我们假定所有应收票据的减少都有现金流入，因而应在分录（1）的基础上进一步调整减少24 000元的“销售商品收到的现金”。

（7）分析调整资产减值损失。资产减值损失的确影响净利润，但不涉及现金流量。

借：资产减值损失　　38 250

贷：坏账准备　　7 060

存货跌价准备　　11 190

固定资产减值准备　　20 000

（8）分析调整公允价值变动收益。公允价值变动收益的确认，不涉及现金流量。

借：交易性金融资产　　2 000

贷：公允价值变动收益　　2 000

（9）分析调整投资收益。在我国，“取得投资收益所收到的现金”属于投资活动产生的现金流量。

借：投资活动现金流量——取得投资收益所收到的现金　　40 000

贷：应收账款　　40 000

（10）分析调整营业外支出

借：营业外支出　　70 000

投资活动现金流量——处置固定资产收到的现金　　400 000

累计折旧　　485 000

固定资产减值准备　　125 000

贷：固定资产　　1 080 000

宏利公司本年确认的营业外支出70 000元，其中：涉及处置固定资产损失40 000元，固定资产盘亏30 000元。处置固定资产有400 000元现金流入。

（11）分析调整所得税费用。所得税费用的确认，不直接涉及现金流量。

借：所得税费用　　59 600

贷：递延所得税负债　　9 900

应交税费　　49 700

（12）分析调整坏账准备

借：应收账款（坏账准备） 5 000

贷：经营活动现金流量——支付的其他与经营活动有关的现金 5 000

本年发生坏账 5 000 元，冲减了应收账款与坏账准备，也就是说，该项应收账款的减少，并没有相应的现金流入，因而需要调整减少分录（1）所确定的“销售商品所收到的现金”项目的金额。

（13）分析调整待摊费用

借：经营活动现金流量——购买商品支付的现金 25 000

——支付的其他与经营活动有关的现金 11 000

贷：预付账款 36 000

原计入预付账款的待摊销印花税、固定资产大修理费，本期的摊销额为 36 000 元，其中 25 000 元计入了产品成本，它导致存货增加，但并没有相应的现金流出，因而需要调整减少分录（2）所确定的“购买商品支付的现金”项目的金额；另外 11 000 元的摊销计入了管理费用，也并无现金流出，因而需要调整减少分录（5）所确定的“支付的其他与经营活动有关的现金”项目的余额。

（14）分析调整固定资产

借：固定资产 1 591 100

贷：投资活动现金流量——购建固定资产所支付的现金 91 100

在建工程 1 500 000

分录（10）在分析调整营业外支出时，已涉及固定资产减少的调整，此处调整固定资产的增加额。

（15）分析调整本期计提的折旧

借：经营活动现金流量——购买商品支付的现金 100 000

——支付的其他与经营活动有关的现金 20 000

贷：累计折旧 120 000

本期计提折旧 120 000 元，其中 100 000 元计入了产品成本，它导致存货增加 100 000 元，但并没有任何现金流出，而分录（2）假设将所有存货的增加都列入“购买商品支付的现金”，故而应在分录（2）的基础上再调整该项折旧费用，调整减少“购买商品支付的现金”；另外 20 000 元计入了管理费用，由于前述分录（5）假设本期确认的全部管理费用都对应有现金流出，属于“支付的其他与经营活动有关的现金”，因而这 20 000 元折旧费用应调整减少“支付的其他与经营活动有关的现金”。

（16）分析调整在建工程和工程物资。分析“在建工程”的本期借方发生额与“工程物资”的本期增减变动额，确定与此相关的“购建固定资产支付的现金”为 562 100 元，其中：支付在建工程人员工资 410 000 元，支付购入工程物资款 152 100 元。

借：在建工程 570 000

工程物资 152 100

贷：投资活动现金流量——购建固定资产所支付的现金　562 100

长期借款——应付利息　160 000

（17）分析调整累计摊销。本期无形资产的摊销 80 000 元，它增加了本期管理费用 80 000元，但无相应的现金流出，而上述调整分录（5）假设本期确认的所有管理费用都对应有现金流出，并记作“支付的其他与经营活动有关的现金”，因而需要对分录（5）的初步调整作如下进一步的调整。

借：经营活动现金流量——支付的其他与经营活动有关的现金 80 000

贷：累计摊销　80 000

（18）分析调整研发支出

借：研发支出　20 000

贷：投资活动现金流量——支付其他与投资活动有关的现金　20 000

（19）分析调整长期待摊费用。摊销长期待摊费用，不涉及现金流量。

借：经营活动现金流量——购买商品支付的现金　50 000

贷：长期待摊费用　50 000

（20）分析调整短期借款（偿还短期借款应列入筹资活动的现金流量）

借：短期借款　200 000

贷：筹资活动现金流量——偿还债务所支付的现金　200 000

（21）分析调整应付职工薪酬

借：应付职工薪酬　627 500

贷：经营活动现金流量——支付给职工以及为职工支付的现金　627 500

借：经营活动现金流量——购买商品支付的现金　581 400

——支付的其他与经营活动有关的现金 45 600

贷：应付职工薪酬　627 000

本期“应付职工薪酬”科目借方发生额为 1 037 500 元，其中支付给在建工程人员的工资 410 000 元，属于“投资活动现金流量——购建固定资产、无形资产和其他长期资产所支付的现金”，调整分录（16）已作调整，其余 627 500 元属于“支付给职工以及为职工支付的现金”。

本期“应付职工薪酬”科目的贷方发生额 1 037 000 元中，有 410 000 元属于应分配给在建工程的工资；余下的 627 000 元中，有 581 400 元计入了产品成本，它增加了存货，但与“购买商品支付的现金”无关，因而应在分录（2）的基础上调整减少“购买商品支付的现金”581 400 元，计入管理费用的 45 600 元，则应在分录（5）的基础上调整减少“支付的其他与经营活动有关的现金”。

（22）分析调整应交税费

借：应交税费　168 500

贷：经营活动现金流量——支付的各项税费（增值税）　120 000

——支付的各项税费（所得税）　48 500

由于增值税的销项税额已于分录（1）调整，进项税额已通过分录（2）调整，本期确认的“营业税金及附加”已通过分录（3）调整，而且本期确认的“营业税金及附加”与实际缴纳数一致，因而此处只需分析调整确定该公司实际上缴税务机关的增值税与所得税。本期实际缴纳增值税 120 000 元，所得税 48 500 元。

（23）分析调整预提应付利息费用

借：应付利息　　10 000

　贷：筹资活动现金流量——分配股利、利润或偿付利息所支付的现金　　10 000

本期“应付利息”科目有借方发生额 10 000 元，系偿还利息支付的现金，贷方发生额 22 000 元，系预提的短期借款利息，已由分录（6）调整。

（24）分析调整一年内到期的非流动负债

借：一年内到期的非流动负债　　850 000

　贷：筹资活动现金流量——偿还债务所支付的现金　　850 000

借：长期借款　　400 000

　贷：一年内到期的非流动负债　　400 000

（25）分析调整长期借款

借：筹资活动现金流量——借款所收到的现金　　500 000

　贷：长期借款　　500 000

（26）结转净利润

借：净利润　　143 700

　贷：未分配利润　　143 700

（27）提取盈余公积及分配股利

借：未分配利润　　102 700

　贷：盈余公积　　21 555

　　　应付股利　　81 145

（28）最后调整现金净变化额

借：现金净减少额　　568 433

　贷：现金（广义的现金）　　568 433

第三步，将调整分录过入工作底稿中的相应项目如表 8-7 所示。

表 8-7　　现金流量表工作底稿　　单位：元

项目	期初数	调整分录		期末数
		借方	贷方	
一、资产负债表项目				
借方项目：				
货币资金	1 816 100		（28）568 433	1 247 667

续　表

项目	期初数	调整分录		期末数
		借方	贷方	
交易性金融资产	50 000	(8) 2 000		52 000
应收票据	80 000		(1) 80 000	0
应收账款	392 000	(1) 103 000	(7) 7 060	492 940
		(12) 5 000		
预付账款	185 000		(2) 65 000	84 000
			(13) 36 000	
其他应收款	4 500			4 500
存货	348 200	(2) 179 900	(7) 11 190	516 910
长期股权投资	295 500			295 500
固定资产	2 309 000	(10) 485 000	(7) 20 000	
		(10) 125 000	(10) 1 080 000	3 290 100
		(14) 1 591 100	(15) 120 000	
工程物资	0	(16) 152 100		152 100
在建工程	1 600 000	(16) 570 000	(14) 1 500 000	670 000
无形资产	960 000		(17) 80 000	880 000
研发支出	0	(18) 20 000		20 000
长期待摊费用	150 000		(19) 50 000	100 000
借方项目合计	8 190 300			7 805 717
贷方项目：				
短期借款	530 000	(20) 200 000		330 000
应付票据	250 000	(2) 150 000		100 000
应付账款	760 000	(2) 85 000		675 000
其他应付款	65 200			65 200
应付职工薪酬	51 000	(21) 627 500	(21) 627 000	50 500
应付利润	0		(27) 81 145	81 145
应交税费	40 800	(2) 71 383	(1) 255 000	105 617
		(22) 168 500	(11) 49 700	
应付利息	12 000	(23) 10 000	(6) 22 000	24 000
一年内到期的非流动负债	850 000	(24) 850 000	(24) 400 000	400 000
长期借款	950 000	(24) 400 000	(6) 10 500	
			(16) 160 000	1 220 500
			(25) 500 000	

续 表

项目	期初数	调整分录		期末数
		借方	贷方	
递延所得税负债	8 000		(11) 9 900	17 900
实收资本	4 200 000			4 200 000
资本公积	233 300			233 300
盈余公积	150 000		(27) 21 555	171 555
未分配利润	90 000	(27) 102 700	(26) 143 700	131 000
贷方项目合计	8 190 300			7 805 717
二、利润表项目				
营业收入			(1) 1 500 000	1 500 000
营业成本		(2) 900 000		900 000
营业税金及附加		(3) 21 250		21 250
销售费用		(4) 28 000		28 000
管理费用		(5) 224 700		224 700
财务费用		(6) 56 500		56 500
资产减值损失		(7) 38 250		38 250
公允价值变动收益			(8) 2 000	2 000
投资收益			(9) 40 000	40 000
营业外收入				
营业外支出		(10) 70 000		70 000
所得税费用		(11) 59 600		59 600
净利润		(26) 143 700		143 700
三、现金流量表项目				
(一) 经营活动产生的现金流量			(6) 24 000	
销售商品、提供劳务收到的现金		(1) 1 732 000	(12) 5 000	1 703 000
现金流入小计				1 703 000
购买商品、接受劳务支付的现金		(13) 25 000 (15) 100 000 (19) 50 000 (21) 581 400	(2) 1 321 283	564 883
支付给职工以及为职工支付的现金			(21) 627 500	627 500
支付的各种税费			(3) 21 250 (22) 120 000 (22) 48 500	189 750
支付的与其他经营活动有关的现金		(13) 11 000	(4) 28 000	

续　表

项目	期初数	调整分录		期末数
		借方	贷方	
支付的与其他经营活动有关的现金		(15) 20 000 (17) 80 000 (21) 45 600	(5) 224 700	96 100
现金流出小计				1 478 233
经营活动产生现金流量净额				224 767
(二) 投资活动产生的现金流量				
收回投资所收到的现金				
取得投资收益所收到的现金		(9) 40 000		40 000
处置固定资产收到的现金净额		(10) 400 000		400 000
现金流入小计				440 000
购建固定资产所支付的现金			(14) 91 100 (16) 562 100	653 200
支付其他与投资活动有关的现金			(18) 20 000	20 000
现金流出小计				673 200
投资活动产生的现金流量净额				−233 200
(三) 筹资活动产生的现金流量				
借款所收到的现金		(25) 500 000		500 000
现金流入小计				500 000
偿还债务所支付的现金			(20) 200 000 (24) 850 000	1 050 000
分配股利、利润和偿还利息所支付的现金			(23) 10 000	10 000
现金流出小计				1 060 000
筹资活动产生现金流量净额				−560 000
(四) 现金及现金等价物净减少额		(28) 568 433		568 433
调整分录借贷合计		11 593 616	11 593 616	—

第四步，核对调整分录，借方栏合计数与贷方栏合计数应当相等；资产负债表各项目"期初数"加减调整分录中的借贷金额以后，应当等于"期末数"；利润表各项目的借贷金额加减后的结果应当等于"本期数"。

第五步，根据工作底稿中现金流量表部分各项目的借贷金额计算确定各项目的本期数，据以编制正式的现金流量表（见表8－8）。

表 8-8 **现金流量表**

编制单位：宏利公司　　2009 年度　　单位：元

项目	金额
一、经营活动产生的现金流量	
销售商品、提供劳务收到的现金	1 703 000
收到的税费返还	—
收到的其他与经营活动有关的现金	—
现金流入小计	1 703 000
购买商品、接受劳务支付的现金	564 883
支付给职工以及为职工支付的现金	627 500
支付的各项税费	189 750
支付的其他与经营活动有关的现金	96 100
现金流出小计	1 478 233
经营活动产生的现金流量净额	224 767
二、投资活动产生的现金流量	
收回投资所收到的现金	—
取得投资收益所收到的现金	40 000
处置固定资产、无形资产和其他长期资产所收到的现金净额	400 000
收到的其他与投资活动有关的现金	—
现金流入小计	440 000
购建固定资产、无形资产和其他长期资产所支付的现金	653 200
投资所支付的现金	
支付的其他与投资活动有关的现金	20 000
现金流出小计	673 200
投资活动产生的现金流量净额	−233 200
三、筹资活动产生的现金流量	
吸收投资所收到的现金	—
借款所收到的现金	500 000
收到的其他与筹资活动有关的现金	—
现金流入小计	500 000
偿还债务所支付的现金	1 050 000
分配股利、利润或偿付利息所支付的现金	10 000
支付的其他与筹资活动有关的现金	—
现金流出小计	1 060 000
筹资活动产生的现金流量净额	−560 000
四、汇率变动对现金的影响	—
五、现金及现金等价物净增加额	−568 433

企业在采用直接法列报经营活动产生的现金流量的情况下，还应当采用间接法在报表附注中披露将净利润调节为经营活动现金流量的信息，如表 8-9 所示。

表 8-9　　将净利润调节为经营活动现金流量　　单位：元

项　目	金　额
1. 将净利润调节为经营活动现金流量净利润	143 700
加：计提的资产减值准备	38 250
固定资产折旧	120 000
无形资产摊销	80 000
长期待摊费用摊销	50 000
处置固定资产、无形资产和其他长期资产的损失（减：收益）	70 000
固定资产报废损失	—
公允价值变动损失（减：收益）	−2 000
财务费用	56 500
投资损失（减：收益）	−40 000
递延所得税资产增加	9 900
存货的减少（减：增加）	−179 900
经营性应收项目的减少（减：增加）	49 000
经营性应付项目的增加（减：减少）	−170 683
其他	—
经营活动产生的现金流量净额	224 767
2. 不涉及现金收支的投资和筹资债务转为资本	—
一年内到期的可转换公司债券融资租入固定资产	—
3. 现金及现金等价物净增加情况	—
现金的期末余额	1 247 667
减：现金的期初余额	1 816 100
加：现金等价物的期末余额	—
减：现金等价物的期初余额	—
现金及现金等价物净增加额	−568 433

宏利公司本期经营性应收项目的变动情况（将期末数与期初数对比）如下：

应收账款（未扣减坏账准备但应加回注销坏账 5 000 元）增加

(103 000＋5 000)　　　　＋108 000 元

应收票据（扣除贴现息 24 000 元）减少　　－ 56 000 元

(80 000－24 000)

预付账款减少　　－101 000 元

合计减少	－49 000元

经营性应付项目的变动情况（将期末数与期初数对比）如下：

应付账款减少	－ 85 000元
应付票据减少	－150 000元
应付职工薪酬减少	－ 500元
应交税费增加	＋ 64 817元
合计减少	－170 683元

模块五　财务报表分析

学习任务（一）　了解财务报表分析的基本知识

问题一　什么是财务报表分析？为什么要进行财务报表分析？

财务报表分析是指以财务报表和其他资料为依据和起点，采用专门方法，系统分析和评价企业的经营成果、财务状况及其变动，通过财务报表的大量数据，发现企业经营的优劣所在，通过财务报表分析为决策者提供更有效的参考依据和财务支持。

企业根据日常的会计账簿记录定期编制财务报表，能提供财务状况和经营结果的一系列数据。然而，财务报表所列示的各种数据，如果不经过分析比较，就会有更多的隐含在财务报表中的重要信息不能清晰的显示出来。例如，通过表8-4"利润表"，我们已知宏利公司2009年度实现的净利润。但仅有这样一个会计数据并不能说明多少问题。假如我们将宏利公司2009年度实现的净利润与计划（或上年）的净利润数加以比较，就能从中获得更多有用的信息。另外，还可通过对净利润的构成要素，如主营业务收支、其他业务收支、费用、投资收益、营业外收支等进行进一步分析，就可以发现影响净利润变动的原因；还可以对收入、成本作进一步分析，例如收入受单价、数量、品种结构所影响，成本受材料、工资、制造费用等影响。这样通过对企业资产、负债、收入、费用等会计数据的分析，通过某种形式联系起来加以比较，结果就会有更多的隐含在财务报表中的重要信息被清晰的显示出来。由此可见，财务报表分析的要点就是要揭示出一个会计数据与另几个会计数据之间的关系，以反映各种会计数据在企业生产活动和财务状况中的重要意义，及其在某一段时期内所发生的变化趋势。

问题二　财务报表分析依据什么资料？

进行财务报表分析所依据的资料，可按其来源分为内部资料和外部资料，但最主要的是企业的财务报表（包括资产负债表、利润表、现金流量表及报表附注等），它是反映企业财务状况和经营成果的书面文件。此外，还有企业财务计划、其他会计核算资料、统计资料以及财产清查资料等内部资料。

另外，来源于企业外部的资料，如查账报告书、行业财务资料、资产评估报告书等也为企业财务报表分析提供重要参考依据。

学习任务（二）　熟悉财务报表分析的方法

问题一　进行财务报表分析有哪些方法？

财务报表分析的方法很多，如比较分析法、比率分析法、因素分析法、差额分析法、趋势分析法等。

问题二　各种财务分析方法如何应用？

（一）比较分析法

比较分析法是指通过指标对比，从数量上确定差异的一种分析方法。其主要作用在于揭示客观上存在的差距，并为进一步分析指出方向。在实际工作中通常有以下几种形式：

（1）实际指标与计划指标比较，以分析计划或预算执行情况，找出存在的差异和原因。

（2）本期指标与前期指标比较，分析其变动情况和变动趋势。

（3）本企业实际指标与同行业先进指标比较，分析企业在行业竞争中的地位、产生差异的原因以及超越先进的对策。

比较分析法只适用于同质指标的数量对比，因此，应用此法要注意指标在经济内容、计量方法、计算期以及客观条件等方面应有可比性。

【例 8－10】　某公司 2009 年计划利润总额为 32 000 000 元，实际利润总额为 34 000 000元，2008 年该公司利润总额为 30 000 000 元。

（1）实际与计划对比：3 400－3 200＝＋200（万元）

（2）本年与上年对比：3 400－3 000＝＋400（万元）

以上对比结果意味着该公司 2009 年利润总额指标完成较好，比计划多完成 2 000 000 元，比 2008 年增加了 4 000 000 元。

（二）比率分析法

比率分析法是把某些存在关联的项目加以对比，计算出比率，据以确定经济活动变动程度的分析方法。比率指标主要有以下三类：

1. 构成比率

也称结构比率，它是某项经济指标的各个组成部分与总体的比率。利用构成比率，可以考察总体中某个部分的形成和安排是否合理，以便协调各项经济活动。

【例 8－11】　某公司 2009 年 12 月 31 日，流动资产总额为 8 6 000 000 元，其中：货币资金为 12 000 000 元，应收款项为 36 000 000 元，存货为 38 000 000 元，其有关构成比

率计算如下：

（1）货币资金占流动资产的比率为：1 200÷8 600×100%=13.95%

（2）应收款项占流动资产的比率为：3 600÷8 600×100%=41.86%

（3）存货占流动资产的比率为：3 800÷8 600×100%=44.19%

2. 相关比率

相关比率是指将某个项目和与其有关但又不同的项目加以比较所得的比率，反映有关经济活动的相互关系。利用相关比率指标，可以考察有联系的相关业务安排是否合理，以保障企业运营活动能够顺利进行，如流动比率、速动比率、资产负债率等就属于相关比率指标，其计算方法见【例 8-14】和【例 8-15】。

3. 效率比率

效率比率是指某项经济活动中所费与所得的比率，反映投入与产出的关系。利用效率比率指标，可以进行得失比较，考察经营成果、评价经济效益，如销售利润率、成本利润率等就属于效率比率指标，其计算方法见【例 8-26】和【例 8-27】。

（三）因素分析法（连锁替代法）

因素分析法是用来分析几个相互联系的因素，对综合财务指标或经济指标变动影响程度的一种分析方法，又称连锁替代法。采用这种方法的出发点在于，当有若干个因素对分析对象发生影响作用时，假定其他各个因素都无变化，顺序确定每一因素单独变化所产生的影响。其计算程序如下：

（1）以基数（计划数或上年数）为计算基础。

（2）按照公式中所列因素（先数量指标，后质量指标）的同一顺序，逐次以各个因素的实际数替换其基数。每次替换后实际数就被保留下来，有几个因素就替换几次，直至所有因素都变成实际数为止。

（3）将每次替换后的所得结果，与其相邻的前一次计算结果相比较，两者的差额就是某一因素变动对综合经济指标变动的影响程度。

（4）计算各因素变动影响数额的代数和，以验证替代结果的正确性。

【例 8-12】 某公司甲产品销售收入情况如下表 8-10 所示。

表 8-10　　某公司甲产品销售收入情况

项　目	2009 年计划	2009 年实际
销售数量（千克）	900	890
销售单价（万元）	1.96	2.30
销售收入（万元）	1 764	2 047

该公司对 2009 年甲产品销售收入情况进行分析时，应按以下程序进行：

（1）运用对比分析法找差距：2 047−1 764=+283（万元）

上述计算结果表明，2009 年甲产品实际销售收入比计划增加了 2 830 000 元，增长百分比为16%。

(2) 运用因素分析法找原因，即甲产品销售收入增加受哪些因素影响以及各因素的影响程度。

1) 分析影响因素：一是甲产品销售数量，二是甲产品销售单价。

2) 列出甲产品销售收入额与两个影响因素之间的基本数量关系：

销售收入＝销售数量×销售单价

3) 依次替换以测定各因素变化对指标的影响程度。

计划指标：900×1.96＝1 764（万元）(1)

第一次替换：890×1.96＝1 744.4（万元）(2)　}(2) － (1) ＝－19.6（万元）

第二次替换：890×2.30＝2 047（万元）(3)　}(3) － (2) ＝＋302.6（万元）

通过以上分析可以得知，由于销售数量的减少，销售收入减少了196 000元；由于销售单价的提高，销售收入增加了3 026 000元，两个因素共同影响使2009年甲产品实际销售收入比计划增加了2 830 000元。

因素分析法既可以全面分析各因素对某一经济指标的影响，又可以单独分析某个因素对某一经济指标的影响，在财务报表分析中应用颇为广泛。但在应用这一方法时必须注意的是：

(1) 因素分解的相关性，即确定构成经济指标的因素，必须是客观上存在着因果关系。

(2) 因素替代的顺序性。

(3) 顺序替代的连环性。

(4) 计算结果的假定性。

(四) 差额分析法

差额分析法是因素分析法的一种简化形式。其做法是先计算出各因素的实际数和计划数的差额，然后按照一定的替换程序，直接计算出各因素变动对计划指标完成情况的影响程度。应用这种方法的要求与应用因素分析法的要求相同，只是在计算上比较简化，所以在实际工作中应用比较广泛。

【例8-13】　承【例8-12】资料，运用差额分析法进行分析时，其程序如下：

(1) 计算实际销售收入与计划销售收入的差额：2 047－1 764＝＋283（万元）

(2) 依次替换以测定各因素变化对指标的影响程度：

1) 由于销售数量变动的影响：(890－900) ×1.96＝－19.6（万元）

2) 由于销售单价变动的影响：890× (2.30－1.96) ＝＋302.6（万元）

以上1) 2) 两个因素共同的影响：－19.6＋302.6＝＋283（万元）

(五) 趋势分析法

趋势分析法是将两期或连续数期财务报表中相同的指标进行对比，确定其增减变动的方向、数额和幅度，以说明企业财务状况或经营成果的变动趋势的一种方法。采用这种方法，可以分析引起变化的主要原因、变动的性质，并预测企业未来的发展前景。

学习任务（三） 掌握主要财务分析指标的计算方法

问题一 评价企业的主要财务指标有哪些？

总结和评价企业财务状况与经营成果的分析指标包括偿债能力指标、营运能力指标、赢利能力指标。

问题二 如何分析和评价企业的财务状况与经营成果？

（一）偿债能力分析

偿债能力是指企业偿还各种到期债务的能力，包括短期偿债能力和长期偿债能力两个方面。

1. 短期偿债能力分析

短期偿债能力是指企业流动资产对流动负债及时足额偿还的保证程度，是衡量企业当期财务能力，特别是流动资产的变现能力的重要标志。

企业短期偿债能力的衡量指标主要有流动比率、速动比率和现金比率三项。

（1）流动比率。流动比率是企业一定时期流动资产与流动负债的比率，它代表企业用流动资产偿还流动负债的能力，其计算公式为：

$$流动比率=\frac{流动资产}{流动负债}$$

一般情况下，流动比率越高，反映企业短期偿债能力越强，债券人的权益越有保证。西方企业认为 2∶1 的比例较为适宜。但流动比率也不能过高，过高则表明企业流动资产占用较多，会影响资金使用效率和企业的筹资成本，进而影响获利能力。

【例 8-14】 根据表 8-1 资料，宏利公司 2009 年年初、年末的流动比率为：

年初流动比率：2 875 800÷2 559 000＝1.123 8

年末流动比率：2 398 017÷1 831 462＝1.309 3

该公司 2009 年年末流动比率比年初流动比率有所提高，说明偿债能力呈上升趋势。

（2）速动比率。速动比率是企业速动资产与流动负债的比率。所谓速动资产，是指流动资产减去变现能力较差且不稳定的存货、待处理流动资产损失后的余额。由于剔除了存货等变现能力较弱且不稳定的资产，因此，速动比率较之流动比率能够更准确、可靠地评价企业资产的流动性以及偿还短期负债的能力。其计算公式为：

$$速动比率=\frac{速动资产}{流动负债}$$

西方企业一般认为，速动比率为 1 是安全边际。速动比率大于 1，偿还债务能力强；速动比率小于 1，会使企业面临较大的偿债风险。但并不是说，速动比率较低的企业其流动负债到期绝对不能偿还。实际上，如果企业存货流转顺畅，变现能力较强，即使速动比率较低，只要流动比率高，企业仍然有望偿还到期的债务本息。

【例 8-15】　根据表 8-1 资料，宏利公司 2009 年的速动比率为：

年初速动比率＝（2 875 800－348 200）÷2 559 000＝0.987 7

年末速动比率＝（2 398 017－516 910）÷1 831 462＝1.027 1

分析表明该公司 2009 年年末的速动比率比年初有所提高，且流动比率也成上升趋势，说明企业的变现能力较强。

（3）现金比率。现金比率是企业现金类资产占流动负债的比率。现金类资产包括货币资金和有价证券。现金比率是以速动资产扣除应收款项后的余额计算的，最能反映企业直接偿付流动负债的能力。其计算公式为：

$$现金比率=\frac{货币资金+有价证券}{流动负债}$$

但需注意的是，这一比率过高，意味着企业现金类资产持有过多，丧失了资产的赢利性。

【例 8-16】　根据表 8-1 资料，宏利公司 2009 年的现金比率为：

年初现金比率＝（1 816 100＋50 000）÷2 559 000＝0.729 2

年末现金比率＝（1 247 667＋52 000）÷1 831 462＝0.709 6

该公司 2009 年年初、年末现金比率较高，且年末有所提高，说明企业不仅注意短期偿债能力，同时也能有效地运用资产，提高资金使用效益。

2. 长期偿债能力分析

分析企业长期偿债能力，主要是为了确定企业偿还债务本金与支付债务利息的能力。而长期债务本金和利息将来也必须用企业的资产或劳务来偿付，因此必然涉及资产、负债和所有者权益之间的关系，涉及对企业财务结构的分析。反映企业长期偿债能力的主要指标有：资产负债率、产权比率、权益乘数、利息保障倍数等。

（1）资产负债率。资产负债率，是企业负债总额与资产总额的比率，它表明企业总资产中有多大比例是通过借债来筹资的，并反映企业对债权人权益的保障程度。这一比率越小，说明企业的长期偿债能力越强。其计算公式为：

$$资产负债率=\frac{负债总额}{资产总额}$$

【例 8-17】　根据表 8-1 资料，宏利公司 2009 年的资产负债率为：

年初资产负债率＝3 517 000÷8 190 300＝0.429 4

年末资产负债率＝3 069 862÷7 805 717＝0.393 3

该公司 2009 年年初、年末资产负债率较低，说明企业既具有长期偿债能力，又能利用财务杠杆原理促使企业资产盈利。

（2）产权比率。产权比率是指负债总额与所有者权益的比率，是企业财务结构稳定与否的重要标志。其计算公式为：

$$产权比率=\frac{负债总额}{所有者权益总额}$$

它反映企业所有者权益对债权人权益的保障程度。这一比率越低、表明企业的长期偿债能力越强，债权人权益的保障程度越高，承担的风险越小，但企业不能充分地发挥财务杠杆的效应。

【例8-18】 根据表8-1资料，宏利公司2009年的产权比率为：

年初产权比率＝3 517 000÷4 673 300＝0.752 6

年末产权比率＝3 069 862÷4 735 855＝0.648 2

该公司2009年年初、年末产权比率比较高，说明企业的长期偿债能力一般，债权人保障程度一般。

(3) 权益乘数。权益乘数又称资产权益倍数，是企业资产总额与所有者权益的比率，是一个间接反映企业偿债能力的指标。其计算公式为：

$$权益乘数=\frac{资产总额}{所有者权益总额}$$

或：权益乘数＝1＋产权比率

或：权益乘数＝1/（1－资产负债率）

一般说来，权益乘数越大，资产负债率越高，产权比率越高，这样能给企业带来较大的财务杠杆利益，但同时企业也需要承担较大的风险压力。

【例8-19】 根据表8-1资料，宏利公司2009年的权益乘数为：

年初权益乘数＝1＋0.752 6＝1.752 6

年末权益乘数＝1＋0.648 2＝1.648 2

(4) 利息保障倍数。利息保障倍数又称已获利息倍数，是企业税前利润与利息费用的比率，反映了企业获利能力对长期债务偿还的保障程度。其计算公式为：

$$利息保障倍数=\frac{息税前利润}{债务利息}$$

上式中息税前利润包括债务利息与所得税前的营业利润；债务利息包括财务费用中的利息和资本化的利息两部分。

利息保障倍数至少应当大于1，且比值越高，企业的长期偿债能力一般也就越强。

【例8-20】 根据表8-1和表8-4资料，宏利公司2009年的利息保障倍数为（假定2008、2009两年该公司均无资本化利息）：

$$2008年利息保障倍数=\frac{50\ 000+192\ 000}{50\ 000}=4.84（倍）$$

$$2009年利息保障倍数=\frac{56\ 500+273\ 300}{56\ 500}=5.84（倍）$$

从以上计算来看，应当说该公司连续两年的利息保障系数较高，有较强的偿付债务利息的能力。

（二）营运能力分析

营运能力是指企业资金运用的能力，反映企业资产管理水平和资金周转状况。营运能力分析实际上是企业的总资产及其各个组成要素的营运能力分析。营运能力的强弱关键取决于周转速度。一般说来，周转速度越快，资产的使用效率就越高，则营运能力越强。所谓周转率即企业在一定时期内资产的周转额与平均余额的比率，它反映企业资产在一定时期的周转次数。它的逆指标是周转天数，反映资产周转一次所需要的天数。周转率越快，周转次数越多，周转天数越短，资产营运能力越强。其计算公式为：

$$\text{周转率（周转次数）}=\frac{\text{周转额}}{\text{资产平均余额}}$$

$$\begin{aligned}\text{周转天数}&=\text{计算期天数}\div\text{周转次数}\\&=\text{资产平均余额}\times\text{计算期天数}\div\text{周转额}\end{aligned}$$

1. 应收账款周转率

应收账款周转率，是指企业一定时期赊销收入净额与应收账款平均余额的比率。它反映企业应收账款的流动性，是反映企业应收账款管理水平的重要指标。其计算公式为：

$$\text{应收账款周转率（次数）}=\frac{\text{赊销收入净额}}{\text{应收账款平均余额}}$$

$$\text{应收账款周转天数}=\frac{\text{计算期天数}}{\text{应收账款周转率}}$$

$$\text{赊销收入净额}=\text{销售收入}-\text{现销收入}-\text{销售折扣与折让}$$

$$\text{应收账款平均余额}=\text{（期初应收账款}+\text{期末应收账款）}/2$$

应收账款周转率反映了企业应收账款变现速度的快慢及管理效率的高低。周转率高表明：

（1）收账迅速，账龄较短。

（2）资产流动性强，短期偿债能力强。

（3）可以减少收账费用和坏账损失。

【例 8－21】　根据表 8－1 和表 8－4 资料，计算宏利公司 2009 年的应收账款周转率为（设赊销比重为 40%）：

$$\text{应收账款周转次数}=\frac{1\,500\,000\times40\%}{(392\,000+492\,940)\div2}=1.4\text{ 次}$$

$$\text{应收账款周转天数}=\frac{360}{1.4}=257\text{ 天}$$

计算结果表明，该企业应收账款周转次数少，资金占用过多，变现能力弱，要不断提高应收账款的收账率，防止坏账损失发生。

2. 存货周转率

存货周转率是企业一定时期销售成本与存货平均余额的比率。它是反映企业销售能力和流动资产流动性的一个指标，也是衡量企业生产经营各环节中存货营运效率的综合性指标。其计算公式为：

$$\text{存货周转率（次数）}=\frac{\text{销售成本}}{\text{存货平均余额}}$$

$$\text{存货平均余额}=\text{（期初存货}+\text{期末存货）}/2$$

$$存货周转天数=\frac{计算期天数}{存货周转率}$$

存货周转速度的快慢，不仅反映出企业采购、储存、生产、销售各环节管理工作状况的好坏，而且对企业的偿债能力及获利能力产生决定性的影响。一般说来，存货周转率越高越好。存货周转率越高，表明其变现的速度越快，周转额越大，资金占用水平越低。通过存货周转率分析，还有利于找出存货管理存在的问题，尽可能降低资金占用水平。

【例 8-22】 根据表 8-1 和表 8-4 资料，计算宏利公司 2009 年存货周转率如下：

$$存货周转次数=\frac{900\ 000}{(348\ 200+516\ 910)\div 2}=2.1（次）$$

$$存货周转天数=360/2.1=171（天）$$

计算结果表明，该企业存货周转率较高，说明企业存货周转速度快，存货管理较好。

3. 流动资产周转率

流动资产周转率是反映企业流动资产在一定时期所完成的周转额与流动资产的平均占用额之间的比例。其计算公式为：

$$流动资产周转率（次数）=\frac{销售收入净额}{流动资产平均占用额}$$

$$流动资产周转天数=\frac{计算期天数}{流动资产周转率}$$

在一定时期内，流动资产周转次数越多，表明相同的流动资产完成的周转额越多，流动资产利用效果越好。

【例 8-23】 根据表 8-1 和表 8-4 资料，计算宏利公司 2009 年流动资产周转率如下：

$$流动资产周转率=\frac{1\ 500\ 000}{(2\ 875\ 800+2\ 398\ 017)\div 2}=0.57（次）$$

$$流动资产周转天数=360/0.57=632（天）$$

由此可见，该公司流动资产周转速度缓慢，资金使用效果差。

4. 固定资产周转率

固定资产周转率是指企业年销售收入净额与固定资产平均净额的比率。它是反映企业固定资产周转状况，从而衡量固定资产利用效率的一项指标。其计算公式为：

$$固定资产周转率（次数）=\frac{销售收入净额}{固定资产平均净额}$$

$$固定资产周转天数=\frac{计算期天数}{固定资产周转率}$$

固定资产周转率较高，表明企业固定资产利用充分，同时也能表明企业固定资产投资得当，固定资产结构合理，能够充分发挥效率。反之，表明固定资产使用效率不高，提供的生产经营成果不多，企业的营运能力不强。

【例 8-24】 根据表 8-1 和表 8-4 资料，计算宏利公司 2009 年固定资产周转率如下：

$$固定资产周转率=\frac{1\ 500\ 000}{(2\ 309\ 000+3\ 290\ 100)\div 2}=0.54（次）$$

$$固定资产周转天数=360\div 0.54=667（天）$$

计算结果表明，该企业固定资产周转率较小，固定资产利用效率不高。

5. 总资产周转率

总资产周转率是企业一定时期销售收入与平均资产总额的比率。它反映企业全部资产的利用效率，是分析和评价企业全部资产管理水平的一个综合性指标。其计算公式为：

$$总资产周转率（次数）=\frac{销售收入净额}{平均资产总额}$$

$$总资产周转天数=\frac{计算期天数}{总资产周转率}$$

【例 8-25】 根据表 8-1 和表 8-4 资料，计算宏利公司 2009 年总资产周转率如下：

$$总资产周转率=\frac{1\ 500\ 000}{(8\ 190\ 300+7\ 805\ 717)\div 2}=0.19（次）$$

$$总资产周转天数=\frac{360}{0.19}=1895（天）$$

计算结果表明：总资产周转效率较低，说明企业利用全部资产进行经营的效率较差，最终会影响企业的赢利能力。

（三）赢利能力分析

赢利能力即企业资本增值的能力。获利是企业最重要的经营目标，企业只有获利才能补偿生产经营中的耗费、偿还到期债务，才能使资本保值增值。因此，无论是投资者、债权人还是经营者都十分关心企业的赢利能力。反映企业赢利能力的指标有很多，通常包括销售利润率、成本利润率、资产利润率、自有资金利润率和资本保值增值率等指标。

1. 销售利润率

销售利润率是企业利润与销售收入的比例。其计算公式为：

$$销售利润率=\frac{利润}{销售收入}\times 100\%$$

从利润表来看，企业的利润可以分为三个层次：销售毛利、营业利润、净利润。

【例 8-26】 根据表 8-4 资料，计算宏利公司 2008、2009 年销售利润率如表 8-11 所示。

表 8-11　　**销售利润率计算表**

项目	2009 年	2008 年	项目	2009 年	2008 年
销售收入（营业收入）（元）	1 500 000	1 200 000	营业利润（元）	273 300	192 000
销售成本（营业成本）（元）	900 000	750 000	营业利润率（%）	18.22	16
销售毛利（元）	600 000	450 000	净利润（元）	143 700	109 000
销售毛利率（%）	40	37.5	销售净利润率（%）	9.58	9.08

从以上分析可以看出，该企业的销售利润率成上升趋势，其主要原因是在销售收入扩大的同时，销售毛利、营业利润及净利润均有所增加。

2. 成本利润率

成本利润率是指利润与成本的比率。其计算公式为：

$$成本利润率=\frac{利润}{成本}\times 100\%$$

【例 8－27】 根据表 8－4 资料，计算宏利公司 2008、2009 年成本利润率如表 8－12 所示。

表 8－12　　　　成本利润率计算表

项目	2009 年	2008 年
营业成本毛利率	600 000÷900 000×100％＝66.67％	450 000÷750 000×100％＝60％
营业成本利润率	273 300÷900 000×100％＝30.37％	192 000÷750 000×100％＝25.6％
营业成本净利率	143 700÷900 000×100％＝15.97％	109 000÷750 000×100％＝14.53％

以上计算结果表明，该企业 2009 年各成本利润率指标均比 2008 年有所上升，这是企业其他一系列反映效益的指标都比 2008 年好的关键原因。

3. 资产利润率

资产利润率是企业息税前利润与企业平均资产总额的比率。它反映企业资产利用的综合效果，是分析和评价企业资产管理水平和效益的又一综合指标。其计算公式为：

$$资产利润率=\frac{息税前利润}{平均资产总额}\times 100\%$$

该比率越高，表明资产的利用效益越好，整个企业赢利能力越强，经营管理水平越高。

【例 8－28】 根据表 8－1 和表 8－4 资料，计算宏利公司 2008、2009 年资产利润率如下（假设该公司 2007 年末资产总额为 8 012 000 元）：

$$2008年资产利润率=\frac{50\,000+192\,000}{(8\,012\,000+8\,190\,300)\div 2}\times 100\%=2.99\%$$

$$2009年资产利润率=\frac{56\,500+273\,300}{(8\,190\,300+7\,805\,717)\div 2}\times 100\%=4.12\%$$

计算结果表明，该公司 2009 年资产利用效率高于 2008 年。

4. 自有资金利润率

自有资金利润率又称净值报酬率，是企业一定时期净利润与自有资金平均余额的比率。它反映企业所有者获得的收益水平，是企业赢利能力指标和核心，也是整个财务指标体系的核心。其计算公式为：

$$自有资金利润率=\frac{净利润}{平均所有者权益}\times 100\%$$

【例 8-29】　根据表 8-1 和表 8-4 资料，并假设 2007 年所有者权益总额为4 500 000元，宏利公司 2008、2009 年自有资金利润率指标计算如下：

$$2008\text{ 年自有资金利润率}=\frac{109\ 000}{(4\ 500\ 000+4\ 673\ 300)\div 2}\times 100\%=2.38\%$$

$$2009\text{ 年自有资金利润率}=\frac{143\ 700}{(4\ 673\ 300+4\ 735\ 855)\div 2}\times 100\%=3.05\%$$

该公司 2009 年自有资金利润率比 2008 年上升了 0.67%。

5. 资本保值增值率

资本保值增值率是指所有者权益的期末总额与期初总额的比值。其计算公式为：

$$\text{资本保值增值率}=\frac{\text{期末所有者权益总额}}{\text{期初所有者权益总额}}$$

一般说来，如果资本保值增值率大于 1，说明所有者权益增值，否则，则意味着所有者权益保值或遭受损失。

【例 8-30】　根据表 8-1 及【例 8-29】的假设，计算宏利公司 2008、2009 年资本保值增值率如下：

$$2008\text{ 年资本保值增值率}=\frac{4\ 673\ 300}{4\ 500\ 000}=1.038\ 5$$

$$2009\text{ 年资本保值增值率}=\frac{4\ 735\ 855}{4\ 673\ 300}=1.013\ 4$$

计算结果表明，该企业连续两年资本均有增值，但比例不大。

（四）现金流量分析

现金流量分析的指标包括：

1. 现金到期债务比

现金到期债务比＝经营现金净流量/本期到期的债务

本期到期债务，是指本期到期的长期债务和本期应付票据。通常这两种债务是不能延期的，必须如数偿还。

2. 现金流动负债比

现金流动负债比＝经营现金净流量/流动负债

3. 现金债务总额比

现金债务总额比＝经营现金净流量/债务总额

这个比例越高，表明企业承担债务的能力越强。

4. 销售现金比率

销售现金比率＝经营现金净流量/销售额

该比率反映每 1 元销售得到的净现金，其数值越大越好。

5. 全部资产现金回收率

全部资产现金回收率＝经营现金净流量/全部资产

该指标反映企业资产产生现金的能力，其数值越大说明资产产生现金的能力越强。

学习任务（四） 了解财务分析报告的内容

问题一 财务分析报告的内容有哪些?

财务分析报告一般应包括以下五个方面的内容：

（一）提要段

提要段是对企业基本情况的介绍，让财务报告接受者对企业有一个基本的认识。

（二）说明段

说明段是对企业运营及财务现状的介绍。该部分要求文字表述恰当、数据引用准确。对经济指标进行说明时可适当运用绝对数、比较数及复合指标数。特别要关注企业当前运作上的重心，对重要事项要单独反映。企业在不同阶段、不同月份的工作重点有所不同，所需要的财务分析重点也不同。如企业正进行新产品的投产、市场开发，则企业各阶层需要对新产品的销售、成本、利润数据进行分析的财务分析报告。

（三）分析段

分析段是对企业的经营情况、财务状况进行分析研究。在说明问题的同时还要分析问题，寻找问题的原因和症结，以达到解决问题的目的。财务分析一定要有理有据，要细化分解各项指标，因为有些报表的数据是比较含糊和笼统的，要善于运用表格、图示突出表达分析的内容。分析问题一定要善于抓住当前要点，多反映企业经营焦点和易于忽视的问题。

（四）评价段

评价段是对企业经营情况、财务状况、赢利业绩，从财务角度给予公正、客观的评价和预测。评价要从正面和负面两方面进行，评价既可以单独分段进行，也可以将评价内容穿插在说明部分和分析部分。

（五）建议段

建议段是财务人员对企业经营和管理过程中存在的问题所提出的改进建议。

问题二 怎样撰写财务分析报告?

（一）积累素材，为撰写财务分析报告做好准备。

通过会计核算形成了会计凭证、会计账簿和会计报表，但是编写财务分析报告仅靠这些凭证、账簿、报表的数据往往是不够的，还要关注计划、经营、市场以及投资、融资等各类情况。不仅要掌握企业内部资料，还要了解企业外部经济坏境（如国家经济政策、国内外经济形势的变化等）。

（二）采用文字处理与图表表达相结合的方法，做到文笔流畅、语言精炼、避免口语化。

小结

编制财务报表是企业财务人员的一项重要工作，主要为投资者、债权人、企业管理层等信息使用者进行决策等提供依据。一套完整的财务报表至少包括资产负债表、利润表、现金流量表和附注等。总账报表会计必须按照报表的编制要求编制财务报表。

资产负债表是反映企业特定日期全部资产、负债、所有者权益情况的报表。该表“年初余额”栏内各项数字，应根据上年末资产负债表“期末余额”栏内所列数字填列。该表“期末余额”栏内各项数字，应当区分不同情况根据有关总账科目期末余额、有关明细账科目期末余额直接或分析计算后填列。

利润表是反映企业在一定期间内利润（或亏损）的实现情况的报表。该表“本年金额”栏内各项数字一般应当反映：营业收入、营业成本、营业税金及附加、销售费用、财务费用、管理费用、资产减值损失、公允价值变动损益、投资收益、营业外收入、营业外支出、利润总额、所得税费用和净利润等内容。

现金流量表是反映企业在一定会计期间现金及现金等价物的流入和流出情况的报表。按照我国《企业会计准则》的规定，现金是指企业库存现金、可以随时用于支付的存款、其他货币资金以及现金等价物。其中，现金等价物是指企业持有的期限短、流动性强、易于转换为已知金额现金、价值变动风险很小的投资。现金流量应按经营活动、投资活动、筹资活动予以列报；经营活动产生的现金流量要采用直接法列报。

财务报表分析主要是通过对企业资产、负债、收入、费用等会计数据的分析，揭示出一个会计数据与另几个会计数据之间的关系，将更多的隐含在财务报表中的重要信息清晰的显示出来，以反映各种会计数据在企业生产活动和财务状况中的重要意义，及其在某一段时期内所发生的变化趋势。

思考与实训

一、问答题

1. 什么是财务报表？一套完整的财务报表由哪几部分组成？

2. 什么是资产负债表？我国账户式资产负债表的基本结构是怎样的？

3. 资产负债表各项目“期末余额”应如何填列？

4. 什么是利润表？编制多步式利润表分为哪几个步骤？

5. 利润表各项目的编制方法与资产负债表有什么主要区别？

6. 现金流量表中的“现金”含义是什么？现金流量分为哪几类？

二、判断题

1. 企业的财务报表包括资产负债表、利润表和现金流量表。（　）

2. “支付给职工以及为职工支付的现金”项目，包括本期实际支付给离退休人员和在建工程人员的工资、奖金、各种津贴和补贴。（　）

3. 资产负债表中的资产类应按流动资产和非流动资产项目列示，非流动资产在前，流动资产在后。（　）

4. 投资收益不影响营业利润。（　）

5. 现金流量表中的“现金”项目是指企业的“库存现金”。（　　）

三、单项选择题

1. 下列各项中，不应包含在资产负债表“存货”项目中的是（　　）。

A. 委托其他单位加工的物资　　B. 为建造工程而准备的各种物资

C. 货款已付但未收到的原材料　　D. 已发货但尚未确认销售的商品

2. “应收账款”科目明细账中若有贷方余额，应将其计入资产负债表中的（　　）项目。

A. 应收账款　　B. 应付账款　　C. 预收账款　　D. 预付账款

3. 企业支付的在建工程人员的工资，在编制现金流量表时，应计入（　　）项目中。

A. 支付给职工以及为职工支付的现金　　B. 购建固定资产所支付的现金

C. 支付的其他与投资活动有关的现金　　D. 支付的其他与筹资活动有关的现金

4. 下列项目中与营业利润无关的项目是（　　）。

A. 所得税费用　　B. 营业收入　　C. 销售费用　　D. 管理费用

5. 某企业“应付账款”科目月末贷方余额40 000元，其中，“应付A公司账款”明细科目贷方余额35 000元，“应付B公司账款”明细科目贷方余额5 000元；“预付账款”明细科目贷方余额30 000元，其中：“预付C工厂账款”明细科目借方余额20 000元，“预付B工厂账款”明细科目贷方余额50 000元。该企业月末资产负债表中“应付账款”项目的金额为（　　）元。

A. 90 000　　B. 30 000　　C. 40 000　　D. 70 000

6. 资产负债表中的“未分配利润”项目，应根据（　　）填列。

A. “利润分配”科目余额

B. “本年利润”科目余额

C. “盈余公积”科目余额

D. “本年利润”和“利润分配”科目的余额计算后

7. 下列各项中，属于企业经营活动中产生的现金流量的是（　　）。

A. 收到的税费返还　　B. 取得借款收到的现金

C. 分配股利支付的现金　　D. 取得投资收益收到的现金

8. 在流动比率等于1时，如果增加短期借款会使流动比率（　　）。

A. 降低　　B. 提高　　C. 不变　　D. 不确定

四、多项选择题

1. 下列各项中，应作为资产负债表中资产列报的有（　　）。

A. 原材料　　B. 库存现金

C. 融资租入固定资产　　D. 经营租入固定资产

2. 下列各项中，属于企业经营活动中产生的现金流量的是（　　）。

A. 收到的销货款　　B. 支付行政管理人员的工资

C. 收回投资所收到的现金　　D. 处置固定资产所取得的现金

3. 在采用间接法将净利润调节为经营活动中产生的现金流量时，下列各项中，属于调增项目的是（　　）。

A. 存货的减少　　B. 计提的坏账准备

C. 经营性应付项目的减少　　D. 经营性应收项目的减少

4. 下列（　　）科目的余额应纳入资产负债表中的存货项目。

A. 材料采购　　B. 原材料

C. 材料成本差异　　D. 固定资产

5. 利润表中的“营业收入”包括（　　）。

A. 主营业务收入　　B. 营业外收入

C. 其他业务收入　　D. 投资收益

6. 现金流量表中的“现金”，包括下列（　　）具体内容。

A. 库存现金　　B、银行存款

C. 其他货币资金　　D. 3 个月到期的短期债券

五、业务核算题

（一）练习资产负债表的编制

1. 资料

（1）A 公司 2009 年 12 月 31 日各科目的余额如表 8 - 13 所示。

表 8 - 13　　A 公司 2009 年各科目余额统计表

科目名称	借方余额（元）	科目名称	贷方余额（元）
库存现金	38 200	坏账准备——应收账款	103 000
银行存款	1 676 000	坏账准备——其他应收款	21 000
其他货币资金	215 000	存货跌价准备	163 000
交易性金融资产	1 435 000	持有至到期投资减值准备	35 000
应收票据	585 000	长期股权投资减值准备	223 000
应收账款	2 800 000	累计折旧	2 217 000
预付账款	1 400 000	固定资产减值准备	536 000
应收股利	280 000	累计摊销	1 855 000
应收利息	213 000	无形资产减值准备	492 000
其他应收款	828 000	短期借款	1 500 000
原材料	3 804 000	应付票据	936 000
周转材料	727 000	应付账款	1 000 000
		预收账款	2 000 000
		应付职工薪酬	627 000

续 表

科目名称	借方余额（元）	科目名称	贷方余额（元）
		应交税费	381 000
		应付利息	496 000
持有至到期投资	322 000	应付股利	324 000
长期股权投资	2 788 000	其他应付款	1 367 000
固定资产	16 823 000	长期借款	8 000 000
固定资产清理	546 000	应付债券	2 000 000
在建工程	1 472 000	递延所得税负债	163 000
工程物资	422 000	股本	10 000 000
无形资产	6 183 000	资本公积	6 260 000
长期待摊费用	980 000	盈余公积	1 872 000
递延所得税资产	216 000	未分配利润	1 182 200
合 计	43 753 200	合 计	43 753 200

（2）其他补充资料如表 8 - 14 所示。

表 8 - 14　　A 公司 2009 年账款统计表

一级科目	明细科目	借方余额	贷方余额	备 注
应收账款	A		1 000 000	
	B	2 600 000		
	C	1 200 000		
预收账款	M		1 500 000	
	N		2 300 000	
	K	1 800 000		
应付账款	X		800 000	
	Y		600 000	
	Z	400 000		
预付账款	R		200 000	
	S	700 000		
	W	900 000		
长期借款	—		8 000 000	其中 2 000 000 元将自资产负债表日起一年内到期
长期待摊费用	—	980 000		其中 360 000 元将自资产负债表日起一年内摊销

2. 要求

根据上述资料编制 A 公司 2009 年 12 月 31 日的资产负债表（年初余额略），如表 8－15所示。

表 8－15　　　　　　　　　　　　**资产负债表**

编制单位：　　　　　　　＿＿＿＿年＿＿＿＿月＿＿＿＿日　　　　　　　单位：元

资产	期末余额	年初余额	负债和所有者权益（或股东权益）	期末余额	年初余额
流动资产：			流动负债：		
货币资金			短期借款		
交易性金融资产					
应收票据			应付票据		
应收账款			应付账款		
预付账款			预收账款		
应收利息			应付职工薪酬		
应收股利			应交税费		
其他应收款			应付利息		
存货			应付股利		
一年内到期的非流动资产			其他应付款		
其他流动资产			一年内到期的非流动负债		
流动资产合计			其他流动负债		
非流动资产：			流动负债合计		
可供出售金融资产			非流动负债：		
持有至到期投资			长期借款		
长期应收款			应付债券		
长期股权投资			长期应付款		
投资性房地产			专项应付款		
固定资产			预计负债		
在建工程			递延所得税负债		
工程物资			其他非流动负债		
固定资产清理			非流动负债合计		
生产性生物资产			负债合计		
油气资产			所有者权益（或股东权益）		
无形资产			实收资本（或股本）		

续 表

资产	期末余额	年初余额	负债和所有者权益（或股东权益）	期末余额	年初余额
研发支出			资本公积		
商誉			减：库存股		
长期待摊费用			盈余公积		
递延所得税资产			未分配利润		
其他非流动资产			所有者权益（或股东权益合计）		
非流动资产合计			负债和所有者权益（或股东权益）总计		
资产总计					

（二）练习利润表的编制

1. 资料

B股份有限公司为增值税一般纳税人，适用的增值税率为17%，适用的所得税税率为25%。2009年发生下列与损益有关的交易或事项：

（1）全年实现不含税产品销售收入31 000 000元，价税款已经收到。

（2）全年应结转的产品销售成本为19 200 000元。

（3）以银行存款支付销售费用2 420 000元、管理费用1 680 000元。

（4）年末计提固定资产减值损失400 000元。

（5）销售材料价款50 000元，增值税8 500元，价税款已存入银行；材料成本40 000元。

（6）计算应交营业税1 000 000元，增值税300 000元，城市维护建设税91 000元，教育费附加39 000元，车船税100 000元。假定车船税全部计入管理费用，不考虑其他税费。

（7）经批准，将确实无法支付的应付账款300 000元予以转账。

（8）通过红十字会向灾区捐款800 000元，以银行存款支付。

（9）年末交易性金融资产的公允价值1 200 000元，其账面余额1 000 000元。

（10）公司持有的长期股权投资占被投资单位有表决权股份的25%，按规定采用权益法核算。2009年被投资单位当年实现净利润20 000 000元，被投资单位适用的所得税税率为25%。

（11）公司计提分次付息一次还本的长期借款利息100 000元，按规定应全部计入财务费用。

（12）纳税调整增加额400 000元，纳税调整减少额5 200 000元。

(13) 递延所得税资产增加 100 000 元，递延所得税负债增加 50 000 元。

2. 要求

(1) 编制上述交易或事项的会计分录。

(2) 计算营业利润、利润总额、应纳税所得额、应交所得税、递延所得税费用、所得税费用、净利润。

(3) 编制 B 股份有限公司 2009 年度利润表，如表 8－16 所示（金额单位可以万元表示）。

表 8－16　　利　润　表

编制单位：　　　　　　　＿＿＿＿年　　　　　　　单位：万元

项　目	本期金额	上期金额（略）
一、营业收入		
减：营业成本		
营业税金及附加		
销售费用		
管理费用		
财务费用		
资产减值损失		
加：公允价值变动收益（亏损以“－”号填列）		
投资收益（亏损以“－”号填列）		
其中：对联营企业和合营企业的投资收益		
二、营业利润（亏损以“－”号填列）		
加：营业外收入		
减：营业外支出		
其中：非流动资产处置损失		
三、利润总额（亏损总额以“－”号填列）		
减：所得税费用		
四、净利润（净亏损以“－”号填列）		
五、每股收益		
（一）基本每股收益		
（二）稀释每股收益		

(三) 练习现金流量表主要项目的填列方法

1. 资料

丙公司是增值税一般纳税人，适用的增值税税率为 17%，适用的所得税税率为 25%。

（1）C公司2009年12月31日资产负债表如表8－17所示。

表8－17 **资产负债表**

编制单位：C公司 2009年12月31日 单位：元

资产	期末余额	年初余额	负债和所有者权益（或股东权益）	期末余额	年初余额
流动资产：			流动负债：		
货币资金	37 750	36 000	短期借款	600 000	500 000
交易性金融资产	75 000	61 000	应付账款	35 000	31 000
应收账款	328 000	194 000	应付职工薪酬	11 000	17 000
应收利息	2 000	3 000	应交税费	26 250	62 000
应收股利	8 000	6 000	应付利息	12 000	33 000
存货	858 000	793 000	应付股利	0	44 000
流动资产合计	1 308 750	1 093 000	流动负债合计	684 250	687 000
非流动资产：			非流动负债：		
长期股权投资	223 000	225 000	长期借款	800 000	600 000
			递延所得税负债	1 750	0
固定资产	1 895 000	1 264 000	非流动负债合计	801 750	600 000
在建工程	0	277 250	负债合计	1 486 000	1 287 000
工程物资	0	125 000	所有者权益（或股东权益）：		
递延所得税资产	44 250	39 750	实收资本（或股本）	1 000 000	1 000 000
非流动资产合计	2 162 250	1 931 000	资本公积	520 000	520 000
			盈余公积	255 000	180 000
			未分配利润	210 000	37 000
			所有者权益（或股东权益合计）	1 985 000	1 737 000
资产总计	3 471 000	3 024 000	负债和所有者权益（或股东权益）总计	3 471 000	3 024 000

（2）2009 年度利润表如表 8－18 所示。

表 8－18　　**利　润　表**

编制单位：C公司　　2009 年　　单位：元

项　目	本期金额	上期金额（略）
一、营业收入	1 850 000	
减：营业成本	726 000	
营业税金及附加	90 000	
销售费用	162 000	
管理费用	128 000	
财务费用	60 000	
资产减值损失	56 000	
加：公允价值变动收益（亏损以"－"号填列）	7 000	
投资收益（亏损以"－"号填列）	34 000	
其中：对联营企业和合营企业的投资收益		
二、营业利润（亏损以"－"号填列）	669 000	
加：营业外收入	0	
减：营业外支出	9 000	
其中：非流动资产处置损失	9 000	
三、利润总额（亏损总额以"－"号填列）	660 000	
减：所得税费用	160 000	
四、净利润（净亏损以"－"号填列）	500 000	

（3）其他资料如下：

1）年初交易性金融资产不存在公允价值变动金额，当期将年初交易性金融资产全部出售，不考虑其他相关税费，实现投资收益 9 000 元。本期购入交易性金融资产 68 000 元，不考虑相关税费，期末公允价值变动收益 7 000 元。

2）"坏账准备"期初贷方余额 6 000 元，全部与应收账款相关；"坏账准备"科目期末余额 12 000 元，也全部与应收账款相关。

3）本期交易性金融资产产生利息收入 5 000 元，已全部计入投资收益。

4）当期被投资单位宣告发放现金股利，本公司获现金股利 12 000 元，导致本公司长期股权投资减少 12 000 元。当期被投资单位实现净利润 60 000 元，本公司享有 20 000 元，导致本公司长期股权投资增加 20 000 元。被投资单位适用的所得税税率为 25%。

5）"存货跌价准备"科目年初贷方余额 57 000 元，期末余额 42 000 元，本期转销

38 000元。

6）“长期股权投资减值准备”科目年初贷方余额 20 000 元，期末贷方余额 30 000 元。

7）“累计折旧”科目年初贷方余额 827 000 元，期末余额 1 134 000 元，本期计提折旧 30 000 元，其中计入主营业务成本 284 000，计入销售费用 62 000 元，计入管理费用 48 000元。报废固定资产转出原价 95 000 元，转出累计折旧 87 000 元，通过银行支付清理费用 1 000 元，无残料。在建工程 85 000 元转入固定资产。“固定资产减值准备”科目年初贷方余额 76 000 元，期末余额 93 000 元。当期购入固定资产 200 000 元。

8）本期购入工程物资 163 000 元，工程物资全部用于在建工程。在建工程当期除发生职工薪酬、工程物资外，其余成本均通过银行支付。

9）期初的短期借款已全部偿还，本期再借入 600 000 元。

10）当期支付增值税进项税额 58 000 元，当期收取增值税销项税额 76 000 元，当期应交增值税 18 000 元，当期除增值税外发生各项税费 90 000 元。

11）应付职工薪酬”期初、期末余额全部属于经营活动。本期发生职工薪酬 610 000 元，其中计入主营业务成本 372 000 元、计入销售费用 83 000 元、计入管理费用 57 000 元，计入在建工程 98 000 元。

12）本期计提应付利息 60 000 元，全部计入财务费用。

13）本期向投资者分配利润 252 000 元。

14）本期再借入长期借款 200 000 元。

15）本期提取盈余公积 75 000 元。

16）纳税调整增加额 56 000 元，纳税调整减少额 65 000 元。

2. 要求

（1）按照工作底稿法编制现金流量表的调整分录。

（2）根据调整分录编制现金流量表，现金流量表的格式如表 8－19 所示。

表 8－19　　　　现金流量表

编制单位：C公司　　　　2009 年度　　　　单位：元

项　目	本期金额	上期金额（略）
一、经营活动产生的现金流量		
销售商品、提供劳务收到的现金		
收到的税费返还		
收到的其他与经营活动有关的现金		
经营活动现金流入小计		
购买商品、接受劳务支付的现金		
支付给职工以及为职工支付的现金		
支付的各项税费		

续　表

项　目	本期金额	上期金额（略）
支付其他与经营活动有关的现金		
经营活动现金流出小计		
经营活动产生的现金流量净额		
二、投资活动产生的现金流量		
收回投资收到的现金		
取得投资收益收到的现金		
处置固定资产、无形资产和其他长期资产收回的现金净额		
处置子公司及其他营业单位收到的现金净额		
投资活动现金流入小计		
购建固定资产、无形资产和其他长期资产所支付的现金		
投资所支付的现金		
支付其他与投资活动有关的现金		
投资活动现金流出小计		
投资活动产生的现金流量净额		
三、筹资活动产生的现金流量		
吸收投资收到的现金		
取得借款收到的现金		
收到其他与筹资活动有关的现金		
筹资活动现金流入小计		
偿还债务支付的现金		
分配股利、利润或偿付利息支付的现金		
支付其他与筹资活动有关的现金		
筹资活动现金流出小计		
筹资活动产生的现金流量净额		
四、汇率变动对现金及现金等价物的影响		
五、现金及现金等价物净增加额		
加：期初现金及现金等价物余额		
六、期末现金及现金等价物余额		

（四）根据丙公司2009年12月份资产负债表和利润表，计算：资产负债率、流动比率、速动比率、销售毛利率、销售净利润率、成本利润率、流动资产周转率、应收账款周转率、存货周转率

案例分析

2009年度，我公司抓住社会经济形势转好、金融危机影响减弱的有利时机，坚持以提高效益为中心，以强化内部管理为重点，扩大了产品生产规模，开拓了新的销售市场，呈现出产销两旺的好势头，实现净利润143 700元，比2008年增加了34 700元，取得了较好经济效益。现就我公司2009年经营成果情况和财务状况作简要分析如下：

一、主要经济指标完成情况

本年度实现产品商品销售收入为1 500 000元，比上年增加300 000元，增长25%；全年营业利润为273 300元，比上年增加81 300元，增长42.34%；全年利润总额为203 300元，比上年增加45 200元，增长28.79%；全年实现净利润为143 700元，比上年增加34 700元，增长31.83%。现将2009年主要经济指标与2008年（或同行业平均水平）对比分析结果列表如表8-20～表8-22所示。

表8-20　宏利公司主要经济指标对比分析表（一）

指标名称	2009年金额（万元）	2008年金额（万元）	对比结果	
			增减额（万元）	增减%
营业收入	150.00	120.00	+30	+25
营业利润	27.33	19.20	+8.13	+43.34
利润总额	20.33	15.70	+4.52	+28.79
净利润	14.37	10.90	+3.47	+31.83

表8-21　宏利公司主要经济指标对比分析表（二）

指标名称	2009年	同行业平均水平	对比结果
应收账款周转率	1.4次	6次	-4.6次
应收账款周转天数	257天	60天	+197天
存货周转率	2.1次	5次	-2.9次
存货周转天数	171天	72天	+99天
流动资产周转率	0.57次	4次	-3.43次
总资产周转率	0.19次	2次	-1.81次
销售净利润率	9.58%	7%	+2.58%
资产净利润率	4.12%	1%	+3.12%
营业成本净利润率	15.97%	12%	+3.97%

表 8－22　　　　　　宏利公司主要经济指标对比分析表（三）

指标名称	2009 年	同行业平均水平	对比结果
流动比率	1.3	2	－0.7
速动比率	1.02	1	＋0.02
现金比率	0.71	0.15	＋0.56
资产负债率	0.39	0.56	－0.17
产权比率	0.65	0.8	－0.15

二、2009 年经营情况、财务状况的总体评价

由上表（一）、（二）、（三）可知，本公司 2009 年营业收入、营业利润、销售净利润率等指标均比 2008 年有一定程度的增长，尤其是营业利润和净利润两项指标的增幅较大，企业的获利能力较强。但企业的营运指标与同行业平均水平相比，差距较大，如应收账款周转一次需要 257 天，比同行业慢 197 天；存货周转一次需 171 天，比同行业慢 99 天。另外，企业的速动比率、资产负债率和产权比率接近同行业水平，偿债能力较强，但现金比率偏高、流动比率偏低。因此，本公司 2009 年主要经济指标完成情况有喜有忧。

三、存在问题的分析及改进建议

流动资产的结构不太合理，是本公司今年存在的一个主要问题。通过年末“资产负债表”可以发现：公司年末现金类资产为 1 299 667 元，占全部流动资产 2 398 017 元的 54.2%，即年末流动资产中一半以上是现金类资产，说明公司的资产未得到有效利用，如果短期内公司没有大的资金需求，可将一部分银行存款用于归还银行借款，以减少利息支出。另外，年末应收账款为 492 940 元，占全部流动资产的 20.6%，所占比例稍大。“主要经济指标对比分析表（二）”的数据显示公司应收账款周转率远远低于同行业平均水平。因此，公司应积极向购货方追讨货款，及时清理旧欠，以减少结算资金占用，加快应收账款的周转速度。

以上是宏利公司 2009 年度财务分析报告，请对该报告的撰写质量予以评价。

项目九　综合实训

一、资料

(一) 红星制造厂概况

红星制造厂是一家中型生产企业，为增值税一般纳税人，增值税率为17%，主要生产A、B两种产品。其存货采用实际成本核算，发出“原材料”、“库存商品”的计价方法均采用一次加权平均法，适用25%的所得税率。

(二) 红星制造厂2010年1月1日总分类账户余额资料

表9-1

单位：元

账户名称	借方余额	账户名称	贷方余额
现金	2 500	短期借款	80 000
银行存款	257 900	应付账款	14 200
应收账款	13 460	预收账款	1 450
预付账款	500	其他应付款	600
其他应收款	7 400	应付职工薪酬	1 110
原材料	224 000	应付利息	5 143
库存商品	660 000	应交税费	5 062
长期股权投资	16 000	累计折旧	75 530
固定资产	500 000	实收资本	1 144 000
		资本公积	44 600
		盈余公积	241 550
		未分配利润	68 515
合　计	1 681 760	合　计	1 681 760

(三) 红星制造厂2010年1月1日有关明细分类账户余额资料

(1) 原材料明细账余额资料如下：

表 9－2

材料名称	计量单位	数量	单价（元）	金额（元）
甲材料	Kg	1 500	20	30 000
乙材料	Kg	5 000	10	50 000
丙材料	Kg	1 800	80	144 000
合　计				224 000

(2) 库存商品明细账余额资料如下：

表 9－3

产品名称	计量单位	数量	单位成本（元）	金额（元）
A 产品	台	2 000	80	160 000
B 产品	台	500	1 000	500 000
合　计				660 000

(3) 应收款项的明细账余额（单位：元）资料如下：

应收账款——粤华公司　5 400（借方余额）
应收账款——万利公司　3 000（借方余额）
应收账款——远洋公司　4 800（借方余额）
应收账款——大明公司　260（借方余额）
其它应收款——王虹　1 400（借方余额）
其它应收款——待摊固定资产修理费　2 400（借方余额）
其它应收款——待摊报刊杂志费　3 600（借方余额）

(4) "应付账款" 明细账余额（单位：元）资料如下：

应付账款——永乐材料厂　8 850（贷方余额）
应付账款——大志工厂　5 350（贷方余额）

(5) "应交税费" 明细账余额（单位：元）资料如下：

应交税费——应交所得税　3 015（贷方余额）
应交税费——应交增值税　1 527（贷方余额）
应交税费——应交城建税　520（贷方余额）

二、红星制造厂 2010 年 1 月份发生下列经济业务

(1) 1 月 1 日，开出现金支票提取现金 1 000 元备用。

(2) 1 月 2 日收到银行通知，远洋公司上月欠款 4 800 元已收到。

(3) 1 月 2 日，向粤华公司销售 B 产品 300 台，售价每台 1 300 元，增值税率 17%，

价税款已存入银行。

(4) 1月3日，向汽车公司购进运输用汽车一辆，购买价 275 000 元，增值税额 46 750元，价税款开出转账支票支付。

(5) 1月3日，向永乐材料厂购入甲材料 800 千克，单价 19.5 元，货款 15 600 元，增值税 2 652 元，运费 2 000 元（取得发票抵扣联）。甲材料已验收入库，货款、运费及增值税以支票方式支付。

(6) 1月4日，向万利公司赊销 A 产品 600 台，单位售价 105 元，开出增值税专用发票，税率 17%。

(7) 1月4日，王虹报销差旅费用 1 200 元，原借支 1 400 元，交回现金 200 元。

(8) 1月4日，以现金支付职工李力报销的医药费 1 360 元。

(9) 1月5日，王亮报销长途电话费 135 元，以现金支付。

(10) 1月5日，开出支票 3 500 元，购买办公用品一批，其中：生产车间领用 1 500 元，厂部管理部门领用 2 000 元。

(11) 1月5日，用银行存款支付上月所欠永乐材料厂货款 8 850 元。

(12) 1月6日，向粤华公司销售 B 产品 80 台，售价每台 1 300 元，增值税率 17%，收到对方交来商业汇票。

(13) 1月7日，用银行存款偿还已经到期短期借款本金 50 000 元，支付利息 3 510 元（已预提 3 000 元）。

(14) 1月8日，开出支票支付广告费用 12 000 元。

(15) 1月9日，收到粤华公司汇来前欠货款 5 400 元

(16) 1月9日，李力出差，预借差旅费用 1 200 元，以现金支付。

(17) 1月9日，向远洋公司销售 A 产品 250 台，每台售价 105 元，增值税 17%；B 产品 60 台，每台售价 1 300 元，增值税 17%。A 产品的价税款已存入银行，B 产品的价税款暂未收到。

(18) 1月10日，接受宏发集团对本企业的投资 300 000 元，其中：设备一台，双方协商价为 120 000 元，银行存款 180 000 元。

(19) 1月10日，收到万利公司上月所欠货款 3 000 元，存入银行。

(20) 1月10日，购买一项专利技术 15 000 元，以银行存款支付。该专利技术的有效使用年限为 2 年，自本月起开始摊销。

(21) 1月10日，开出支票支付上月应交所得税 3 015 元，应交增值税 1 527 元，应交城建税 520 元，共计 5 062 元。

(22) 1月10日，向永乐材料厂购进乙材料 1 200kg，单价 9.8 元，增值税率 17%。材料已验收入库，但货款和增值税未付。

(23) 1月11日，以现金支付从永乐材料厂购进的乙材料运杂费 350 元。

(24) 1月12日，从银行提取现金 48 000 元备发工资。

(25) 1月12日，以现金发放在职职工工资 48 000 元。

(26) 1月13日，根据工资汇总表分配结转应付工资。其中：A产品生产工人工资14 000元，B产品生产工人工资14 000元，车间管理人员工资5 000元，管理部门人员工资3 000元，销售人员工资12 000元。

(27) 1月13日，分别按本月应付工资总额的14%、2%提取职工福利费、工会经费。

(28) 1月15日，开出支票，向希望工程捐款18 000元。

(29) 1月15日，购进包装物一批，买价1 000元，增值税17%，价税款以现金支票支付。

(30) 1月16日，以支票支付保险公司全年财产保险费用2 400元（计入当月管理费用）。

(31) 1月16日，接受某公司货币资金投资100 000元。

(32) 1月17日，收到远洋公司汇来本月B产品货款及增值税91 260元。

(33) 1月18日，向飞跃工厂购进乙材料1 500千克，单价9.8元，增值税2 499元；丙材料1 000千克，单价82元，增值税13 940元；两种材料发生共同运费5 000元（运费按重量分配）。两种材料的价税款及其运费已用银行存款支付，材料已验收入库。

(34) 1月18日，收到深发公司汇来的预付货款20 000元。

(35) 1月19日，从银行提取现金3 000元备用。

(36) 1月19日，用现金购进办公用品630元，均由厂部办公领用。

(37) 1月19日，生产部门领用包装物1 000元，用于包装A产品（采用一次摊销法摊销）。

(38) 1月20日，职工王珊报销继续教育培训费用500元，以现金支付。

(39) 1月21日，销售给远洋公司B产品100台，单位售价1 300元，增值税率17%。产品已发出，但款项未收到。

(40) 1月23日，从五金公司购进工具一批，买价660元，增值税额112.2元，价税款以银行存款支付，工具已由生产车间领用。

(41) 1月24日，因大明公司倒闭，应收货款260元无法收回，转作管理费用处理（该公司未计提坏账准备）。

(42) 1月25日，工会组织活动开支1 200元，以银行存款支付。

(43) 1月25日，收到远洋公司交来的银行汇票，支付本月21日向本公司购进的B产品部分货款100 000元，已办理好进账手续。

(44) 1月26日，以银行存款支付本月水电费8 300元及增值税1 411元，其中：水费1 500元（车间应承担1 200元、厂部应承担300元），电费6 800元（车间应承担4 600元、厂部应承担2 200元）。

(45) 1月27日，李力出差回来，报销差旅费1 100元（原预借差旅费1 200元），退回现金100元。

(46) 1月28日，因资金不足，向银行申请借入一年期借款150 000元，借入款项已存入银行。

(47) 1月28日，向深发公司销售A产品450台，单位售价105元，开出增值税专用发票，税率17%，本月18日已预收货款20 000元，余款收到转帐支票。

(48) 1月29日，盘点财产物资，盘盈一台设备，重置成本为12 000元；盘亏甲材料412元；盈亏的原因未明。

(49) 1月30日，以银行存款支付银行结算手续费800元。

(50) 1月31日，本月发出材料汇总情况如下：生产A产品领用甲材料2 000千克，生产B产品领用乙材料5 000千克，车间一般耗用丙材料100千克，管理部门领用丙材料50千克。

(51) 1月31日摊销本月应负担的报刊费600元。

(52) 1月31日，计提本月固定资产折旧21 900元，其中：车间18 600元，厂部3 300元。

(53) 1月31日，摊销应由车间负担的设备修理费600元。

(54) 1月31日，收到深达公司支付的合同违约金5 000元存入银行。

(55) 1月31日，处置设备一台，原值80 000元，已提折旧75 000元。旧设备出售后取得6 000元处置收入（款已存入银行），营业税率为5%。

(56) 按生产工人工资比例分配结转本月制造费用。

(57) 计算并结转完工A产品960台、B产品85台的生产成本（假设无期初、期末在产品）。

(58) 1月31日，按本月应交增值税、应交营业税的7%计提城市维护建设税。

(59) 1月31日，经领导批准，本月29日盘亏的甲材料列入管理费用。

(60) 1月31日，计算并结转本月已销商品的成本（加权平均法）。

(61) 1月31日，结转损益类账户并计算利润总额。

(62) 1月31日，假设该企业本月无纳税调整事项，根据本月利润总额的25%计提应交所得税（假设当期所得税与所得税费用相等）。

(63) 1月31日，按税后利润的10%计提盈余公积，5%计提公益金。

(64) 1月31日，按税后利润的50%计提应付利润。

三、要求

（一）根据期初资料开设总账账户、“银行存款”、“库存现金”日记账以及“应收账款”、“其他应收款”、“原材料”、“库存商品”及“应付账款”、“应交税费”明细帐。

（二）根据提供的经济业务编制记账凭证。

（三）根据有关记账凭证登记“银行存款”、“库存现金”日记账。

（四）根据有关记账凭证登记“应收账款”、“其他应收款”、“原材料”、“库存商品”及“应付账款”、“应交税费”明细帐。

（五）分别在上、中、下三旬编制科目汇总表，并据以登记总帐。

（六）对总账和有关明细账进行期末结账，并编制总账账户余额试算平衡表。

（七）编制资产负债表及利润表。